사주명리 정석

사주명리 정석

이 태 영

四柱命理

하루헌

일러두기

1. 이 책의 철학적 원리는 음양오행의 생극제화이고, 근간이 되는 고전은 『적천수』이다.
2. 정석은 초급자가 배우는 것이 아니듯, 이 책은 사주명리의 입문서가 아니다. 사주명리라는 숲에서 몇 년간 길을 잃고 헤매던 사람에게 적합한 책이다.
3. 여기에 인용된 대부분의 사주들은 많은 사주명리서에서 본보기로 제시된 것들이라, 따로 출처를 밝히지는 않는다.
4. 이 책의 10장 이후는 9장까지 이해한 다음에 읽어야 한다. 이것이 이해된다면 사주명리를 공부해도 좋을 듯하다. 그렇지 않으면 끝에 첨부한 부록만 읽는다.

서문

사주명리를 공부하면서 두려웠다. 사주명리라는 늪에 빠진 듯했다. 헤어나지 못하는 까닭은 다음과 같은 것들 때문이다.

첫째, 너무 많은 이론들이 얽혀 있다.
둘째, 견해들이 서로 다르다.
셋째, 새로운 이론들이 계속 나온다.

세상에 이런 학문이 있을 수 있는가. 사주명리가 나온 지 천 년이 지났다. 그런데 아직도 그 이론이 정립되지 않았다. 그 원인은 철학을 바탕으로 하지 않았기 때문이다. 사주명리의 철학적 바탕은 기철학이다. 이 기가 작용하는 원리는 음양오행이다. 따라서 음양오행을 근간으로 하지 않는 사주명리는 정도正道가 아니다.

바둑에서 최선의 수가 정석이듯이, 사주명리의 정석을 알리기 위해 이 책을 낸다. 이 책을 준비하는 과정에서 내 손을 거쳐 간 서적이 백 권은 됨 직하다. 그 중에는 이『사주명리 정석』에 실린 견해와 같은 것도 있고, 다른 것도 있다. 비록 달라도 타산지석으로 많은 도움이 되었기에, 이 모든 저자께 감사의 마음을 전한다.

2024년 겨울 석산에서
이태영 합장

목 차

서문   5

1 ― 운명과 사주명리
1. 철학과 종교에서 운명   13
2. 운명을 아는 방법   16
3. 사주명리의 우수성   19
4. 사주명리의 역사   21

2 ― 사주명리의 철학적 원리
1. 우주와 인간의 관계   25
   우주 근원으로서 기 | 음양의 상호 작용 | 오행의 생극 작용 |
   소우주로서 인간 | 음양오행으로 구성된 인간
2. 천지의 기   39
   천간과 지지 | 천원지방 | 천기와 지기의 결합
3. 사주의 구조   44
   연주 | 월주 | 일주 | 시주 | 사주와 대운 | 세운과 소운 |
   사주명리 용어

3 ― 천간과 지지
1. 십천간의 속성   55
2. 십이지지의 속성   66
3. 사계절과 생왕고지   72
4. 지장간   75

4 ― 간지의 합과 충
1. 천간합   83
   천간합 | 천간합이 안 되는 경우 | 천간합에 의한 변화 |
   일간이 합이 되는 경우 | 일간의 합에 의한 변화

2. 천간충   89
충과 극의 차이 | 천간충이 안 되는 경우 | 일간이 충하는 경우 | 천간충에 의한 변화

3. 지지합   97
지지삼합 | 방합 | 토의 합과 붕충 | 삼합이 안 되는 경우 | 반합이 되는 경우 | 삼합에 의한 변화

4. 지지충   106
지지육충 | 충이 안 되는 경우 | 육충에 의한 변화

5. 합과 충의 바른 이해   113

5 ___ 신살

1. 형충파의 이해   121
2. 역마   124
3. 도화와 양인   129
4. 백호살과 괴강   135

6 ___ 십신

1. 육친의 구성   143
2. 십신의 성향   146
비견 | 겁재 | 식신 | 상관 | 편재 | 정재 | 편관 | 정관 | 편인 | 정인

7 ___ 일간 희기론

1. 천간 사이의 희기   157
갑목일간 | 을목일간 | 병화일간 | 정화일간 | 무토일간 | 기토일간 | 경금일간 | 신금일간 | 임수일간 | 계수일간

2. 일주의 월별 희기론   167
갑목 | 을목 | 병화 | 정화 | 무토 | 기토 | 경금 | 신금 | 임수 | 계수

8 ___ 용신과 일간의 강약 판단

1. 용신   201
용신의 의미 | 용신과 희신 기신 구신 한신의 관계 | 용신격

2. 일간의 강약 판단　　　　　　　　　　206
천간의 지지통근 | 일간의 강약 | 간지가 일간에 미치는 영향력

9 ___ 용신격

1. 억부용신　　　　　　　　　　　　216
비겁과다 신왕 | 인성과다 신강 | 관살과다 신약 | 재성과다 신약 | 식상과다 신약 | 복합적인 경우
2. 조후용신　　　　　　　　　　　　239
3. 병약용신　　　　　　　　　　　　242
4. 통관용신　　　　　　　　　　　　245

10 ___ 간명 순서

1. 중화　　　　　　　　　　　　　　251
2. 유통　　　　　　　　　　　　　　255
3. 한난조습　　　　　　　　　　　　259
4. 용신의 진가　　　　　　　　　　　262
5. 용신의 유무정　　　　　　　　　　265
6. 용신의 유무력　　　　　　　　　　270
7. 청탁　　　　　　　　　　　　　　274
8. 행운과 한신　　　　　　　　　　　278

11 ___ 간명의 종류

1. 성격　　　　　　　　　　　　　　288
일간에 따른 성격 | 십신에 따른 성격
2. 건강　　　　　　　　　　　　　　296
3. 귀천과 빈부　　　　　　　　　　　301
귀천 | 빈부
4. 직업　　　　　　　　　　　　　　306
일주에 의한 방법 | 십신에 의한 판단 | 용신의 오행에 의한 판단

5. 인간관계 313
연지로 판단하는 법 | 일간으로 판단하는 법 | 십신에 의한 판단법

6. 궁합과 배우자 덕 320
지지로 판단하는 법 | 일간으로 판단하는 법 | 용신으로 판단하는 법 | 배우자 덕의 유무

12 _ 사주명리의 문제점들

1. 사주명리 적중률의 문제 330
입태 사주 | 시대의 변천 | 태어난 장소 | 기타의 영향

2. 천기누설의 문제 334
천기누설의 두려움 | 영매나 점의 위험 | 사주명리의 공덕

3. 야자시 조자시의 문제 339
4. 지장간의 문제 342
5. 지지 육합과 육해의 문제 345
육합의 문제 | 육해의 문제

6. 암합의 문제 349
7. 신살의 문제 352
8. 공망의 문제 356
9. 육친의 문제 359
10. 사길신 사흉신의 문제 362
11. 고전 격국의 문제 364
12. 왕상휴수사의 문제 367
13. 지장간 통근의 문제 370
14. 십이운성의 문제 373
15. 무오양인의 문제 377
16. 전왕용신의 문제 379
17. 여자 사주의 문제 384
18. 근묘화실의 문제 386

13 _ 적천수 원문과 해설

1. 통신송 392
천도 | 지도 | 인도 | 지명 | 이기 | 배합

2. 간지   395
   천간 | 지지 | 간지총론

3. 형상격국   409
   형상 | 방국 | 팔격 | 관살 | 상관

4. 종화순역   416
   종상 | 화상 | 가종 | 가화 | 순국 | 반국 | 군상 | 신상 | 모상 | 자상

5. 체용정신   421
   체용 | 정신 | 월령 | 생시 | 쇠왕 | 중화 | 원류 | 통관 | 청기 | 탁기 | 진신 | 가신 | 은원 | 한신 | 기반

6. 사주총론   429
   한난 | 조습 | 재덕 | 분울 | 은현 | 진태 | 감리 | 중과 | 강유 | 순역 | 세운 | 정원

7. 육친   435
   부처 | 자녀 | 부모 | 형제

8. 부귀빈천   437
   부 | 귀 | 빈 | 천 | 길흉 | 수요

9. 성정 질병   440
   성정 | 질병

10. 출신 지위   446
    출신 | 지위

11. 여명 소아   449
    여명 | 소아

부록 ─ 운명을 바꾸는 방법

1. 운명을 바꾸는 최선책   453
   선의지 | 참다운 인간 | 선행

2. 운명을 바꾸는 차선책   462
   금지계 | 소욕 | 효도 | 종교와 수행

3. 천명의 자각과 실현   476
   천명의 자각 | 천명의 실현 | 천인합일

1

운명과 사주명리

1
철학과 종교에서 운명

 운명運命이란 인간의 모든 일은 이미 결정되어 있기 때문에, 자신에게 주어진 삶만을 살아야 한다는 것이다. 이를 숙명宿命이라고도 한다. 혹자는 한자의 '움직일 운運'과 '묵을 숙宿'의 의미의 차이를 강조하여 운명은 가변적이고 숙명은 불변적인 의미로 해석하기도 한다. 맞는 말이기는 하나, 인간의 삶은 태어나면서부터 이미 결정되었다는 점에서 큰 차이는 없다.
 과연 인간은 필연적인 무엇에 지배되어 있어서 예정된 삶을 살 수밖에 없는가? 이 문제를 사주명리의 연원이 되는 중국 철학에서는 어떻게 보는가를 살펴보자. 먼저 유가儒家를 대표하는 공자는 『논어』에서, 천天 또는 천명天命 또는 단순히 명命이라는 말로 운명을 다음과 같이 말했다.

"생사는 명命에 달려 있고, 부귀는 천天에 달려 있다."
"나는 쉰 살에 천명을 알았다."
"제자가 몹쓸 병에 걸린 것을 보고 '명이구나!'라고 탄식을 하기도 하였다."
"나의 도道가 실현되는 것도 명에 달려 있고, 실현되지 못하는 것도 명에 달려 있다."
"군자는 천명을 두려워해야 한다."

이러한 말들은 분명히 우주에는 어떤 필연적인 법칙이 있고, 인간은 이것에 지배를 받는다는 것이다. 공자는 이를 천명이라 하였고, 이것은 거역할 수 없는 것이기 때문에 받아들여야 한다는 것이다.

반면에 도가에서는 이 거대한 우주의 작용을 도道라 한다. 이 도는 스스로 그러한 것 즉 자연自然이라 한다. 이러한 도가道家 철학에서 인간은 자연의 일부고, 이 자연의 법칙에서 벗어나지 못한다. 따라서 인간의 삶은 한 개인이 마음대로 할 수 없는 것이다. 이러한 점에서 본다면, 도가는 운명을 철저하게 철학적으로 수용하고 있다. 그래서 『도덕경』에서 노자는 인간의 사사로움으로 하고자 하는 인위人爲를 배격하고, 다음과 같이 자연에 따르는 무위無爲를 최고의 덕德으로 삼았다.

"최상의 덕은 무위여서 하고자 함이 없다. 최하의 덕은 인위여서 하고자 함이 있다. 이러한 까닭에 성인은 무위의 일에 머물며 …… 만물이 돌아가는 바를 간섭하지 않는다."

도가에서 거론하는 운명에 관해서는 『장자』의 여러 우화寓話에 잘 나타나 있다. 또한 다음과 같이 운명이라는 용어를 사용하며, 순순히 받아들이라고 한다.

"자신이 어찌할 수 없는 일임을 알고 편안히 명命을 따르는 것은 오직 덕德이 있는 자만이 할 수 있는 일이다."
"명의 실상實相에 통달한 자는 생명이 어떻게 할 수 없는 일에 힘쓰지 않으며, 명의 실상에 통달한 자는 운명이 어떻게 할 수 없는 일에 힘쓰지 않는다."

불교나 기독교에서도 운명을 부정하지는 않는다. 불교에서는 운명을 현재의 삶은 과거에 저지른 행위의 결과로 본다. 이를 업보業報라 한다. 인간은 자신이 지은 이 업보로부터 벗어날 수 없다. 불교적인 운명이란 인과응보설因果應報說에 따른 업보이다. 반면에 기독교에서 주장하는 운명에 관한 사상을 엿본다면 『창세기』의 원죄原罪 사상에 그 연원을 두고 있다. 또한 기독교 신학의 예정설豫定說이나 하나님의 부름이라는 의미의 소명召命이 여기에 해당된다.

실제 삶에서도 자신이 어찌할 수 없는 상황이 있다는 것은 누구나 안다. 쉬운 예로 내가 어디서 태어나는가, 언제 태어나는가, 남자 또는 여자로 태어나는가, 외모는 어떠한가, 정신은 어떠한가 등은 현재 내 의지와는 전혀 관계없이 결정된 것들이다. 이를 운명이라고 할 수 있다. 그렇기 때문에 운명은 반드시 있다.

2
운명을 아는 방법

사람에게 운명이 있다면 그것을 알 수 있는가? 대부분의 사람들은 자신의 앞날을 모른다. 인간의 앞날은 어두운 밤길 같기 때문에, 미래 삶이 두렵고 고통도 따른다. 그래서 인류 역사와 함께 발달한 것 가운데 하나가, 미래를 예측하는 일이다. 즉 운명을 아는 일이다. 수많은 방법들이 있으나 다음과 같이 분류할 수 있을 것이다.

1) 특수한 기도나 많은 수행을 하여 발현되는 초능력超能力에 의한 방법이다. 모든 종교의 성현들이 여기에 해당한다.
2) 특수한 신이나 죽은 자의 영혼의 힘을 이용하는 영매靈媒에 의한 방법이다. 그리스의 신탁이나 샤먼들의 접신이 여기에 해당한다.

3) 천체의 운행 특히 별들을 관찰하는 점성술占星術에 의한 방법이다. 한 개인보다는 국가나 특수한 성인에 대한 예언이 많다. 예수의 탄생에 등장하는 동방 박사 등이 여기에 해당한다.
4) 특수한 도구나 부호들을 사용하는 점술占術에 의한 방법이다. 도구로는 주사위나 카드 등과 같은 것이 있으며, 부호로는 주역周易의 효爻가 여기에 해당한다.
5) 사람의 외모를 보고 판단하는 관상觀相에 의한 방법이다. 관상은 얼굴뿐만이 아니라 혈색, 골격, 손금, 언행 등이 포함된다. 붓다의 탄생에 등장하는 아시따 선인仙人 등이 여기에 해당한다.
6) 태어난 장소나 사는 집 또는 조상 묘의 산세나 물 등을 관찰하는 풍수지리風水地理에 의한 방법이다.
7) 이름의 발음이나 한자의 획수 등을 분석하는 성명학姓名學에 의한 방법이다.
8) 꿈을 통해서 미래를 아는 해몽解夢에 의한 방법이다.
9) 사람이 태어난 순간의 천지의 기운을 음양오행으로 관찰하는 사주四柱에 의한 방법이다. 이를 사주명리四柱命理라고도 한다.

이 중에서 초능력에 의한 방법은 매우 희귀하여 일반인들에게 적용하기 어렵다. 점성술은 개인의 운명을 예측하는 데에는 거의 적용하지 않는다. 무당과 같은 영매에 의한 방법과 주역과 같은 점술은 단순 사건이나 단편적인 것은 잘 맞으나, 인생 전체를 알기에는 부족한 점이 많다. 관상은 현재의 상태를 아는 데에는 상당히 정확하다. 그러나 노력이나 환경 등에 의해서 많이 바뀌기 때문에, 먼 미래까지 정확하게 예측하기는 어렵다. 풍수지리 성명학 해몽 등으로 운명을 판단하기에는 부족한 점이 너무 많다. 역사적으로 볼 때 이 중에서 가장 뛰어난 방법은 사주명리다.

3

사주명리의 우수성

　명리命理의 문자적 의미는 명의 이치에 관한 것이기 때문에, 명리라면 의학이 우선이다. 그래서 생년월일시의 사주팔자에 따른 명리라는 의미에서 사주명리라 한다. 이 사주에서의 명이 운명이고, 천명이고, 소명이라고 할 수 있다. 앞에서 본 바처럼 운명을 아는 방법은 대단히 많다. 그러나 모든 방법에는 장단점이 있으며, 확실한 방법은 없다. 그 중에서 가장 뛰어난 방법은 사주명리다. 이를 사주 또는 사주팔자라고도 한다.
　이 학문은 중국의 기철학을 근간으로 한다. 특히 기의 음양오행에 바탕을 둔 학문이다. 태어난 연월일시를 근거로 하기 때문에, 정확하게 판단한다면 객관적으로 명확하다. 이런 점에서 상징적이고 주관적으로 판단하는 다른 방법과는 많이 다르다. 또한 이 사주명리는 삶 전체를 조망할 수 있다. 더욱 가치 있는 것은 이를 통하여 어떻게 살아야 하는가를 알 수 있다는 것이다. 즉 자신의 직분 또는 천명을 알 수 있다는 점에서 가장 훌륭한 학문이다.

동서고금의 모든 운명 판단 중에서, 개인의 운명을 가장 정확하게 알 수 있는 것은 사주명리가 최고다. 얼마나 많은 형태로 인간을 분석하는가를 보면, 가히 신비에 가깝다. 사주는 육십갑자六十甲子로 구성되어 있다. 그래서 연주는 60가지, 월주는 연주에 따르기 때문에 12가지, 일주는 60가지, 시주는 일주에 따르기 때문에 12가지다. 그래서 사주는 60 × 12 × 60 × 12 = 518,400 가지나 된다. 여기에 남녀를 구분하면 이것의 배가 된다. 이렇게 세분하기 때문에, 세계의 어느 운명 감정법보다도 다양하고 세밀하게 분석한다. 따라서 인간의 운명을 알 수 있는 방법으로 이보다 더 훌륭한 것은 없다.

그렇다고 이 사주명리에 의한 운명 판단이 100% 맞는다고 할 수는 없다. 이 부분에 관해서는 12장「사주명리의 문제점들」에서 거론한다. 또한 이 사주명리도 천기누설에 해당할 터인데, 이것은 또한 문제가 없는가? 이 부분 역시 12장「사주명리의 문제점들」에서 거론한다.

4
사주명리의 역사

　사주명리와 마찬가지로 생년월일시로 운명을 판단하는 유사한 학문들이 있다. 가장 대중적으로 알려진 것은 당나라 때 이허중李虛中이 만들었다는 당사주唐四柱이다. 그 외에 기문둔갑奇門遁甲과 하락이수河洛理數와 자미두수紫微斗數가 있다. 이들도 사주명리라고 할 수 있다. 그러나 음양오행에 부합되지 않는 것이 대부분이고, 정확도 또한 많이 떨어진다.
　사주명리가 획기적인 발전을 한 것은 송나라 초기의 인물인 서자평徐子平에 의해서다. 이전까지 사주는 연주를 주체로 판단하였으나, 서자평은 일주를 주체로 판단하는 사주명리를 확립하였다. 일주를 주체로 판단할 경우, 이전의 방법들보다 정확도가 매우 높았다. 이때부터 사주명리가 획기적으로 발전하였다. 그래서 사주명리를 자평명리학子平命理學이라고도 한다. 이 자평명리를 대부분 사주, 사주팔자, 사주명리, 명리라고도 한다.

이 서자평의 이론에 근거한 최초 이론서가 송나라 때의 『연해자평淵海子平』이다. 명나라에 이르러서는 유백온劉伯溫의 『적천수適天髓』, 장남張楠의 『명리정종命理正宗』, 만육오萬育吾의 『삼명통회三命通會』가 있다. 청나라에 이르러서는 진소암陳素菴의 『명리약언命理約言』, 심효첨沈孝瞻의 『자평진전子平眞詮』, 작자 미상의 『난강망欄江網』이 있다.

근대에는 청대의 임철초任鐵樵가 『적천수』에 주석을 단 것을 서락오徐樂吾는 『적천수징의適天髓徵義』, 원수산袁樹珊은 『적천수천미適天髓闡微』라는 서명으로 증보하여 출간하였다. 또한 서락오는 『난강망欄江網』을 『궁통보감窮通寶鑑』이라는 서명으로 바꾸어 출간하고, 『자평진전평주子平眞詮評註』도 내었다. 이후 홍콩의 위천리韋千里와 일본의 아부태산阿部泰山과 같은 훌륭한 학자들의 저술이 있다.

현대 한국에서는 위의 서적들 대부분이 반영되어 출판되었다. 거론한 고전들을 요약하거나 정리하여 발행된 훌륭한 서적으로는 도계陶溪 박재완朴在玩의 『명리요강命理要綱』과 『명리사전』, 백영관白靈觀이라는 필명으로 출판된 『사주정설四柱精說』, 이석영李錫映의 『사주첩경四柱捷徑』 등이 있다.

이 밖에도 한국은 물론 대만이나 일본에서도 수많은 학자에 의해 무수히 많은 서적들이 출판되었다. 그 중에는 사주명리의 근본 원리라 할 수 있는 음양오행의 원리에 벗어난 것도 많다. 그래서 사주명리는 삼대 보서寶書라고 하는 『적천수』를 근간으로 하고, 『자평진전』과 『궁통보감』을 참고해야 할 것이다.

ature-related
2

사주명리의 철학적 원리

1
우주와 인간의 관계

우주 근원으로서 기

　사주명리의 철학적 배경은 기철학氣哲學이다. 기氣라는 글자는 땅에서 피어오르는 아지랑이나 사람의 호흡에서 나오는 입김 등의 모양을 본뜬 상형 문자다. 이러한 원초적 의미가 천기나 지기와 같은 기후, 혈기나 정기와 같은 생명력, 용기나 호연지기浩然之氣와 같은 정신과 같은 의미로 확대되었다. 그리고 음양의 기와 같은 철학적 개념과 관련을 맺으면서 형이상학적으로 확대되었다.
　이렇게 기는 여러 의미를 함축하고 있기 때문에, 다양한 발달 과정이 있었다. 이러한 과정을 거치면서 중국 철학은 종국에는 기일원론氣一元論 철학으로 집대성된다. 그래서 결론은 우주는 기로 구성되어 있기 때문에, 기의 이합집산에 따라 존재의 유무나 생멸이 결정된다는 것이다. 즉 우주는 기의 작용에 불과하다는 것이다.

이러한 기 사상은 한의학 점성학 풍수지리학 사주명리학은 물론이고 유가나 도가 철학의 근간이 된다. 그뿐만이 아니라 중국은 물론이고 한국이나 일본 등 동양문화의 중심 사상이 되었다. 더욱이 철학은 과학을 바탕으로 확립되는 학문인데, 기철학은 오히려 과학이 의지하는 학문이 되었다. 세계의 철학사에서 양자역학과 같은 현대과학과 가장 상통하는 철학이 기철학이기 때문이다.

이러한 기일원론 철학을 확립한 학자는 북송 시대의 장재張載다. 그의 저서 『정몽正蒙』에 따르면, "태허太虛는 기의 본체다.…… 형체로 모아지면 사물이 되고, 형체가 흩어지면 근원인 태허로 돌아간다."라고 한다. 그러므로 태허는 기의 또 다른 이름으로 둘은 같은 것이다. 굳이 구별하자면 무형의 기가 태허이며, 유형의 기가 만물이다. 그래서 그는 "태허에는 기가 없을 수 없고, 기는 모여서 만물이 되지 않을 수 없으며, 만물은 흩어져서 태허로 되지 않을 수 없다."라고 한다. 즉 무無라든가 공空과 같은 비존재는 없으며, 기가 아닌 존재는 없다는 것이다.

이러한 기 사상 특히 기일원론 또는 주기론主氣論의 철학은 다음과 같은 몇 가지로 특징지을 수 있다.

첫째, 기는 만물의 근원이다. 천지 만물의 통일적인 기초를 이루며, 만물을 생성하는 본체다. 따라서 기에 선행하거나 기의 상위 개념으로 신神 도道 리理 태극太極과 같은 주재자는 없다.

둘째, 기는 만물의 질료다. 객관적으로 존재하는 천지 만물의 모든 구성 요소다. 따라서 형체를 갖추었거나 갖추지 않았 거나, 기로 구성되지 않은 것은 없다.

셋째, 기는 운동 변화하는 실체다. 음양과 오행의 대립 구조로 되어 있다. 따라서 기는 끊임없이 움직이고 모이고 흩어져서 만물에 변화를 준다.

넷째, 기는 물질의 매개체다. 빛이나 소리는 물론이고, 행성 간의 인력引力 등이다. 따라서 광대한 우주 안에서 지구와 해와 달의 운행은 물론이고, 각 은하계가 상호 의존하며 조화로운 질서를 이루는 힘이 기다.

다섯째, 기는 인간의 성명性命이다. 인간 생명의 근원이다. 따라서 몸과 마음의 작용은 물론이고, 선과 악, 장수와 요절, 빈부와 귀천 등이 모두 기에 달려 있다.

여섯째, 기는 천인합일天人合一할 수 있는 도덕이다. 인간 내면에는 우주의 질서와 동일한 호연지기浩然之氣와 같은 것이 있다. 이러한 기를 도덕적 수양으로 확충해 나가면, 우주와 하나가 될 수 있다.

음양의 상호 작용

다양한 만물을 이루고 있는 기의 본질은 하나다. 그러나 이 하나는 마치 동전의 앞뒤처럼, 양면성을 갖고 있다. 그것이 음陰과 양陽이라는 상대적 속성이다. 『주역』에서는 우주 만물의 근원인 태극太極은 한 짝(兩儀)을 낳는다고 했는데, 그것이 음과 양이다. 그러면서 "하나의 음과 하나의 양을 도라 한다(一陰一陽之謂道)."라고 하는데, 이는 음과 양이 우주의 존재 원리라는 것이다. 그러나 이 둘은 하나 가운데 존재하는 대립하는 양면이지, 분리할 수 있는 것은 아니다. 이렇게 기에는 두 가지 속성의 대립과 통일이 있다.

노자의 『도덕경』에서는 "도가 하나를 낳고, 그 하나가 둘을 낳는다(道生一 一生二)."라고 한다. 여기서 도는 주역의 태극 또는 장재의 태허와 같은 개념으로, 만물의 근원이며 생성의 주체다. 하나의 이것이 둘을 낳는다고 하는데, 이 둘이 음과 양이다.

『황제내경』에서는 "사람이 생겨 형태를 갖추면, 음양을 떠나지 않는다(人生有形 不離陰陽)."라고 하며, "음양이 번갈아 교차하여 변화가 생긴다(陰陽相錯 而變由生也)."라고 한다. 그러면서 "음양이란 우주의 도이며, 만물의 기강綱紀이며, 변화의 부모이며, 생사의 원리이며, 신명이 머무는 곳(神明之府)이다."라고 한다.

이렇듯 음양의 원리는 우주뿐만이 아니라, 소우주로서의 인간의 구조고, 생사의 법칙이다. 그러나 여기서 알아야 할 것은 음과 양은 태극이나 도에 내재된 하나의 원리지, 음과 양이 각기 따로 존재하는 둘은 아니라는 것이다. 음과 양은 분리할 수 없는 하나의 원리기 때문에, 음양이 태극이고 곧 도다. 하나의 양면성으로 존재하는 이러한 음양의 상대적 속성의 특징은 다음과 같다.

첫째, 대립적이다. 위가 있으면 반드시 아래가 있듯이 사물의 대립적 속성을 의미한다. 모든 만물은 이러한 상대성을 갖고 있다. 그러나 이러한 대립은 절대적인 대립이 아니라 한 사물에 있는 양면성을 의미한다. 예를 들면 사람은 여자와 남자라는 음양으로 대립된다. 그러나 남자의 몸은 다시 머리는 양이고 배는 음으로 대립되고, 머리는 다시 왼쪽은 양이고 오른쪽은 음으로 대립된다. 그래서 양 가운데에도 음양이 있고, 음 가운데에도 음양이 있다.

둘째, 상호 의존한다. 각각 분리된 독립적인 존재가 아니라, 서로 의존하여 존재한다. 예를 들면 위가 없으면 아래라는 개념이 없듯이, 대립은 곧 서로 의존하는 하나의 양면성이 된다. 그래서 음양은 서로 상대에 뿌리를 박고 있다(陰陽互根)고 표현한다. 인류는 남녀가 서로 의존하고, 인간은 정신과 육체가 서로 의존한다.

셋째, 상호 소장消長한다. 서로 대립하면서 서로 의존하는 음양은 정지되어 불변하는 상태가 아니라, 항상 움직이고 변화한다. 이러한 변화의 원인은 상대적인 평형을 유지하기 위한 작용이다. 이러한 운동은 양이 왕성하면 음이 억제되고 음이 왕성하면 양이 억제된다. 그러나 양이 지나치게 왕성하면 오히려 쇠퇴하여 음이 자라고, 음도 지나치게 왕성하면 양이 자란다. 사계절의 변화와 같은 것이 음양 소장의 운동 변화다. 예를 들면 음이 왕성한 추운 겨울은 시간이 지나면서 음이 쇠퇴하고, 양이 자라서 따뜻한 봄이 되는 것과 같다.

넷째, 상호 전화轉化한다. 음양은 소장과 유사한 변화로서 완전히 정반대 방향으로 바뀌는 전화의 과정도 있다. 즉 음이 변하여 양이 되고, 양이 변하여 음이 된다. 이것은 음양 소장과 같으나, 소장이 양量적인 느린 변화라면, 전화는 질質적인 급격한 변화이다. 이 전화는 사물의 발전이 극極에 도달했을 때 일어난다. 예를 들면 얼굴이 붉어지고 열이 나는 열병이 극에 달하면, 갑자기 창백하고 추워지는 냉병으로 바뀌는 등의 현상이 전화다.

다음 그림 1은 음 중에 양이 있고, 양 중에 음이 있다는 음양의 대립적 속성을 표현한 것이다. 그림 2는 음양의 상호 의존과 소장과 전화를 상징하는 것이다.

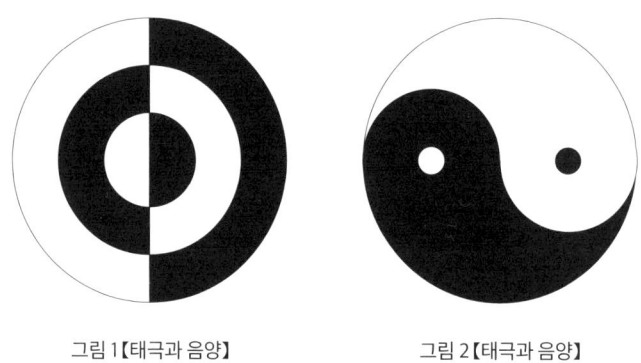

그림 1 【태극과 음양】　　　　그림 2 【태극과 음양】

오행의 생극 작용

음양은 기의 양면성이다. 이것으로 이 세계와 인간을 이해할 수도 있다. 그러나 복잡한 우주 만물을 설명하기에는 부족한 점이 있다. 그래서 좀 더 세밀하게 만물의 존재와 변화의 원리를 설명한 것이 기의 오행五行이다. 이것은 이 우주의 연쇄적인 관계, 즉 유기적인 순환 관계를 설명하는 이론이다.

오행이란 만물의 기본이 되는 기의 다섯 가지 속성이 상호 작용하며 변화하는 것을 말한다. 다섯 가지 속성을 木 火 土 金 水라 한다.

木은 나무는 물론이고 나무와 같은 속성의 기다. 이를 곡직曲直이라 한다. 즉 나무나 풀처럼 곧기도 하고 굽기도 하며 자라는 기다. 木은 나무처럼 잘 움직이고(역동易動), 길게 뻗치며 성장하고(신장伸張), 힘을 쓰는(용력用力) 성질이 있다.

火는 불은 물론이고 불과 같은 속성의 기다. 이를 염상炎上이라 한다. 즉 불처럼 위로 타오르는 기다. 火는 따뜻하고(온열溫熱), 붉고 밝게 빛나고(적명赤明), 태우거나 녹이고(용화鎔化), 분산하는 성질이 있다.

土는 흙은 물론이고 흙과 같은 속성의 기다. 이를 가색稼穡이라 한다. 즉 흙이 곡식을 키우듯이 만물을 수용하는 기다. 土는 모든 것을 받아들이고(재물載物), 키우고(화생化生), 중화中和시키고, 조절하는 성질이 있다.

金은 쇠는 물론이고 쇠와 같은 속성의 기다. 이를 종혁從革이라 한다. 즉 쇠처럼 변혁變革하는 기다. 金은 서늘하고(성량性凉), 죽이고(숙살肅殺), 소리가 나고(음성音聲), 복수하는 성질이 있다.

水는 물은 물론이고 물과 같은 속성의 기다. 이를 윤하潤下라 한다. 즉 물처럼 사물을 적시고 아래로 흐르는 기다. 水는 차갑고(한랭寒冷), 모아서 감추고(폐장閉藏), 모든 변화의 기초가 되는 성질이다.

우주 만물은 이 다섯 가지에 속하지 않는 것이 없다. 이 다섯 가지 속성은 고정불변한 것이 아니라, 끊임없이 운동하고 변화한다. 이러한 운동 변화를 행行이라 한다. '행'에는 조장하고 협력하는 상생相生 관계와 억제하고 저지하는 상극相剋 관계가 있다.

상생이란 木은 火를 생하고, 火는 土를 생하고, 土는 金을 생하고, 金은 水를 생하고, 水는 木을 생하는 관계를 말한다. 반면에 상극이란 木은 土를 극하고, 土는 水를 극하고, 水는 火를 극하고, 火는 金을 극하고, 金은 木을 극하는 관계다. 이것을 도식으로 보면 다음과 같다.

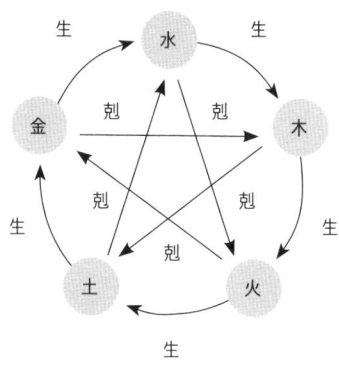

【오행의 상생상극도】

소우주로서 인간

우주의 근원이 하나의 기라면, 인간도 하나의 기로 구성되어 있다.『황제내경소문』에서 말하듯 사람은 천지의 기운으로 생성된 것이기 때문이다. 손사막의『천금익방』에서는 "사람은 천지의 기 속에서 살아간다."라고 하였다. 따라서 인간도 당연히 천지와 같은 구조나 법칙성이 적용되어야 한다. 똑같지는 않더라도 상호 연계성이나, 공통 규율이 적용되어야 한다. 이러한 일원론적인 철학이 만든 관념이 '우주는 하나의 대천지고, 인간은 하나의 소천지(우주시일대천지 인신시일소우주宇宙是一大天地 人身是一小天地)'라는 것이다. 이러한 관점에서 '우주와 나는 하나로 합할 수 있다(천일합일天人合一)'는 사상이 나올 수 있다.

이러한 사상은 이미 맹자孟子에서부터 나타난다. 그는 "만물의 이치가 모두 나에게 갖추어져 있다(만물개비어아萬物皆備於我)."라고 한다. 이 말은 자기 본성을 극진히 계발하면 우주를 알 뿐만이 아니라, 우주와 합일할 수 있다는 것이다. 그가 말하는 호연지기浩然之氣는 우주와 합일할 수 있는 인간의 기이며, 동시에 천지에 꽉 차 있는 기다.

한 걸음 더 나아가 기 철학자 동중서董仲舒는 천지간에 있는 음양의 기를 논하면서 '하늘과 인간은 감응한다(천인감응天人感應).'는 이론을 편다. 그래서 그는 "음양의 기는 하늘에도 있고 인간에게도 있다."거나 "천지의 음양과 꼭 닮은 부분이 항상 몸에 베풀어져 있기 때문에, 인간의 몸은 천지와 같다."라고 한다. 이 말은 우주와 인간은 서로 상통할 뿐만이 아니라, 인간은 하늘 즉 우주를 그대로 닮은 소우주小宇宙라는 것이다.

이러한 소우주로서 인간, 기로서 인간을 보다 구체적이고, 실제적으로 밝히고, 이용한 분야는 도교 수련, 한의학, 사주명리 이론이다. 도교에서 만고萬古의 단경왕丹經王이라 불리는 경전이 『주역참동계周易參同系』다. 여기서는 하늘과 땅을 상징하는 주역의 건곤乾坤 두 괘를 본체로 삼고, 물과 불을 상징하는 감리坎離 두 괘를 우주의 작용으로 삼았다. 이는 인체의 머리를 건이라 하고 배를 곤이라 하는 것이며, 부동의 하늘과 땅 사이에서, 역동적인 작용을 하는 물과 불은 신장이 주관하는 수기水氣와 심장이 주관하는 화기火氣를 의미하는 것이다.

의서인 『황제내경』은 전국 시대부터 한나라 초까지 형성된 중국 의학의 최고 경전이다. 이 의학 이론도 인간을 우주와 상응하는 존재로 파악하고 있다. 여기서 "사람은 천지天地에 존재하는 기로 인해 생긴다. 사람은 땅에서 나서 하늘에 목숨을 맡긴다. 천과 지가 합한 기를 이르러 사람이다."라고 한다. 이처럼 인간은 우주적 존재라는 것이다. 소우주로서 인간은 우주의 존재 형식뿐만이 아니라 변화 법칙도 그대로 간직하고 있다. 그래서 우주와 잠시도 떨어질 수 없을 뿐만이 아니라, 항상 서로 밀접한 관계를 유지하는 존재다. 그러므로 인간은 우주의 존재 형식이나 법칙을 알고, 그에 따라야 한다. 이것이 중국 의학이나 중국 철학의 근간이다.

음양오행으로 구성된 인간

앞에서 대우주의 음양오행 구조를 보았는데, 소우주인 인간의 구조도 대우주의 구조와 동일하다고 본다. 음양으로 본다면 인체의 상부는 양이고 하부는 음이고, 겉은 양이고 속은 음이다.

【자연계의 음양】

양	위	하늘	태양	불	뜨거움	가벼움	밝음	상승	봄 여름	아침 낮
음	아래	땅	달	물	차가움	무거움	어둠	하강	가을 겨울	저녁 밤

【인체의 음양】

양	정신	상체	겉	머리	뼈	좌측	부(腑)	기(氣)	동(動)	강성	온열	건조	항진	급성
음	육체	하체	속	배	살	우측	장(臟)	혈(血)	정(靜)	쇠약	한랭	습윤	감퇴	만성

이것을 좀 더 세분하여 오장육부를 음양으로 나누면, 오장인 간, 심, 비, 폐, 신은 음이고, 육부인 담, 소장, 위장, 대장, 방광은 양이다. 그 뿐만이 아니라 생리 기능이나 질병도 음양으로 대별된다. 이 중에서 인체의 오행을 간단하게 설명하면 다음과 같다.

　木과 같은 속성의 음의 장부는 간肝이다. 간은 소설疏泄을 주관하는데, 이는 정서나 혈액이나 영양이 막히지 않게 소통시키는 기능이다. 또한 간은 혈액을 저장하고, 근육을 주관한다. 간은 눈을 통해 외부와 교류하고, 상태는 손발톱에 나타나며, 그 액체는 눈물이다. 간의 짝인 양의 장부는 담膽이다. 담은 소화의 소설을 돕고, 결단력을 주관한다.

　火와 같은 속성의 음의 장부는 심心이다. 심은 혈맥을 주관하는데, 이는 혈액과 심장 박동에 의한 혈액 순환 기능이다. 또한 신명神明을 주관하는데, 이는 모든 생명 활동과 정신 작용을 주재하는 것이다. 심은 혀를 통해 외부와 교류하고, 상태는 얼굴에 나타나고, 그 액체는 땀이다. 심의 짝인 양의 장부는 소장이다. 소장은 소화하고 영양을 흡수한다.

　土와 같은 속성의 음의 장부는 비脾다. 비는 운화運化를 주관하는데, 이는 위장, 소장, 대장 등에서 소화 흡수 작용을 총괄하고, 수곡의 정기精氣를 전신으로 퍼지게 한다. 또한 비에는 혈액이 혈맥 속을 정상적으로 운행하도록 통제하는 기능이 있다. 또한 기육肌肉과 사지四肢를 주관하는데, 이는 살의 충실 여부와 팔다리 활동을 관장하는 것이다. 비는 입을 통해 외부와 교류하고, 상태는 입술에 나타나고, 그 액체는 군침(연涎)이다. 비의 짝인 양의 장부는 위胃다. 위는 음식물을 받아들이고 소화시킨다.

金과 같은 속성의 음의 장부는 폐肺다. 이 폐는 기氣를 주관하는데, 호흡을 통해 탁기를 배출하고 청기를 받아들이며, 전신을 순환하는 기의 운행을 조절한다. 또한 폐는 선발宣發과 숙강肅降 기능을 주관하는데, 체내의 탁기를 피부로 발산하고, 청기를 신장으로 내려 보내서 진기眞氣를 생성하게 한다. 또한 선발과 숙강 기능은 땀과 소변을 통해서 체내의 수액을 조절한다. 폐는 피부를 자양하고, 코를 통해 외부와 교류하고, 상태는 털에 나타나며, 그 액체는 콧물이다. 폐의 짝인 양의 장부는 대장이다. 대장은 수분을 흡수하고 대변을 배출한다.

水와 같은 속성의 음의 장부는 신腎이다. 신은 정精을 저장하고, 생장 발육과 생식生殖을 주관한다. 정은 생명의 정수精髓로 부모로부터 받은 선천의 정과 호흡과 음식으로 섭취한 후천의 정이 있다. 신에 간직된 정에 의해서 생명이 탄생하고, 성장하며, 그리고 후손을 낳을 수 있는 생식 능력이 생긴다. 신은 수액을 주관한다. 비장이나 폐도 수분 조절을 하나, 전신에 걸친 수분의 균형은 근본적으로 신장에서 담당한다. 또한 신은 폐의 청기와 수곡의 정기를 받아들여 진기를 생성하고, 뼈와 뇌수를 생성한다. 신의 기능은 비뇨 생식기와 항문에 영향을 주고, 귀를 통해 외부와 교류한다. 상태는 머리카락에 나타나고, 그 액체는 타액唾液(침)이다. 신의 짝인 양의 장부는 방광이다. 방광은 소변을 모았다가 배설한다.

음양과 오행으로 구성된 인체의 장부도 음양의 상호 의존, 소장消長, 전화 관계가 있으며, 오행의 상생상극 관계를 갖는다.

이러한 오행 이론이 의학이나 양생의 원리가 되는 까닭은, 자연계는 물론이고 인체의 모든 기관이나 기능이 오행에 속하지 않는 것이 없기 때문이다. 오행과 심신의 관계를 도표로 보면 다음과 같다.

【자연계와 인체의 오행】

	오행	목(木)	화(火)	토(土)	금(金)	수(水)
자연계	오계(五季)	봄(春)	여름(夏)	장하(長夏)	가을(秋)	겨울(冬)
	오화(五化)	생(生)	장(長)	화(化)	수(收)	장(藏)
	오기(五氣)	풍(風)	열(熱)	습(濕)	조(燥)	한(寒)
	오색(五色)	청(靑)	적(赤)	황(黃)	백(白)	흑(黑)
	오미(五味)	신맛(酸)	쓴맛(苦)	단맛(甘)	매운맛(辛)	짠맛(鹹)
	오방(五方)	동(東)	남(南)	중앙(中央)	서(西)	북(北)
	시간(時間)	평단(平旦)	일중(日中)	일서(日西)	일입(日入)	야반(夜半)
	오음(五音)	각(角)	치(徵)	궁(宮)	상(商)	우(羽)
인체	오장(五臟)	간(肝)	심(心)	비(脾)	폐(肺)	신(腎)
	오부(五腑)	담(膽)	소장(小腸)	위(胃)	대장(大腸)	방광(膀胱)
	오규(五竅)	눈(目, 眼)	혀(舌)	입(口)	코(鼻)	귀(耳)
	오주(五主)	힘줄(筋)	혈맥(血脈)	기육(肌肉)	피모(皮毛)	골수(骨髓)
	오지(五志)	노(怒)	희(喜)	사(思)	우비(憂悲)	공(恐)
	오성(五聲)	부름(呼)	웃음(笑)	노래(歌)	곡(哭)	신음(呻)
	오화(五華)	손발톱(爪甲)	얼굴(面)	입술(脣)	모(毛)	발(髮)
	오로(五勞)	걷기(行)	보기(視)	앉기(坐)	눕기(臥)	서기(立)
	오액(五液)	눈물(淚)	땀(汗)	군침(涎)	콧물(涕)	침(唾)
	오변(五變)	악(握)	우(憂)	얼(噦)	해(咳)	율(慄)
	오향(五香)	누린내(臊)	탄내(焦)	향내(香)	비린내(腥)	썩은 내(腐)
	오장(五藏)	혼(魂)	신(神)	의(意)	백(魄)	지(志)

木을 예를 들면 이렇다. 앞 도표에서 보는 것처럼, 木은 인체에서 간에 해당된다. 간은 봄에 항진되고, 상승하는 성향의 기고, 바람을 싫어하고, 눈과 근육의 기능을 담당하고, 화를 내거나 신맛의 음식을 먹으면 기능이 항진되고, 많이 걸으면 기능이 억제된다. 또한 상생 관계에 의해 목생화木生火하여 간이 건강하면 피를 잘 저장하여 심장을 돕는다. 반면에 지나치게 항진하면 목금토木剋土하는 상극 관계에 의해 소화 흡수를 담당하는 비장의 기능을 억제한다.

2

천지의 기

천간과 지지

앞에서 살펴본 바처럼, 우주는 하나의 기다. 이 기의 양면적인 존재 형태가 음양이고, 유기적 순환 관계가 오행이다. 음양과 오행은 대우주는 물론이고, 소우주인 인간에게도 동일하게 적용된다. 하지만 앞에서 살펴본 정도로는 인간의 모든 것을 이해하기가 불가능하다. 그래서 보다 확장되어 발달한 이론이 주역과 사주다.

음양으로만 우주를 이해한 것이 주역의 육십사괘이다. 그래서 주역은 음양의 조합으로 음양 → 사상四象 → 팔괘八卦 → 육십사괘로 이루어졌다. 반면에 사주명리는 음양과 오행을 조합하여 음양 → 오행 → 십천간十天干 → 십이지지十二地支 → 육십갑자六十甲子로 이루어졌다. 그래서 주역과 사주는 비슷한 것 같으나, 종국에는 상당한 차이가 난다.

여기서는 사주명리의 기초가 되는 음양오행의 구조와 법칙을 살펴본다. 먼저 하늘 즉 우주에서는 음양과 오행이 편만하게 작용한다. 木火土金水 오행은 그 하나하나가 다시 음양으로 나뉘어져 10개로 펼쳐진다. 즉 木은 甲乙, 火는 丙丁, 土는 戊己, 金은 庚辛, 水는 壬癸로 나뉜다. 이 중 甲丙戊庚壬은 양이고 乙丁己辛癸는 음이다. 이 甲乙丙丁戊己庚辛壬癸 10개가 하늘의 기인 천간天干이다.

이 십천간은 우주에 편만한 기다. 이것이 인간이 사는 지구로 내려와서 지구의 土와 섞이면서 변화한 기가 지지地支이다. 10개 천간은 지구에서는 12개 지지로 만들어진다. 이렇게 천간보다 지지가 더 많은 까닭은 지구는 우주의 허공과 달리 주로 土로 구성되어 있기 때문이다. 그래서 2개의 土가 첨가되어 土를 주성분으로 하는 것이 4개다. 10개의 천간 하나하나에는 음양오행 중 오직 하나만이 순일하게 들어 있다. 예를 들면 甲木은 오직 양목 하나일 뿐이다. 반면에 12개의 지지는 어느 것 하나 순일한 것이 없다. 항상 다른 천간의 성분이 포함되어 있다. 예를 들면 寅에는 戊土와 丙火와 甲木이 들어 있다. 또한 지지는 지상에 있는 기이기 때문에, 12개 중에 8개에 土가 섞여 있다. 이러한 지지는 子丑寅卯辰巳午未申酉戌亥다.

천원지방天圓地方
이상과 같은 천간과 지지를 오행의 순서로 비교하면 다음과 같다.

| 천간 오행의 순서 |

甲 → 乙 → 丙 → 丁 → 戊 → 己 → 庚 → 辛 → 壬 → 癸
양목 → 음목 → 양화 → 음화 → 양토 → 음토 → 양금 → 음금 → 양수 → 음수

| 지지 오행의 순서 |

寅 → 卯 → 辰 → 巳 → 午 → 未 → 申 → 酉 → 戌 → 亥
양목 → 음목 → 양토 → 음화 → 양화 → 음토 → 양금 → 음금 → 양토 → 음수

子 → 丑
양수 → 음토

여기서 알 수 있는 것은 지지의 운행은 천간과 같이 木火土金水가 아니다. 지지는 木土火土金土水土로 사행 사이에 土가 끼어든다. 이러한 까닭은 무한한 우주는 허공이기 때문에 오행의 기가 일정하게 흐른다. 그러나 지구는 주성분이 土이기 때문에, 木火金水가 반드시 土를 의지해서 변화한다.

또한 하늘이라는 허공에서는 오행의 기가 균등하기 때문에, 木火土金水가 무한히 상호 작용하는 둥근 원의 형태이다. 그러나 土로 구성된 지구의 평면적 공간에서는 土가 주인이 된다. 그래서 중앙에 土가 굳건히 자리 잡고 있고 나머지 木은 동쪽에 火는 남쪽에 金은 서쪽에 水는 북쪽에 있다. 그래서 하늘은 오행이 원인데 반해 땅은 오행이 동서남북 사방으로 펼쳐 있다. 그래서 하늘은 둥글고 땅은 모나다고 하는 것이다(천원지방天圓地方). 『여씨춘추』에서 나온 말인데, 하늘과 땅의 형상이 아니라 그 기의 흐름이 둥글거나 모나게 표현된다는 것이다.

이 천원지방의 원리를 모르기 때문에, 사주명리의 이론에는 많은 문제들이 발생한다. 그 대표적인 것이 지장간의 문제, 십이운성의 문제, 상충과 상극의 문제 등이다. 이에 대해서는 다시 거론한다.

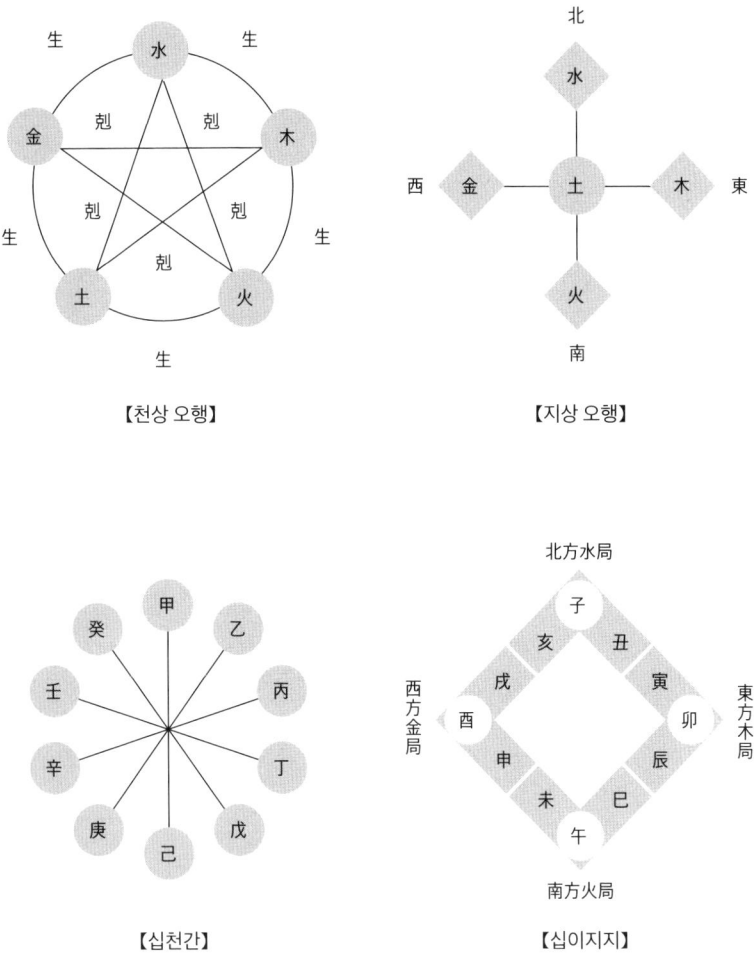

【천상 오행】

【지상 오행】

【십천간】

【십이지지】

천기와 지기의 결합

이상과 같이 하늘의 기는 10개 천간이고, 땅의 기는 12개 지지다. 이러한 하늘의 기와 땅의 기는 분리된 것이 아니라 항상 상호 연관하여 작용한다. 이렇게 상호 연관하여 작용하는 법칙이 육십갑자六十甲子 이론이다. 즉 천간 10개와 지지 12개가 하나씩 조화롭게 순서대로 만나서 형성된 기다.

즉 천간의 甲과 지지의 子가 만나서 甲子, 천간의 乙과 지지의 丑이 만나서 乙丑, 천간의 丙과 지지의 寅이 만나서 丙寅이 된다. 이렇게 조합을 이루어 甲子 乙丑 丙寅 丁卯 戊辰 己巳 …… 이렇게 조합하면 60개가 된다. 이 하나하나는 하늘의 기와 땅의 기가 어떠한 구조로 결합되었는지를 보여 주는 부호다.

이 육십갑자는 은나라 갑골문서부터 사용된 것이다. 최소한 3,000년 이상 된 이론이다. 그때부터 매년 매월 매일 매시간을 육십갑자로 표현하고 기록했다. 이것으로 시공간의 구조와 변화를 설명하고자 하는 이론이다. 인간의 운명을 판단하는 사주명리의 원리도 여기에 있다. 이러한 결합 방식을 보면 다음과 같다.

【육십갑자 조견표】

甲子	乙丑	丙寅	丁卯	戊辰	己巳	庚午	辛未	壬申	癸酉
甲戌	乙亥	丙子	丁丑	戊寅	己卯	庚辰	辛巳	壬午	癸未
甲申	乙酉	丙戌	丁亥	戊子	己丑	庚寅	辛卯	壬辰	癸巳
甲午	乙未	丙申	丁酉	戊戌	己亥	庚子	辛丑	壬寅	癸卯
甲辰	乙巳	丙午	丁未	戊申	己酉	庚戌	辛亥	壬子	癸丑
甲寅	乙卯	丙辰	丁巳	戊午	己未	庚申	辛酉	壬戌	癸亥

3
사주의 구조

연주

하늘의 기와 땅의 기가 결합한 육십갑자로 매년 매월 매일 매시간의 기를 표시한다. 이 중에서 한 해를 표시하는 천간과 지지를 사주에서 연주年柱라 한다. 그런데 중국 역사에서 한 해의 시작을 언제부터로 하는가에 대한 논란이 많았다. 하나라 때부터 子월 亥월 寅월 등의 논쟁이 있었는데, 한나라 때부터 寅월을 한 해의 시작으로 삼는 이론이 확립되었다.

즉 한 해의 시작은 양력 1월 1일도 아니고, 음력 1월 1일 설날도 아니고, 동지도 아니다. 한해의 시작은 양력 2월 4,5일경에 드는 입춘立春부터다. 태어난 날이 입춘일이면, 입춘이 시작되는 시각까지도 알아야 한다. 그래서 반드시 만세력萬歲曆을 봐야 한다. 예를 들면 2000년인 庚辰년의 시작은 양력 2000년

2월 4일 21시 40분부터다. 음력으로는 1999년 12월 29일 오후 9시 40분부터다.

월주

연주의 천간과 지지는 60년을 주기로 매년 바뀌나, 매월의 지지는 항상 고정되어 있다. 동짓달을 子월로 시작하여 子丑寅卯辰巳午未申酉戌亥의 12지지로 12달을 표현한다. 각 달의 천간은 그 해의 천간에 따라서 다음과 같은 규칙이 있다. 이것도 불변의 법칙으로 이미 정해져 있다.

【월주 조견표】

월	節入年干	甲己年	乙庚年	丙辛年	丁壬年	戊癸年
1월	입춘立春	丙寅	戊寅	庚寅	壬寅	甲寅
2월	경칩驚蟄	丁卯	己卯	辛卯	癸卯	乙卯
3월	청명淸明	戊辰	庚辰	壬辰	甲辰	丙辰
4월	입하立夏	己巳	辛巳	癸巳	乙巳	丁巳
5월	망종芒種	庚午	壬午	甲午	丙午	戊午
6월	소서小暑	辛未	癸未	乙未	丁未	己未
7월	입추立秋	壬申	甲申	丙申	戊申	庚申
8월	백로白露	癸酉	乙酉	丁酉	己酉	辛酉
9월	한로寒露	甲戌	丙戌	戊戌	庚戌	壬戌
10월	입동立冬	乙亥	丁亥	己亥	辛亥	癸亥
11월	대설大雪	丙子	戊子	庚子	壬子	甲子
12월	소한小寒	丁丑	己丑	辛丑	癸丑	乙丑

월주月柱에서도 반드시 알아야 할 것은 한 달의 시작은 반드

시 그 절기에 의한 것이기 때문에, 양력이거나 음력 또는 윤달 등과는 무관하다. 만약 태어난 날이 12절기가 시작하거나 끝나는 날에 해당하면, 반드시 만세력을 보아서 시간까지 참고해야 한다. 예를 들면 2000년 3월(庚辰월)은 양력 4월 4일, 음력 2월 30일 20시 31분부터다.

일주

태어난 날로 일주日柱를 세우는 법은 만세력에 표시되어 있기 때문에 간단하다. 주의할 것은 하루의 시작이 자정이 아니라, 亥시가 끝나고 子시가 시작되는 시점이다. 그래서 23시부터 하루의 시작이라고 해야 할 것이나, 한국의 현재 시간은 일본 동경 표준시를 쓴다. 서울을 중심으로 볼 때 30분가량 늦기 때문에, 전날 23시 30분부터 새날이 된다. 하루의 시작에 관한 야자시 조자시 등의 이론이 있으나 이것은 잘못된 것이다. 이 야자시 조자시의 문제에 관해서는 12장「사주명리의 문제점들」에서 거론한다.

시주

연주와 일주의 천간과 지지는 60주기로 매년 또는 매일 바뀐다. 그러나 시주時柱의 시지는 매월의 지지처럼 항상 고정되어 있다. 그래서 자정을 子시로 시작하여 子丑寅卯辰巳午未申酉戌亥의 십이지지로 시간을 표현한다. 또한 각 시의 천간은 그날의 천간에 따라서 다음과 같은 규칙으로 정해진다.

【시주 조견표】

生時	日干	甲己	乙庚	丙辛	丁壬	戊癸
23:30~01:30	子時	甲子	丙子	戊子	庚子	壬子
01:30~03:30	丑時	乙丑	丁丑	己丑	辛丑	癸丑
03:30~05:30	寅時	丙寅	戊寅	庚寅	壬寅	甲寅
05:30~07:30	卯時	丁卯	己卯	辛卯	癸卯	乙卯
07:30~09:30	辰時	戊辰	庚辰	壬辰	甲辰	丙辰
09:30~11:30	巳時	己巳	辛巳	癸巳	乙巳	丁巳
11:30~13:30	午時	庚午	壬午	甲午	丙午	戊午
13:30~15:30	未時	辛未	癸未	乙未	丁未	己未
15:30~17:30	申時	壬申	甲申	丙申	戊申	庚申
17:30~19:30	酉時	癸酉	乙酉	丁酉	己酉	辛酉
19:30~21:30	戌時	甲戌	丙戌	戊戌	庚戌	壬戌
21:30~23:30	亥時	乙亥	丁亥	己亥	辛亥	癸亥

주의할 점은 하루가 24시간이 아니고, 12시간이라는 것과 동경 표준시를 쓰기 때문에, 30분이 늦다는 것이다. 또한 한국은 좁지만 동서의 시간 차이도 참고해야 한다. 예를 들면 동쪽 포항과 서쪽 목포는 약 12분이 차이가 나기 때문에, 시간이 애매할 때는 동서간의 거리도 참고해야 한다.

또한 1954년부터 1961년까지는 현재와 같은 동경 표준시를 사용하지 않고 서울을 중심으로 한 표준시를 사용했다. 이때는 30분을 더하지 않아도 된다. 또한 서머 타임을 적용한 시기도 있다. 서머 타임은 그 당시의 시간에 1시간을 더해야 한다. 표준시와 서머 타임에 따른 시간은 만세력을 참고하면 된다.

사주와 대운

지금까지 설명한 방법으로 양력 2021년 9월 25일 20시에 태어난 사람의 간지를 찾아보면 辛丑년 丁酉월 丙子일 戊戌시다. 이것을 전통적인 방법으로 기록하면 다음과 같다.

戊 丙 丁 辛
戌 子 酉 丑
時 日 月 年

위의 표기 방식은 한자를 사용하던 전통 방식으로 기재한 것이다. 그러다 보니 오른쪽에서 왼쪽으로 쓰게 되었고, 세로로 기록하였다. 이 세로로 기록된 것이 마치 4개의 기둥과 같기에 사주四柱라고 한다. 또한 4개의 간지가 여덟 자이기에 팔자八字라고 한다.

그런데 사주팔자에 의한 운명 판단은 이 여덟 글자에 의한 것만은 아니다. 살아가면서 변화하는 새로운 운을 맞이하는데, 이를 대운大運이라 한다. 대운이란 살면서 맞이하게 되는 새로운 운이다. 사주의 기본은 변함이 없으나 살아가면서 닥치는 새로운 환경과 같다. 비유하자면 사주는 자동차이고, 대운은 자동차가 달리는 도로와 같다. 따라서 사주 자체인 자동차가 좋아야 함은 물론이다. 그러나 살아가면서 새롭게 맞이하는 환경 즉 도로의 상황에 따라서 자동차의 운행에는 많은 차질이 있을 수 있다. 따라서 한 인간의 삶이 어떻게 변화하면서 살지는 전적으로 대운에 달려 있다. 따라서 사주 작성에는 반드시 대운을 알아야 한다.

사주에서 가장 영향력이 있는 간지는 월의 간지다. 그래서 대운은 월의 간지의 변화에 따른다. 이 변화의 규칙은 생년의 천간과 남녀에 따라서 다음과 같은 규칙이 있다.

① 생년이 甲丙戊庚壬이면 양년생이고, 乙丁己辛癸이면 음년생이다.
② 남자가 양년생이면 순행하고, 음년생이면 역행한다.
③ 여자가 양년생이면 역행하고, 음년생이면 순행한다.

여기서 순행한다는 것은 월의 간지에 이어서 육십갑자를 붙여 간다는 것이다. 위의 사주로 보면, 丁酉 다음의 간지인 戊戌 己亥 庚子 辛丑 壬寅…… 이러한 순서로 대운이 진행된다.

반대로 역행한다는 것은 丁酉의 이전의 간지인 丙申 乙未 甲午 癸巳 壬辰…… 이러한 순서로 진행된다. 위의 사주가 남자면 음년생이므로 대운이 역행한다.

다음은 대운의 주기가 바뀌는 대운수大運數를 계산해야 한다. 즉 언제부터 운이 바뀌는가를 알아야 하기 때문이다. 그 방법은 다음과 같다.

순행하면 출생일로부터 다음 절기까지의 날짜를 세고, 역행하면 출생일로부터 이달 절기까지 센다. 이 숫자를 3으로 나누어서 남는 수가 대운수다. 위의 사주를 예로 보면, 역행하기 때문에 25일부터 그 달의 절기가 백로가 7일이므로 18이 남는다. 이를 3으로 나누면 6이 된다. 그래서 위의 사주는 6세 16세 26세 36세 46세…… 이렇게 대운이 바뀐다. 이를 위와 같은 전통적인 방식으로 기재하면 다음과 같이 표기한다.

戊 己 庚 辛 壬 癸 甲 乙 丙
子 丑 寅 卯 辰 巳 午 未 申
86 76 66 56 46 36 26 16 6

세운과 소운

세운은 매년 맞이하는 간지를 말한다. 그래서 세운은 누구나 동일하다. 그러나 각자의 사주 구성에 따라서 미치는 영향은 천차만별이다. 대운은 지지가 중심이고, 세운은 천간을 중심으로 판단한다. 대운과 세운의 관계는 대운이 우선이고 다음은 세운이다.

소운은 대운이 정해지기 전의 소아에게 적용되는 이론이다. 보통 시주를 기준으로 하나의 간지를 일 년으로 한다. 대운이 순행이면 소운도 순행이고, 대운이 역행이면 소운도 역행이다. 위의 사주가 6대운이면 6세 이전까지의 운을 추산하는 방법이다. 위의 남자의 소운은 다음과 같다.

癸 甲 乙 丙 丁
巳 午 未 申 酉
5 4 3 2 1

사주명리 용어

천간天干은 간상干上 간두干頭 천원天元이라고도 한다.

지지地支는 지원地元이라고도 한다.

연간年干은 연상年上 세간歲干 연두年頭 세군歲君이라고도 한다.

연지年支는 연하年下 세지歲支 세군歲君이라고도 한다.

월간月干은 월상月上이라고도 한다.

월지月支는 월건月建 월령月令 월제月提 제강提綱이라고도 한다.

일간日干은 일주日主 일원日元 기신己身이라고도 한다.

일지日支는 좌하坐下라고도 한다.

시간時干은 시상時上이라고도 한다.

시지時支는 시지時支라고만 한다.

대운大運은 운로運路 운상運上 운중運中 운정運程 운행行運이라고도 한다.

3

천간과 지지

1
십천간의 속성

천간天干은 甲乙丙丁戊己庚辛壬癸다.
양간은 甲丙戊庚壬이다.
음간은 乙丁己辛癸다.
양간 중에 가장 양간다운 천간은 丙火다.
음간 중에 가장 음간다운 천간은 癸水다.
양간은 직선적 감정적 적극적 지배적 공격적인 성향이 있다.
음간은 우회적 이성적 소극적 복종적 방어적인 성향이 있다.
양간은 자신이 지배할 수 있는 소극적인 정재와 합을 한다.
음간은 자신을 지배할 수 있는 적극적인 정관과 합을 한다.

『적천수』에서는 "오양은 기를 따르고 세를 따르지 않으며, 오음은 세를 따르니 의리가 없다."라고 한다. 이 말은 대체로 양간은 강건하여 자기 오행의 기를 따르나, 음간은 유순하여 왕성한 세력을 따라가니 여자의 마음과 같다는 것이다. 그러나 오행이 바르면, 세를 따르지 않을 뿐만이 아니라 의리도 저버리지 않는다.

다음에서 말하는 천간의 속성은 사주의 일간이 될 때, 그 속성이 잘 드러난다.

甲木

甲木은 양목으로 대림목大林木이라 한다. 마음은 인자하고, 인체에는 쓸개다. 소나무나 참나무처럼 하늘을 향해 곧게 자라는 교목이다.

그래서 직선적으로 앞으로만 나간다. 대체로 추진력이 있고, 지조가 있고, 포부가 크고, 희망적이고, 미래 지향적이고, 적극적이고, 일등을 좋아하고, 우두머리가 되고 싶어 하고, 변심하지 않고, 순수하고, 자존심이 세다. 火를 보면 영리하다.

반면에 다른 오행의 도움이 절대적으로 필요하고, 명예 지향적이고, 남의 밑에서 일하지 못하고, 시작은 잘하나 마무리를 잘 못하고, 실속이 없고, 자기중심적이고, 남에 대한 배려가 부족하고, 유연성이 부족하고, 한번 좌절하면 재기하기 어렵다.

『적천수』에서는 "甲木은 하늘을 찌르는 기세다. 이른 봄에 깨어날 때는 火가 필요하고, 봄에는 金을 쓰지 못하고, 가을에는 土를 쓰지 못한다. 火가 치열하면 용을 타야 하고, 水가 범람하면 호랑이를 타야 한다. 땅이 윤택하고 하늘이 화창하면 천년을 우뚝 서 있다."라고 하였다.

이른 봄에는 조후로 火가 필요하고, 중춘 이후에도 왕한 목기를 설기洩氣하기 위해서 火가 필요하다. 봄에는 金, 가을에는 土가 도움이 안 되는 경우가 많으나 절대적인 것은 아니다. "火가 치열하면 용을 탄다."라는 지지에 寅午戌화국을 이루고 丙丁火가 많으면 辰土가 있어야 한다는 것이다. 辰土는 습토로 화기를 설하고 木을 배양하기 때문이다. "水가 범람하면 호랑이를 탄다."라는 지지에 申子辰수국을 이루고 壬癸水가 많으면 寅木이 있어야 한다는 것이다. 寅木은 火土를 저장하였으며 수기를 흡수하기 때문이다.

乙木

乙木은 음목으로 초목이라 한다. 마음은 인자하고, 인체에는 간이다. 잡초나 인간이 키운 곡식 같은 초목이다.

그래서 어떠한 환경에서도 잘 적응하는 끈질긴 생명력이 있다. 대체로 융통성이 있고, 유연하고, 친근하고, 애교가 있고, 학문적이고, 호소력이 강하고, 생활력이 강하고, 순진한 이미지로 처세를 잘한다.

반면에 너무 현실적이고, 사치스럽고, 이해타산이 빠르고, 실속을 너무 챙기고, 인색하고, 신약하면 의타심이 많고, 줏대가 없다.

『적천수』에서는 "乙木은 비록 유약하나, 양을 찌르고 소를 잡으며, 丁火나 丙火가 있으면 봉에 걸터앉고 원숭이도 탈 수 있다. 허하고 습한 땅에서는 말을 타고 있어도 근심스럽고, 甲木을 타고 오르면 봄도 좋고 가을도 좋다."라고 하였다.

"양을 찌르고 소를 잡는다."란 未월이나 丑월 또는 未일이나 丑일에도 뿌리를 내릴 수 있다는 것이고, "丁火나 丙火가 있으면 봉에 걸터앉고 원숭이도 탈 수 있다."란 丙火나 丁火가 있으면 酉월이나 申월 또는 酉일도 두렵지 않다는 것이다. 허하고 습한 땅이란 亥子월에 태어나면 연지에 午火가 있어도 생기를 발하기 어렵다는 것이고, 甲木이 있어 타고 오르면 어느 때고 좋다.

丙火

丙火는 양화로 태양이라 한다. 마음은 예의 바르고, 인체에는 소장이다. 양 중에서 가장 양의 성질을 가진 태양 같은 불이다.

그래서 이상이 크고, 정열적이고, 두려움이 없다. 대체로 자신만만하고, 혁명적이고, 공명정대하고, 자기주장이 강하고, 앞장서기를 좋아하고, 화려하고, 단순하고, 숨기지 못하고, 다양한 사람을 사귀고, 봉사 정신이 강하다.

반면에 권위와 명성을 좋아하고, 허세가 심하여 실속이 없고, 간섭받기 싫어하면서 남을 간섭하고, 항상 돌아다니고, 급한 성격으로 실수를 잘하고, 말이 많고, 큰소리치고, 화를 잘 내나 뒤끝은 없다.

『적천수』에서는 "丙火는 맹렬하여 서리나 눈을 깔보며, 庚金을 제련할 수 있으나, 辛金을 만나면 오히려 겁을 낸다. 土가 많아도 자애를 베풀고, 水가 창궐해도 절개를 지킨다. 호랑이와 말과 개가 모이고 甲木이 오면 다 태워 버린다."라고 하였다.

서리와 눈은 가을과 겨울이고, 辛金을 만나면 丙辛합수가 되어 화평하게 되어 위세를 잃는다. 土가 많으면 그 맹렬함이 수그러들며, 水가 많아도 여간해서는 인성이 필요하거나 종從하지 않는다. 호랑이 말 개는 寅午戌 화국을 이룬 것이다.

丁火

丁火는 음화로 등화燈火라 한다. 마음은 예의 바르고, 인체에는 심장이다. 촛불이나 모닥불 또는 전등처럼 인간이 만든 불이다.

그래서 따뜻하고 헌신적이다. 대체로 정이 많고, 명랑하고, 섬세하고, 성실하고, 한번 사귀면 오래가고, 남에게 베풀고, 봉사와 희생정신이 강하고, 외유내강형으로 집념이 강하고, 실속이 있고, 머리 회전이 빠르고, 언변이 뛰어나다.

반면에 남의 입장을 고려하여 거절을 못하고, 마음을 드러내지 않고, 소극적이기 때문에 기회를 놓치는 경우가 많다. 때로는 화를 내면 무섭고, 신약하면 아부형이고, 대단히 인색한 경우도 있다.

『적천수』에서는 "丁火는 부드러우나, 그 속성은 밝게 비추고 녹인다. 乙木을 감싸서 효도하고, 壬水와 합하여 충성한다. 왕하여도 치열하지 않고, 쇠하여도 궁하지 않다. 만약 적모가 있으면 가을도 좋고 겨울도 좋다."라고 하였다.

乙木을 감싸서 효도하는 것은 辛金이 편인인 乙木을 극하지 못하게 하는 것이고, 壬水와 합하여 충성하는 것은 丁火의 군주인 壬水가 戊土의 극을 받을 때, 壬水와 합하여 木으로 화하여 戊土가 壬水를 극하지 못하게 하는 것이다. 적모嫡母는 丁火의 정인인 甲木이다.

戊土

戊土는 양토로 태산이라 한다. 마음은 신의가 있고, 인체에는 위장이다. 태산과 같은 높은 산이나 넓은 광야와 같은 땅이다.

그래서 안정감이 있고, 변함이 없다. 대체로 표정이 없고, 말이 없고, 나서지 않고, 중립적이나 주관이 뚜렷하고, 관대하고, 포용력이 있고, 중재를 잘하고, 잘 어울린다.

반면에 자기주장이 강하고, 보수적이고, 욕심이 많고, 고지식하다. 움직이지 않고, 답답하게 느껴지고, 우유부단하고, 남을 간섭하거나 간섭받기를 싫어하고, 고독하고, 화가 나면 한꺼번에 쏟아 내기 때문에 무섭다.

『적천수』에서는 "戊土는 단단하고 두터우며, 이미 중정의 기품이 있다. 고요히 닫기도 하고 움직여서 열기도 하여 만물을 주관한다. 水로 윤택하면 만물이 생하고, 火로 메마르면 만물이 병든다. 만약 간곤에 있으면 충을 두려워하고, 고요함을 좋아 한다."라고 하였다.

봄여름에는 기를 열어서 만물을 생하고, 가을 겨울에는 기를 닫아서 만물을 수렴한다. 간곤艮坤이란 寅과 申을 말한다. 戊일주가 寅월이나 申월 또는 寅일이나 申일이면, 이 지지가 충을 맞는 것을 두려워한다는 것이다. 충하여 뿌리가 움직이는 것은 대지의 지극한 도리가 아니기 때문이다. 마땅히 고요해야 한다.

己土

己土는 음토로 전원이라 한다. 마음은 신의가 있고, 인체에는 비장이다. 논이나 밭처럼 인간이 만든 습기가 있는 땅이다.

그래서 어머니 같은 포용력이 있다. 대체로 너그럽고, 자신을 드러내지 않고, 중립적이고, 남의 심정을 잘 이해하고, 남에게 잘 베풀고, 남을 잘 가르치고, 안정적이고, 종합 처리하는 지각력이 뛰어나고, 모든 사람이 좋아한다. 그러나 己土도 土이기 때문에 의외의 고집이 있고, 화가 나면 무섭다.

반면에 변화를 싫어하고, 우유부단하여 결정을 잘 못하고, 소극적이고, 보수적이고, 남을 먼저 생각하여 실속이 없고, 남에게 잘 속아서 이용당할 수도 있다.

『적천수』에서는 "己土는 낮고 습하며, 중정하고, 만물을 저장한다. 木이 왕해도 근심하지 않고, 水가 범람해도 두려워하지 않는다. 火가 적으면 火를 어둡게 하나, 金이 많으면 오히려 金을 빛나게 한다. 만물이 왕성해지려면 마땅히 도와줘야 한다."라고 하였다.

"火가 적으면 火를 어둡게 한다."란 습토인 己土는 丁火가 약할 때는 오히려 불을 어둡게 한다는 것이며, "金이 많으면 오히려 金을 빛나게 한다."란 己土는 辛金을 능히 생하고 빛나게 한다는 것이다. "마땅히 도와줘야 한다."란 己土가 약할 때는 丙火로 생하고 비겁으로 도와주어야 한다는 것이다.

庚金

庚金은 양금으로 강철이라 한다. 마음은 의리가 있고, 인체는 대장이다. 바위나 가공하지 않은 무쇠다.

그래서 단단하고 강직하다. 대체로 세련미가 없고, 우직하고, 의지가 강하고, 변함이 없고, 결단력이 있고, 과감하고, 믿음직하고, 사심이 없고, 의협심이 강하고, 냉정하고, 순수하고, 성실하다.

반면에 승부욕이 강하고, 고집이 세고, 자기주장을 포기하지 않고, 보수적이고, 새로운 변화를 싫어하여 세상일에 어둡다. 숙살의 기상이 있어서 남의 잘못을 들추어내고, 불의를 참지 못한다.

『적천수』에서는 "庚金은 숙살의 기가 있고, 가장 강건하다. 水를 얻으면 맑아지고, 火를 얻으면 예리해진다. 土가 윤택하면 생기를 얻고, 土가 건조하면 부스러진다. 甲木인 형은 부스러뜨리나 동생인 乙木에게는 정성을 다한다."라고 하였다.

庚金을 맑게 하는 水는 壬水며, 예리하게 하는 火는 丁火다. 습토는 丑辰이고 건토는 未戌이다. 甲木은 강하나 庚金이 극을 할 수 있고, 乙木은 약하나 乙庚합이 되어 유정하게 된다.

辛金

辛金은 음금으로 주옥이라 한다. 마음은 의리가 있고, 인체는 폐다. 보석이나 칼처럼 인간이 만든 쇠다.

그래서 깔끔하고, 날카롭다. 대체로 냉철하고, 단호하고, 자기중심적이고, 치밀하고, 머리가 좋고, 이성적이고, 화려하고, 내실이 견고한 외유내강형이고, 자질구레한 일을 싫어한다.

반면에 냉정하고, 예민하고, 호불호가 강하고, 속으로 잘난 체하여 사람들의 관심을 끌려고 하고, 자존심에 상처를 입으면 기억하였다가 복수를 한다. 신약하면 음흉하고, 위선자가 많다.

『적천수』에서는 "辛金은 연약하며, 부드럽고 윤택하고 맑다. 土가 많은 것은 두려워하나, 물이 많은 것은 좋아한다. 능히 사직을 받들고 생명을 구한다. 더울 때는 壬水를 좋아하고, 추울 때는 丁火를 좋아한다."라고 하였다.

辛金이 두려워하는 土는 戊土이고, 좋아하는 물은 壬水이고, 더울 때는 己土를 좋아하고, 추울 때는 丁火를 좋아한다. 辛金의 군주는 丙火이고 백성은 甲木이다. 丙火의 입장에서 甲木은 조상이 되기 때문에, 辛金의 사직이 된다. 그래서 辛金이 丙火와 합수가 되면 丙火가 甲木을 태우지 못하고, 오히려 수생목水生木하여 甲木을 보호하게 된다. 그래서 사직을 받들고, 백성을 구한다는 것이다.

壬水

壬水는 양수로 강해江海라고 한다. 마음은 지혜가 있고, 인체는 방광이다. 바다나 호수나 강과 같은 물이다.

그래서 표정이 없고, 침착하다. 대체로 변함이 없고, 동작이 느리고, 무뚝뚝하고, 애교가 없고, 냉정하고, 속으로 생각을 많이 하고, 지혜롭고, 사고력이 뛰어나다.

반면에 지나치게 현실적이고 이기적이라 물질적인 손해를 보지 않고, 비밀을 잘 지키나 음흉하여 속을 알 수 없다.

『적천수』에서는 "壬水는 은하수에 통하며, 강한 금기를 설한다. 그래서 강함에도 덕이 있고, 두루 흘러서 막힘이 없다. 지지에 통근하고 癸水가 투출透出하면, 하늘을 뚫고 땅을 휩쓰는 기세가 된다. 그러나 합화하면 유정하고, 종을 하면 서로 돕는다."라고 하였다.

壬水는 申金에 장생인데, 申은 은하수의 입구라는 곤방坤方이기 때문에 은하수에 통한다는 것이다. 지지에 申子辰삼합이 있고 천간에 癸水가 투출하면 그 세력이 범람하여 막기 어렵다. 억지로 제지하기 보다는 그 세력에 순응하여 木으로 설기해야 한다. 丁火와 합목하면 다시 火를 생하니, 유정하다는 것이다. 종을 하면 서로 돕는다는 것은 수화기제水火旣濟로 수승화강水昇火降이 되어 좋다는 의미다.

癸水

癸水는 음수로 우로雨露라고 한다. 마음은 지혜가 있고, 인체는 신장이다. 비나 안개 그리고 인간이 만든 음료수 등의 물이다.

그래서 약하나 만물을 발육시킨다. 대체로 온순하고, 조용하고, 이성적이고, 기억력이 좋고, 침착하고, 주도면밀하고, 끈기 있고, 부지런하고, 사교적이고, 환경에 잘 적응하고, 발랄하고, 말하기를 좋아한다.

반면에 감정이 너무 풍부하여 변덕이 심하고, 다방면에 관심이 많아서 한 분야를 깊이 들어가지 못하고, 내면을 감추고, 이중성이 있고, 목적 달성을 위하여 모사를 꾸미는 음흉함도 있다.

『적천수』에서는 "癸水는 지극히 약하나, 하늘 끝까지 통한다. 용을 만나 운행하면, 변화의 공력이 신묘하다. 火土를 근심하지 않으며, 庚辛金을 상관하지 않는다. 戊土와 합화하면 그

합화는 참된 것이다."라고 하였다.

癸水는 구름 안개 비 이슬 눈 샘물 음료수 등으로 다양하게 변화한다. 그래서 하늘 끝까지 이른다. 용을 만나 운행한다는 것은 변화무쌍한 용과 같은 기운을 만나면, 그 변화가 가히 신묘하다고 할 수 있다. 癸水는 火土가 왕하면 종을 잘하기 때문에, 火土를 두려워하지 않는다. 그러나 인수인 金을 만나면 金을 녹슬게 할 뿐만이 아니라, 金이 많으면 癸水가 탁수가 된다. 그래서 庚辛金인수를 과히 좋아하지 않는다. 다른 합에 비해서 戊癸합화는 아주 잘 이루어진다.

2

십이지지의 속성

지지는 子丑寅卯辰巳午未申酉戌亥다. 이 지지는 하늘의 기인 천간이 지상에 내려와서 땅의 기와 결합한 것이다. 그래서 땅의 기인 土가 많고, 하늘의 기와 땅의 기가 섞여서 복잡하게 얽혀 있다. 또한 하늘의 기는 허공이기 때문에 시공간이 정해져 있지 않으나, 땅의 기는 지상이라는 공간에서 한정되어 있기 때문에 시간과 공간 즉 계절이나 시간과 방위가 정해져 있다. 이러한 지지는 사주의 월간이 될 때, 그 기의 특성이 잘 드러난다. 지지의 순서로 보면, 子午는 양이고 巳亥는 음이다. 그러나 지장간 정기로 보면 巳亥는 양이고 子午는 음이다. 그래서 子午는 체는 양인데 용은 음이고, 巳亥는 체는 음인데 용은 양이다.

子

계절은 11월(한겨울: 대설 동지)이고, 시간으로는 23:30-1:30이고, 방위는 정북이다. 子의 지장간(壬10, 癸20)에 나타난 정기는 癸水이나, 壬水도 물이기 때문에 子는 가장 물다운 물이다. 子는 십이지지의 시작이기 때문에 양이나, 지장간에는 음수인 癸水가 정기이기 때문에 그 쓰임은 음이다. 수생목水生木은 못하나 수극화水剋火는 잘한다. 이것을 상징하는 동물이 쥐다.

丑

계절로는 12월(늦겨울: 소한 대한)이고, 시간으로는 1:30-3:30이고, 방위로는 북동간이다. 丑의 지장간(癸9, 辛3, 己18)에 나타난 정기는 己土다. 그런데 丑에는 같은 己土가 정기인 未土와 달리 癸水와 辛金이 있어서 자갈이 섞인 논이다. 토생금土生金을 잘한다. 이것을 상징하는 동물이 소다.

寅

계절로는 1월(초봄: 입춘 우수)이고, 시간으로는 3:30-5:30이고, 방위로는 동북방이다. 寅의 지장간(戊7, 丙7, 甲16)에 나타난 정기는 甲木이다. 중기에 丙火가 있어서 마른 나무로 목생화木生火를 잘한다. 이것을 상징하는 동물이 호랑이다.

卯

계절로는 2월(봄: 경칩 춘분)이고, 시간으로는 5:30-7:30이고, 방위로는 정동이다. 묘의 지장간(甲10, 乙20)에 나타난 정기는 乙

木이나, 甲木도 木이기 때문에 가장 나무다운 나무다. 생목生木으로 목생화木生火는 어려우나 목극토木剋土는 잘한다. 이것을 상징하는 동물이 토끼다.

辰

계절로는 3월(늦봄: 청명 곡우)이고, 시간으로는 7:30-9:30이고, 방위로는 동남이다. 辰의 지장간(乙9, 癸3, 戊18)에 나타난 정기는 戊土다. 그런데 辰에는 같은 戊土가 정기인 戊土와 달리 乙木과 癸水가 있어서 나무가 많은 습한 광야다. 나무가 뿌리를 잘 내린다. 이것을 상징하는 동물이 용이다.

巳

계절로는 4월(초여름: 입하 소만)이고, 시간으로는 9:30-11:30이고, 방위는 남동이다. 巳의 지장간(戊7, 庚7, 丙16)에 나타난 정기는 丙火다. 巳는 십이지지의 순서로는 음이나, 지장간에는 양화인 丙火가 정기이기 때문에 그 쓰임은 양이다. 이것을 상징하는 동물이 뱀이다.

午

계절로는 5월(한여름: 망종 하지)이고, 시간으로는 11:30-13:30이고, 방위로는 정남이다. 午의 지장간(丙10, 丁20)에 나타난 정기는 丁火이나 丙火도 불이기 때문에 가장 불다운 불이다. 午는 십이지지의 순서로는 양이나, 지장간에는 음화인 丁火가 정기이기 때문에 그 쓰임은 음이다. 이것을 상징하는 동물이 말이다.

未

계절로는 6월(늦여름: 소서 대서)이고, 시간으로는 13:30-15:30이고, 방위로는 남서다. 未의 지장간(丁9, 乙3, 己18)에 나타난 정기는 己土다. 그런데 未에는 같은 己土가 정기인 丑土와 달리 丁火와 乙木이 있어서 초목이나 곡식이 조금 있는 뜨겁고 메마른 밭이다. 토생금土生金은 어려우나 토극수土剋水는 잘한다. 이것을 상징하는 동물이 양이다.

申

계절로는 7월(초가을: 입추 처서)이고, 시간으로는 15:30-17:30이고, 방위로는 서남이다. 申의 지장간(戊7, 壬7, 庚16)에 나타난 정기는 庚金이다. 이것을 상징하는 동물이 원숭이다.

酉

계절로는 8월(가을: 백로 추분)이고, 시간으로는 17:30-19:30이고, 방위로는 정서다. 酉의 지장간(庚10, 辛20)에 나타난 정기는 酉金이나 庚金도 金이기 때문에 가장 쇠다운 쇠다. 이것을 상징하는 동물이 닭이다.

戌

계절로는 9월(늦가을: 한로 상강)이고, 시간으로는 19:30-21:30이고, 방위로는 서북이다. 戌의 지장간(辛9, 丁3, 戊18)에 나타난 정기는 戊土다. 그런데 戌에는 같은 戊土가 정기인 辰土와 달리 辛金과 丁火가 있어서 자갈이 많은 메마른 태산이다.

토생금土生金은 어려우나 토극수土剋水는 뛰어나다. 이것을 상징하는 동물이 개다.

亥

계절로는 10월(초겨울 : 입동 소설)이고, 시간으로는 21:30-23:30이고, 방위로는 북서다. 亥의 지장간(戊7, 甲7, 壬16)에 나타난 정기는 壬水다. 중기에 甲木이 있다. 亥는 십이지지의 끝이기 때문에 음이나, 지장간에는 양수인 壬水가 정기이기 때문에 그 쓰임은 양이다. 수생목水生木을 잘한다. 이것을 상징하는 동물이 돼지다.

위에서 본 바처럼 십이지지는 열두 동물을 상징화한 것이다. 이 이론은 후한後漢 시대부터였다. 이렇게 열두 동물로 시간을 상징하는 이론은 중국 문화권에만 있는 것은 아니다. 인도에서도 이와 거의 동일한 이론이 있다. 다만 닭 대신에 공작새, 호랑이 대신에 사자로 대치하였다. 태국에서는 돼지 대신에 코끼리, 베트남에서는 토끼 대신에 고양이로 대치하였다. 그 밖에 이집트, 중앙아시아, 그리스, 멕시코 등에서도 열두 종류의 동물로 연월일시 등을 상징적으로 표현하고 있다.

당사주에서는 이 십이지지를 동물로 비유하여 사주를 풀이한다. 물론 그 지지가 그것을 상징하는 동물과 유사한 점은 있다. 그러나 각각의 지지는 그 속에 들어 있는 지장간의 영향이 가장 크기 때문에 그 지장간 이상의 의미를 부여하여 확대 해석해서는 안 된다. 더욱이 지지는 합과 충 등의 변화에 의해서 대단히 많은 변화가 있기 때문에 동물의 속성만으로 이해해서는 안 된다.

3
사계절과 생왕고지

앞에서 본 바와 같이 십이지지는 근본적으로 계절과 밀접한 관계가 있다. 이 규칙은 다음과 같다.

【사계절의 생왕고지】

계절	생지	왕지	고지
춘절(목왕절)	寅月	卯月	辰月
하절(화왕절)	巳月	午月	未月
추절(금왕절)	申月	酉月	戌月
동절(수왕절)	亥月	子月	丑月

이러한 계절 이론에서 염두에 두어야 할 것이 있다. 우주의 기는 음양과 오행인데, 이 오행은 광대무변한 우주에서는 둥근 원으로 상징된다. 그러나 이러한 기가 土로 구성된 지상에 펼쳐

질 때는 동서남북의 사방과 춘하추동의 사계절인 사각으로 상징된다. 이것이 하늘은 둥글고 땅은 모나다는 천원지방天圓地方이라는 이론이다.

또 다른 하나는 토왕절 즉 土의 계절이 독립해서 없다는 것이다. 이 까닭은 지구는 土로 구성되어 있기 때문에, 십이지지의 대부분에 土가 들어 있고, 십이지지에서 土가 다른 오행보다 월등이 많기 때문이다. 굳이 土의 계절을 찾는다면, 한 계절의 끝은 항상 土가 정기라서 사계절의 끝이 토왕절인 土의 계절이라고도 할 수 있다. 이러한 원인 때문에 土의 계절을 따로 설정할 필요가 없다.

위의 배열 중에서 각 계절의 기운이 생기하는 첫 번째 달인 寅申巳亥는 생지生地라 한다. 각 계절의 기운이 왕성한 두 번째 달인 子午卯酉는 왕지旺地라 한다. 각 계절의 기운이 소멸하는 세 번째 달인 辰戌丑未는 고지庫地라 한다. 이 고지라는 의미는 그 지장간에는 그 계절의 기운이 간직된다는 창고의 의미가 있다. 이 고지를 묘지墓地라고도 하는데, 이는 그 계절이 죽어서 묻혔다는 의미다. 고지라고 사용될 때는 긍정적으로 저장이나 마무리의 의미로 쓰이고, 묘지라고 사용될 때는 부정적으로 죽음이나 감금 등의 의미로 사용된다.

한 계절의 시작인 생지인 寅申巳亥를 사맹四孟이라고도 한다. 맹孟은 처음 또는 맏이라는 의미다. 이 생지의 지장간 3개는 양간이다. 이 양지의 기운은 각 계절이나 만물의 시작, 발생, 창조라는 의미가 있다. 그래서 어린아이처럼 생기발랄하고, 소란스럽고, 시작은 잘하나 추진력이 부족하고, 마무리를 못한다.

이 寅申巳亥의 생지끼리의 충이나 형 또는 역마와 같은 신살은 모두 어린아이들이 하는 짓과 같다.

　한 계절의 중심인 왕지인 子午卯酉를 사중四仲이라 한다. 중仲은 가운데라는 의미다. 이 왕지의 지장간은 2개인데 같은 오행으로 되어 있다. 이 왕지의 기운은 각 계절이나 만물의 왕성한 기운, 완성, 정상이라는 의미가 있다. 그래서 장성한 어른처럼 기세가 당당하고, 강력하다. 시작은 잘 못하나 시작하면, 강력하게 추진하고 끝까지 버틴다. 이 子午卯酉 왕지끼리의 충이나 형 또는 도화나 양인과 같은 신살은 모두 장성한 청장년들이 하는 짓과 같다.

　한 계절의 끝인 고지의 지장간의 여기와 중기는 모두 음간이고, 정기는 모두 土다. 이 고지의 기운은 각 계절이나 만물의 종식, 노쇠, 저장이라는 의미가 있다. 그래서 노쇠한 늙은이처럼 생기가 없고, 추진력이 없으나 고집이 세고, 마무리는 잘한다. 이 辰戌丑未의 고지끼리의 충이나 형 또는 백호살이나 괴강과 같은 신살은 모두 늙은이들이 하는 짓과 같다.

4

지장간

    지장간支藏干이란 지지에 감춰진 천간이라는 의미다. 우주의 천간 음양오행은 항상 일정하다. 그러나 지구가 기운 상태에서 자전과 공전을 하고, 우주의 기가 지구의 土와 결합하기 때문에 십천간의 기가 지구에 이르면, 그 일정하던 음양오행에 변화가 일어난다. 이렇게 지지에 천간의 다양한 변화가 내재한다는 것이 지장간이다.

    지지에 여러 천간이 들어 있다는 관념은 주나라 때부터일 것으로 추측한다. 이렇게 매우 오래된 이론이기 때문에, 전해지는 문헌마다 약간씩 차이가 있다. 이 가운데 다음에 제시하는 것은 가장 일반적으로 인정되는 내용이다.

    다음에 보는 바와 같이 각 지지에는 대략 3개 정도의 천간이 들어 있다. 초기는 전달의 기가 넘어온 것이기 때문에 여기餘氣

라고 한다. 중기中氣에는 주로 삼합의 기운이 들어 있다. 말기는 그 지지의 대표적인 기가 들어 있어서 그 비중이 가장 높다. 그래서 정기正氣라고 한다.

【지장간표】

지지 기간	子	丑	寅	卯	辰	巳	午	未	申	酉	戌	亥
여기	壬 10일 3시간	癸 9일 3시간	戊 7일 2시간	甲 10일 3시간	乙 9일 3시간	戊 7일 2시간	丙 10일 3시간	丁 9일 3시간	戊 7일 2시간	庚 10일 3시간	辛 9일 3시간	戊 7일 2시간
중기		辛 3일 1시간	丙 7일 2시간		癸 3일 1시간	庚 7일 2시간	己 9일 3시간	乙 3일 1시간	壬 7일 2시간		丁 3일 1시간	甲 7일 2시간
정기	癸 20일 6시간	己 18일 6시간	甲 16일 5시간	乙 20일 6시간	戊 18일 6시간	丙 16일 5시간	丁 11일 3시간	己 18일 6시간	庚 16일 5시간	辛 20일 6시간	戊 18일 6시간	壬 16일 5시간

매 지지에는 30일 10시간씩 배정되어 있는데, 위의 도표에서는 지장간을 합해도 10시간이 되지 않는다. 이는 분으로 표기되는 지장간을 생략했기 때문이다. 그러나 모든 지지가 30일 10시간이다.

위의 지장간에서 천간 오행의 배분을 보면 甲丙庚壬 양천간은 33일 10시간이고, 乙辛癸 음천간은 32일 10시간이고, 丁火는 23일 7시간이다. 戊土는 64일 20시간이고, 己土는 45일 15시간이다. 이것을 통해서 알 수 있는 것은 지상에서 펼쳐지는 지장간의 오행은 자연 상태의 양간이 약간 많고, 인위적인 요소가 많은 음간은 약간 적다. 더욱이 지구에는 인간이 만든 불이라 할 수 있는 丁火가 가장 적다. 반면에 지구의 구성 성분인 土가 압도적으로 많다. 戊己土를 합하면 土는 110일이 넘는다. 그것도 인간의 손이 미치지 않는 산이나 대륙 같은 戊土가 가장 많다. 이러한 구성 비율은 매우 합리적인 사색의 결과인 듯하다.

그러나 보다 자세히 관찰해 보면, 이 지장간에는 일정한 규칙이 있는데, 그 규칙에서 어긋난 것이 있다. 그 중의 하나는 子卯酉왕지에는 하나의 오행만 들어 있는데, 午火에는 土가 들어 있는 것이며, 土는 십이지지의 어느 중기에도 없으나 午火의 중기에만 土가 있다. 또 하나는 土를 제외한 다른 오행의 배분은 일정한데, 丁火만이 제일 적다는 것이다. 이렇게 생왕고지의 이론뿐만이 아니라, 지장간의 이론에도 어긋나게 배분한 까닭은 천상의 오행을 지상에서도 그대로 적용하려고 했기 때문이다. 그러나 이 이론은 맞지 않는다. 그래서 午火의 己土는 없는 것이며, 午火에는 다른 왕지처럼 여기丙火가 10.3이고 정기丁火가 20.6이다. 그래야 丁火의 합도 다른 음천간과 마찬가지로 32일 10시간이 된다. 반면에 己土의 합은 36일 12시간으로 준다. 이렇게 지장간 이론이 잘못된 원인이 있다. 이에 관해서는 12장 「사주명리의 문제점들」에서 거론한다.

이상의 지장간 이론은 하늘은 오행이 균등하게 구비되어 있으나, 지상은 土가 중심이 된 오행이라는 것이다. 그래서 土는 삼합으로 증가하지 않는다. 예를 들면 木은 亥卯未, 火는 寅午戌, 金은 巳酉丑, 水는 申子辰의 합으로 그 힘이 배가가 된다. 그러나 土는 이러한 합이 없다. 왜냐하면 다른 오행의 합은 66일 정도인데 반해, 土의 합은 100일이 넘기 때문이다. 그래서 土는 삼합으로 증가하지 않아도 충분하기 때문에 土의 삼합은 없다. 더욱이 木火金水는 충沖을 만나면 대부분 깨져서 쓰지 못한다. 그러나 辰戌丑未고지의 충은 충을 만나면, 붕충朋沖이라 하여 오히려 비겁으로 힘을 얻는다. 이러한 지장간의 원리에 따르면, 지지에는 土가 월등히 많고, 土의 삼합이 없고, 土의 충은 힘이 배가 된다.

지장간을 암기할 때는 지장간의 소수점 이하는 생략하고 암기해도 좋다. 예를 들면 寅월은 戊7, 丙7, 甲16으로 기억해 둔다. 또한 지지의 지장간을 완전히 분리해서 독립된 것으로 이해해서는 안 된다. 예를 들면 寅월에는 戊7, 丙7, 甲16이기 때문에 입춘부터 7일간은 戊土만 작용하고, 그 다음 14일까지는 丙火만 작용하고, 나머지는 16일간은 甲木만 작용한다고 보아서는 안 된다. 예를 들면 입춘 후 5일에 태어났기 때문에, 戊土가 당령當令하여 戊土만이 작용한다고 보아서는 안 된다는 것이다.

만약 지지를 지장간만으로 이해한다면, 寅월은 아직 추위가 가시지 않았는데 갑자기 7일간만 따뜻한 丙火가 나오고, 巳월은 더위가 한창 시작되는데 갑자기 7일간만 서늘한 庚金이 활동하고, 申월은 더위가 완전히 물러나지 않았는데 갑자기 7일간만 차가운 壬水가 나오고, 亥월은 입동이 지나 추워서 낙엽이 다 떨어졌는데 갑자기 7일간만 甲木이 생동한다는 말이 된다. 또한 辰戌丑未고지도 이와 같다. 예를 들면 봄에서 여름에 이르는 辰월의 지장간 癸水, 여름에서 가을에 이르는 未월의 乙木, 가을에서 겨울에 이르는 戌월의 丁火, 겨울에서 봄에 이르는 丑월의 辛金도 마찬가지다.

이러한 지장간의 비율은 寅월 한 달에 戊土 丙火 甲木이 7:7:16의 비율로 섞여 있다는 의미다. 물론 이 중에서 정기인 甲木이 제일 많이 드러난다. 그러나 이러한 지장간의 이해는 무엇이 천간에 투출했는가, 또는 옆의 지지와 어떠한 관계인가 등에 의해서 그 드러나는 힘이 달라질 수 있다.

4

간지의 합과 충

1
천간합

천간합

천간합天干合이란 10개의 천간이 각각 자신들이 좋아하는 천간과 결합하는 것이다. 좋아하는 것은 자신과 정반대의 성향을 가진 것이다. 10개의 천간을 원으로 그리면 정확하게 정반대편에 있는 천간이다. 이 관계는 정재와 정관의 관계로 부부관계와 같다. 즉 양일간의 입장에서 보면 음일간의 정재와 합하고, 음일간의 입장에서 보면 양일간의 정관과 합한다. 부부와 같다 하여 음양합陰陽合이라고도 하고, 다정하다 하여 덕합德合이라고도 하고, 다섯 쌍을 이루므로 오합五合이라고도 하고, 줄여서 간합干合이라고도 한다. 이 천간합은 다음과 같다.

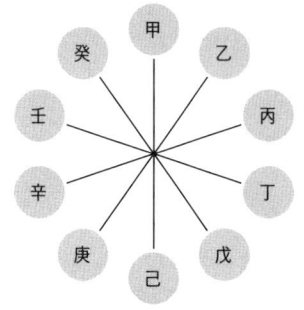

갑기합화토甲己合化土
을경합화금乙庚合化金
병신합화수丙辛合化水
정임합화수丁壬合化木
무계합화화戊癸合化火

【천갑합】

갑기합화토甲己合化土란 甲木과 己土가 합하여 土로 변할 수 있다는 것이다. 두 천간이 붙어 있으면 합이 된다.

癸 戊 己 甲
時 日 月 年

甲과 己가 합이 되고, 戊와 癸가 합이 되었다.

천간합이 안 되는 경우

합할 수 있는 두 천간이 있어도 다음과 같은 경우에는 합이 안 된다.

① 두 천간 사이가 너무 먼 경우

己 乙 丙 甲
時 日 月 年

연간 甲과 시간 己가 있으나 너무 멀어서 합을 할 수 없다.

② 두 천간 사이에 충하는 천간이 있는 경우
○ 己 庚 甲
時 日 月 年

연간 甲과 일간 己가 있으나, 이 경우에는 庚金과 甲木이 충을 하기 때문에 합을 할 수 없다.

③ 두 천간 사이에 생하는 천간이 있는 경우
○ 己 丁 甲
時 日 月 年

연간 甲과 일간 己가 있으나, 이 경우에는 甲木이 丁火를 생하고 丁火가 己土를 생하느라 합을 할 수 없다. 이렇게 합하려는 두 천간 사이에 다른 천간이 있으면 합력이 매우 미약해지고, 합거合去되지도 않는다.

④ 하나의 천간을 사이에 두고 두 천간이 합하려고 하는 경우
己 甲 己 ○
時 日 月 年

하나의 甲木에 2개의 己土가 양 옆에 있는 경우, 하나의 甲木이 동시에 두 己土와 합을 할 수 없다. 두 己土 역시 하나의 甲木과 합을 하려고 싸우기 때문에, 완전한 합을 할 수 없다. 이를 쟁합爭合이라 한다.

⑤ 합이 깨지는 경우

○ ○ 庚 乙
時 日 月 年

乙과 庚이 합을 하였다. 그런데 대운이나 세운에서 甲木이 와서 庚金을 충하거나, 辛金이 와서 乙木을 충하면 합이 깨진다. 이렇게 행운에 의해서 합이 깨지면, 그 운 중에는 합이 없는 것과 같다.

천간합에 의한 변화
① 합하여 사라지는 경우

일간을 제외한 다른 천간끼리 합을 하면, 이 둘은 사랑에 빠져서 도망치듯이 사라진다. 그래서 두 천간 모두가 없는 것과 같다. 이를 합거라 한다. 합거되는 경우는 사주 자체에서는 물론이고, 대운이나 세운에 의해서도 일어난다. 따라서 희용신이 합거되면 그 길한 작용이 없어지고, 기구신이 합거되면 그 흉한 작용이 없어진다.

戊 辛 己 甲
時 日 月 年

甲己가 합거하여 甲木과 己土가 없는 것처럼 쓸모없게 된다.

② 합화되는 경우

천간에 합화合化된 오행이 월지에 있거나, 합화 오행이 지지에 합국이 되었을 경우에는 해당 오행으로 변한다. 이를 합화라고 한다.

乙 癸 乙 庚
卯 未 酉 申
時 日 月 年

이 사주는 천간 乙庚합이 되었으나, 지지에 申酉가 있어서 합거되지 않고 金으로 합화하여 남아 있다. 그래서 金의 기운이 더욱 강화되었다.

일간이 합이 되는 경우

① 일간이 다른 천간과 합이 되는 경우

○ 甲 己 ○
時 日 月 年

일간 甲木이 월간 己土를 만나 甲己합하였다. 그러나 甲일간은 甲己합화하여 土로 변하지 않고, 甲木으로 그대로 남는다. 이렇게 일간은 합하여도 변하지 않는다.

② 일간의 합이 행운의 합으로 깨지는 경우

○ 甲 己 ○
時 日 月 年

일간 甲木이 己土와 합하였다. 그런데 대운이나 세운에서 다시 己土나 甲木이 오면, 사주 본국에 있는 己土나 甲木이 행운에 오는 천간과 합을 하기 때문에, 사주 본국에서 일간 합은 깨진다.

③ 일간의 합이 행운의 충으로 깨지는 경우

○ 乙 庚 ○

時 日 月 年

일간 乙木이 庚金과 합하였다. 그런데 대운이나 세운에서 甲木이나 辛金이 와서 사주 본국의 천간을 충하면, 그 행운 기간에는 합이 깨진다.

일간의 합에 의한 변화

일간이 천간의 하나와 합을 하면, 정재나 정관과 합을 한 것이다. 그래서 대부분 좋은 경우가 많다. 특히 일간이 정관과 합을 하면, 합관이 되어서 귀하게 된다. 그러나 정재나 정관이 기구신이면 일간이 용신을 돌아보지 않고, 합을 탐하기 때문에 대단히 나쁘다. 이것을 기반이라 한다. 기반羈絆이란 얽혀 묶였다는 의미다. 사주에 이렇게 묶여서 못 쓰는 경우는 천간합이 되었을 때다.

『적천수(기반)』에서는 "일주가 타신과 합을 하면 용신이 나를 돕는 것을 원하지 않으므로 큰 뜻을 이룰 수 없다."라고 한다. 이렇게 기반 된 경우는 용신이 무정한 것보다 더욱 안 좋은 경우가 많다. 그래서 합이 좋다, 나쁘다 단언할 수 없다. 사주 전체의 조화를 살펴서 판단해야 한다.

『적천수』와 같은 고전에 보면, 일간이 정관 또는 정재와 간합하여 일간이 변하는 경우가 있다. 이러한 경우를 화기격化氣格이라 하는데, 현대에는 이러한 경우는 없다. 이에 대해서는 12장 「사주명리의 문제점들」 중 〈전왕용신의 문제〉에서 거론한다.

2

천간충

충과 극의 차이

음양오행의 법칙은 상생相生과 상극相剋이다. 상생은 한 쪽에서 일방적으로 생조生助하는 관계다. 반면에 상극은 한 쪽에서 일방적으로 공격하는 관계다. 그런데 이 상극하는 관계에서 음양이 다르면 남녀의 관계처럼 서로 좋아한다. 이러한 관계가 앞에서 살펴본 천간오합이다. 또한 합은 아니나 음양이 다르기 때문에 유정有情한 극이 있다.

乙剋戊, 丁剋庚, 己剋壬, 辛剋甲, 癸剋丙

이들은 비록 극이라고는 하나 정이 많은 극이 된다. 정관과 정재의 관계다.

반면에 10개의 천간에서 극하는 관계가 음양이 같으면, 다음과 같이 10개의 관계가 성립한다.

甲剋戊, 乙剋己, 丙剋庚, 丁剋辛, 戊剋壬
己剋癸, 庚剋甲, 辛剋乙, 壬剋丙, 癸剋丁

극을 받는 입장에서 보면, 십천간의 순서로 일곱 번째의 천간이 나를 극한다. 여섯 번째 천간은 서로 좋아하여 합이 되는데, 일곱 번째 천간은 미워하고 때리는 관계다. '이기다'라는 의미의 극剋은 극하는 오행이 일방적으로 미워하고 때리고, 극을 받는 오행은 일방적으로 맞고 상처받는 관계다.

그러나 천간의 극 중에서 서로 맞대응하는 관계가 있다. 이러한 관계는 10개의 극 중에서 庚剋甲 辛剋乙 壬剋丙 癸剋丁이다. 이 4개의 관계는 극剋이라 하지 않고 충沖이라고 하며, 천간의 순서에 따라서 다음과 같이 표현한다.

甲庚沖, 乙辛沖, 丙壬沖, 丁癸沖

이 충은 서로 좋아하는 합과 반대의 개념으로 서로 미워하며 싸우는 관계다. 그래서 천간충天干沖 또는 천간사충天干四沖이라 한다. 또는 나로부터 일곱 번째 천간이 나를 충하므로 충칠살沖七殺이라고도 하고, 서로 살상殺傷하는 관계이기 때문에 상극칠살相剋七殺이라고도 한다. 이러한 천간사충은 서로가 충파沖破하는 관계다. 나머지 천간 6개의 극 관계와는 다르다.

이러한 차이점에 관하여 필자의 사견을 덧붙인다. 앞에서 본 바처럼 십천간은 허공의 둥근 기로 상징되고, 십이지지는 지상의 모난 기로 상징된다. 이 둘이 결합하여 육십갑자가 되며, 이것이 사주팔자가 된다. 그런데 이 십천간이 사주팔자로 그 기를 드러낼 때는 다음과 같은 사방의 모난 기로 자리를 잡는다. 이 방위가 도표와 같이 甲乙木은 동, 丙丁火는 남, 戊己土는 중앙, 庚辛金은 서, 壬癸水는 북이다.

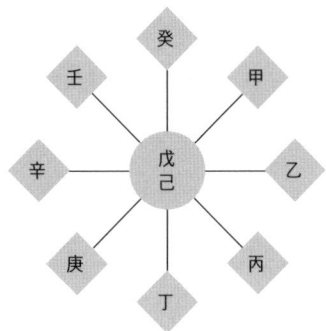

【지상에서의 십천간】

이렇게 천상의 기가 지상에서 각각의 방위를 담당하면, 십간은 각 방위를 주관하는 신처럼 자리를 잡는다. 예를 들면 지상에서의 甲木은 동북방의 기고, 庚金은 서남방의 기가 된다. 이렇게 한 방위를 주관하는 기가 되면, 서로 대등한 관계가 된다. 즉 서남방의 庚金과 동북방의 甲木은 힘이 같아진다는 것이다. 그래서 금극목金剋木으로 庚金이 甲木을 무조건 이긴다고 할 수 없다. 그래서 甲庚충이란 금극목의 관계가 아니다. 서로 물러나지 않고, 맞대응하여 싸우는 甲庚충하고 庚충甲하는 대등한 관계다. 나머지도 마찬가지다. 그래서 천간사충은 서로 충파하는 관계다. 반면에 중앙의 戊己土는 대적하는 상대가 없기 때문에 충이 없다.

도표에 따른 나머지 6개의 극의 관계를 보면, 甲剋戊와 乙剋己는 동에서 중앙 土를 극하고, 丙剋庚과 丁剋辛은 남에서 서방 金을 극하고, 戊剋壬과 己剋癸는 중앙에서 북방 水를 극하는 형국이다. 따라서 이 극은 앞의 충과 다르다. 극은 옆에서 일방적으로 때리는 형국이라면, 충은 정면으로 맞대응하며 치고받는 형국이다. 그래서 사충은 양쪽 모두가 상처를 입으며, 뒤의 육극은 극을 받는 천간만 상처를 입는다. 또한 앞의 사충은 그 작용이 강하여 사주에 영향력이 크고, 뒤의 육극은 작용이 약하고 영향력이 작다.

그래서 이 천간사충은 '비다', '공허하다'는 의미의 충沖이다. 즉 완전히 깨져서 없어진다는 의미다. 일각에서는 천간 충을 충돌하다는 의미의 衝이기 때문에 이 자를 써야 할 것이나, 약자略字 형태의 沖을 사용한 것이라고 한다. 그러나 의미로 볼 때는 '衝'이 아니라 '沖'이 맞다.

천간충이 안 되는 경우

충하는 두 천간이 있어도 충이 안 되는 경우가 있다. 이러한 천간충의 관계도 천간합의 관계처럼 이해하면 된다.

① 두 천간 사이가 너무 먼 경우

庚 丙 乙 甲
時 日 月 年

甲庚충이 있으나 이 경우에는 연간과 시간의 간격이 너무 멀리 떨어져 있어서 충을 할 수 없다.

② 두 천간 사이에서 합을 하는 경우

○ 庚 乙 甲
時 日 月 年

甲庚충이 있으나 이 경우에는 乙木이 庚金과 합하기 때문에, 庚金과 甲木이 충을 할 수 없다.

③ 두 천간 사이에서 생하는 천간이 있는 경우

○ 庚 癸 甲
時 日 月 年

甲庚충이 있으나 이 경우에는 庚金이 癸水를 생하고, 癸水가 甲木을 생하느라 甲庚충을 할 수 없다.

④ 충과 합이 함께 있는 경우

○ 乙 庚 甲
時 日 月 年

甲庚충이 있고 乙庚합이 있다. 이렇게 하나를 가운데 두고 충과 합이 있을 경우에는 부부와 같은 음양이 합을 하느라 충하는 것을 잊는다. 이를 탐합망충貪合忘沖이라 한다. 그러나 지지에서는 탐합망충은 없다. 왜냐하면 지지에는 음양의 합이 없기 때문이다.

⑤ 충이 해소되는 경우

○　○　庚　甲
時　日　月　年

甲庚충을 하고 있다. 그런데 대운이나 세운에서 己나 乙이 와서 甲己합 또는 乙庚합이 되면, 그 기간 동안 일시적으로 충이 해소된다. 합이 깨지는 원리와 반대다.

⑥ 양쪽에서 동시에 충을 할 경우

○　甲　庚　甲
時　日　月　年

두 甲木이 하나의 庚金과 충을 하고 있다. 충은 서로 맞대응하는 것인데 庚金이 양쪽에서 공격을 받고 있다. 그래서 이 경우에는 庚金이 일방적으로 충극을 당한다. 천간의 쟁합에서는 합이 안 되나, 쟁충爭沖은 갑절의 충극이 일어난다.

일간이 충하는 경우

① 일간이 다른 천간과 충이 되는 경우

○　甲　庚　○
時　日　月　年

일간 甲木과 월간 庚金이 충이 된 경우다. 다른 천간과 달리 일간의 충은 크게 그 속성을 드러낸다. 신약한 일간이 기구신에 충을 당하면 크게 손상을 입는다. 그러나 다른 천간처럼 완전히 사라지지는 않는다. 예를 들면 신약한 甲木일간이 편관 庚金의 충을 받으면, 흉작용이 크게 드러난다.

그러나 신강한 甲일간의 희용신이 편관庚金이라면, 이 충은 매우 좋은 충으로 작용한다. 庚金일간이 甲木의 충을 받을 경우도 마찬가지다. 이처럼 충이 좋다거나 나쁘다고 단언할 수 없다. 반드시 사주 전체의 조화를 살펴서 판단해야 한다.

② 일간의 충이 행운의 합으로 해소되는 경우
○ 甲 庚 ○
時 日 月 年

甲庚충이다. 대운이나 세운이 乙木이나 己土가 오면 행운에 오는 천간과 합을 하기 때문에, 그 기간 동안 일간의 충이 해소된다.

천간충에 의한 변화

충沖은 '서로 충돌하다', '서로 공격하다'는 의미가 있기 때문에 두 천간 모두 손상된다. 그래서 천간에서 충이 일어나면, 충하는 두 천간은 없는 것과 같다. 충이 의미하는 '비다', '공허하다'는 의미처럼 되어 버린다. 그러나 두 천간 사이에 다른 천간이 있을 경우에는 충이 미약하고, 완전히 사라지지 않는다. 천간에서의 충은 대운이나 세운에 의해서도 충이 일어난다. 이 기간 동안에는 충을 받은 천간은 없는 것과 같다.

충이 좋은가 나쁜가는 합거와 마찬가지다. 따라서 희용신이 충되면 그 길한 작용이 손상되거나 없어져서 흉해지고, 기구신이 충되면 그 흉한 작용이 손상되거나 없어져서 길해진다. 이 충에 의한 변화는 합과 반대다. 합이 서로 좋아서 하는 일이기 때문에 원만하나, 둘만 좋아서 붙어 있기 때문에 발전성이 부족한 경우가 많다. 반면에 충은 서로 싸우면서 하는 일이기 때문에 파란이 많으나, 밖으로 확산하는 발전성이 큰 경우가 많다.

3
지지합

각 계절을 이루는 3개의 지지는 왕지가 주축이 된다. 이 왕지는 기가 전일하여 그 힘이 가장 왕성하다. 이러한 왕지는 자기와 같은 오행을 가진 지지끼리 모여서 동아리를 만든다. 이러한 동아리 중에서 왕지의 전 달과 그 다음 달끼리 모인 것이 방합이다. 반면에 앞 계절과 다음 계절끼리 모인 것이 삼합이다.

지지삼합
합 중에서 삼합三合이 중요하다. 삼합은 다음 도표와 같다.

삼합의 원리는 한 계절의 왕지에 있는 지장간과 같은 오행을 가진 앞 계절과 다음 계절이 모여서 왕지의 오행으로 변하는 것이다. 예를 들면, 봄의 왕지는 卯이고, 卯의 지장간은 甲木과

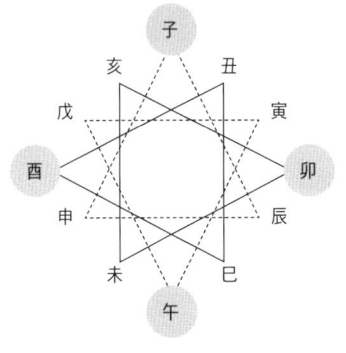

해묘미합화목국亥卯未合化木局
인오술합화화국寅午戌合化火局
사유축합화금국巳酉丑合化金局
신자진합화수국申子辰合化水局

【지지삼합】

乙木이다. 봄의 전 계절은 겨울이고, 겨울의 지지는 亥子丑이다. 이 지지 중에서 木이 들어 있는 지지는 생지인 亥의 지장간 중기에 들어 있는 甲木이다. 봄의 다음 계절은 여름이고, 여름의 지지는 巳午未이다. 이 지지 중에서 木이 들어 있는 지지는 고지인 未의 지장간 중기에 들어 있는 乙木이다. 이렇게 한 계절의 왕지와 전 계절의 생지와 다음 계절의 고지는 만나서 하나의 동아리를 만든다.

    이러한 동아리를 국局이라 한다. 이 국은 다음에 설명하는 방합의 방方과는 다르다. 방이 친구나 형제들의 모임이라면, 국이라는 의미는 장성한 어른이 그 부모와 자식과 함께 한 가정을 이룬 것과 같다. 그래서 삼합은 부모 나 자식이라는 가족과 같은 합이기 때문에, 대단히 친밀한 유대를 갖고 있다. 이러한 유대는 중기를 관통하는 하나의 오행이 유전자와 같은 역할을 하기 때문이다. 그래서 합이 되면 생지와 고지는 본래의 역할을 버리고, 왕지와 같은 속성으로 변한다. 亥卯未삼합을 예로 들면, 壬水가 정기인 亥나 己土가 정기인 未는 木으로 변한다. 이렇게 합화하여 목국이 되면, 강한 木의 속성으로 변한다.

　삼합으로 합화하면 강한 양간의 세력으로 바뀐다. 즉 亥卯未삼합은 甲木이 주축이 되고, 乙木이 포함된 숲을 이룬다고 보아야 한다. 혹시라도 亥卯未에 있는 지장간이 乙木이 많다고, 乙木이 주축이 될 것으로 판단해서는 안 된다. 삼합으로 강한 힘이 드러나는 것은 유약한 음이 아니라, 강력한 양의 기운이다. 이와 마찬가지로 寅午戌화국은 丙火가, 巳酉丑금국은 庚金이, 申子辰수국은 壬水가 주도한다.

방합

　지지는 계절의 기운을 나타내는 것이다. 이러한 기운은 앞에서 본 바와 같이 사계절로 나뉜다. 그 각 지지는 그 계절과 비슷한 성향을 갖고 있다. 이 유사한 성향들은 형제 또는 친구처럼 모여서 강한 힘을 이룬다. 이를 방합方合이라 한다. 여기서 방方은 네 방향 즉 동서남북을 의미한다. 물론 각 방위는 또한 계절을 의미하는 것이다.

　이 방합은 삼합과 비슷하게 보이나 내용은 다르다. 삼합은 나와 부모와 자식의 결합인 혈연관계라면, 방합은 비슷한 친구들끼리의 결합이다. 그래서 붕합朋合이라 한다. 힘의 강약으로만 본다면 방합이 더 세다. 그러나 결속력은 매우 약해서 어떠한 상황이 벌어지면, 뿔뿔이 흩어져서 각자의 길을 간다.

인묘진동방목국寅卯辰東方木局
사오미남방화국巳午未南方火局
신유술서방금국申酉戌西方金局
해자축북방수국亥子丑北方水局

【지지방합】

　예를 들면 寅卯辰방합이 있는데, 午火나 戌土가 와서 寅과 합을 하면 寅은 곧바로 寅午戌삼합이 된다. 즉 친구들과 놀다가 곧바로 가족의 품으로 가는 형국이다. 또한 申金이 와서 寅木을 충하거나 酉金이 와서 卯木을 충하면, 방합은 곧바로 깨진다. 이처럼 방합은 결속력이 없다. 그래서 합이라기보다는 같은 오행의 힘이 몰려 있는 것이다. 그래서 방합에서는 반합半合은 없다.

　일각에서는 지지육합地支六合을 말하기도 한다. 마치 천간에 부부와 같은 합이 있기 때문에, 지지에도 그와 같은 합이 있을 것으로 유추하여 만든 이론이다. 그러나 이 육합은 음양오행의 이론에 부합되지 않는 이론이다. 더욱이 육십갑자로 구성된 사주팔자에서는 부부와 같은 합은 천간 오합이면 충분하다. 이에 대해서는 12장「사주명리의 문제점들」에서 거론한다.

토의 합과 붕충

이러한 삼합 중에 土의 합은 없다. 혹자는 십이운성의 이론을 내세워 戊土는 丙火와 같으므로 寅午戌 합화와 같고, 己土는 丁火와 같으므로 酉巳丑 합화라고 상상할 수도 있다. 그러나 십이운성 자체가 잘못된 이론이기 때문에 거론할 가치조차 없다. 이 십이운성이 잘못된 이론이라는 것은 12장「사주명리의 문제점들」에서 거론한다.

십이지지에서 土의 합이 없는 까닭은 지구가 土로 구성되어 있기 때문이다. 존재하는 모든 것은 土로부터 나와서 土로 돌아간다. 그래서 십이지지의 지장간을 보면 土가 제일 많다. 다른 오행이 일 년 중 차지하는 날은 66일 정도인데 반해, 土가 차지하는 날은 100일이 넘는다. 지지의 3분의 2 이상에 土가 들어 있다.

그래서 土는 합을 할 필요가 없다. 또한 辰未戌丑의 정기를 보아도 戊土와 己土로 비겁의 관계다. 앞에서 본 방합과 같은 친구나 형제의 관계다. 辰戌丑未의 충을 살펴보아도 충으로 土의 기운이 사라지는 것이 아니라, 오히려 土의 힘을 가중시킨다. 辰戌충을 살펴보면, 辰 중 여기 乙木과 戌 중 여기 辛金, 그리고 辰 중 중기 癸水와 戌 중 중기 丁火는 상충으로 깨진다. 남는 것은 순수한 戊土만 남아서 힘이 가중된다. 丑未충도 마찬가지다. 그래서 고지의 충은 정기인 土만 남아서 오히려 힘이 가중되기 때문에, 土의 충은 충이 아니라고 할 수 있다. 굳이 이름하여 붕충朋沖이라 한다.

삼합이 안 되는 경우

삼합은 셋이 붙어 있을 때는 대부분 된다. 이 셋의 순서가 바뀌어도 된다. 예를 들면 亥卯未가 아니라 未亥卯도 된다. 떨어져 있을 때는 되기도 하고 안 되기도 한다. 되는 경우는 삼합을 방해하지 않는 지지가 끼어 있을 때다. 亥卯未목국을 예를 들면, 卯와 방합이 되는 寅木이 있으면 삼합이 된다. 삼합은 왕지가 월지에 있을 때 가장 세다.

완전한 삼합이 안 되는 경우는 다음과 같다.
① 삼합을 충하는 지지가 있을 경우

未 卯 亥 巳
時 日 月 年

亥卯未가 다 있으나, 연지 巳火와 월지 亥水가 巳亥충하여 완전한 삼합이 안 된다. 이와 같이 亥卯未가 다 있어도 卯木 옆에 충하는 酉金이 있거나 未土 옆에 丑土가 끼어 있으면 완전한 삼합이 안 된다.

삼합하는 지지가 다 있어도 충하는 지지가 있으면 완전한 합이 되지 않는다. 혹자는 합을 하기 때문에 충을 잊는다는 탐합망충을 떠올릴 수 있다. 물론 천간에서는 부부와 같은 음양이 합을 하느라 충하는 것을 잊는다. 이것은 탐합망충이다. 왜냐하면 음양오행은 음양이 먼저이고, 다음에 오행이기 때문이다. 항상 부부가 먼저다. 그러나 지지에서는 탐합망충이 없다. 왜냐하면 지지의 삼합은 부부와 같은 음양의 합이 아니라, 부모와 자식 같은 가족의 합이다. 지장간을 보면 천간합과 같은 결속력이 없다. 그래서 지지는 천간과 같은 음양의 결속력이 없기 때문에, 합보다는 충이 우선이다.

② 셋 사이에서 합을 방해하는 지지가 있을 경우
未 申 卯 亥
時 日 月 年
亥未卯가 다 있으나, 서방 申金이 가운데에 있어서 완전한 삼합이 안 된다.

반합이 되는 경우

앞에서 본 바처럼, 삼합하는 지지가 모두 있어도 완전한 삼합이 되기는 쉽지 않다. 반면에 앞에서 본 충이나 방해하는 지지가 있어서 삼합이 안 되면, 나머지 둘만이라도 합을 한다. 반쪽만 하는 반합이 된다.

삼합의 세 지지 중에 두 개만 있을 경우에는 결속력이 떨어지기 때문에 합이 잘 안 된다. 특히 두 지지가 떨어져 있을 경우나, 두 지지 중 하나를 충하거나, 삼합의 왕지 子午卯酉가 없을 때는 합이 되지 않는다. 그러나 다음과 같은 경우에는 합이 된다. 이를 반합半合이라 한다.

반합이 되는 경우는 다음과 같다.
① 왕지 子午卯酉가 있는 경우.
○ 亥 卯 ○
時 日 月 年

木의 왕지 卯木과 삼합이 되는 생지 亥水가 붙어 있어서 반합이 된다. 이 경우처럼 왕지가 월지를 차지했을 경우에는 반합이지만 힘이 강한 합이 된다.

② 왕지는 없으나 천간에 같은 오행이 투출한 경우
○ ○ 乙 ○
○ 未 亥 ○
時 日 月 年

亥未는 있으나 왕지 卯가 없어서 삼합이 되지 않으나 천간에 합에 해당하는 오행인 乙木이 투출하여 합이 된다.

③ 행운에 왕지가 오는 경우
○ 未 亥 ○
時 日 月 年

亥未는 있으나 왕지 卯木이 없다. 그러나 행운에 왕지 卯木이 오면 반합이 된다.

④ 한 지지를 좌우에서 동시에 합을 하는 경우
○ 亥 卯 亥
時 日 月 年

이 경우 하나의 왕지 卯에 생지 亥水가 연지와 일지에서 합을 하려고 한다. 천간에서는 이를 쟁합이라 하여 합이 안 되나, 지지는 부부와 같은 음양의 합이 아니기 때문에 합이 된다.

삼합에 의한 변화

합을 하면, 그 세력이 강해진다. 왕지가 월지를 차지하고 삼합을 하였다면, 왕지의 두 배 이상의 힘으로 증가할 것이다. 그러나 월지를 어떤 것이 차지했는가, 충은 없는가, 천간에 투출한 삼합의 오행이 있나 없나 등에 따라 다를 수 있다.

또한 이렇게 삼합을 하여 특정 오행이 강해지는 것이 좋은가 나쁜가는 역시 사주 전체의 구조에 따라 다르다. 희용신에 해당하는 오행이 삼합을 하여 강해지면 당연히 좋을 것이다. 물론 기구신에 해당되면, 그 반대다.

그런데 지지의 합을 이해하기 전에, 염두에 두어야 할 것은 지지의 복합성이다. 십천간은 순일한 하나의 음양오행이다. 그래서 합이나 충으로 변화하는 것이 간단하고 명확하다. 그러나 지지는 순일한 하나의 간지가 아니라, 2개 내지 3개다. 그래서 합이 일어날 때도 변화가 간단하지 않다.

제일 먼저 문제가 되는 것은 삼합을 해도, 삼합한 세 지지 모두가 합화한 오행으로 완전히 변하지 않는다는 것이다. 예를 들면 亥卯未삼합을 하여도 亥水나 未土가 완전히 木으로 변하지 않는다. 다시 말하면 亥 중 壬水와 未 중 己土의 작용이 완전히 사라지지 않는다는 것이다.

더욱이 亥월이나 未월이라면, 계절을 담당한 월령은 완전한 삼합의 오행으로 변하지 않는다. 삼합의 중심이 되는 子午卯酉월이면 문제가 되지 않으나, 寅申巳亥월이나 辰戌丑未월은 당령한 정기의 기운이 남아 있기 때문에, 삼합의 오행으로 완전하게 변하지 않고, 월령의 50% 정도는 남아 있다고 보아야 한다.

4

지지충

지지육충

천간의 충처럼 지지도 서로 충돌하는 관계가 있다. 지지는 천간과 달리 자신과 정반대되는 지지와 충돌한다. 지지육충地支六沖은 다음과 같다.

寅申충: 여기 戊土끼리는 비견이고, 중기 丙壬충하고, 정기 甲庚충한다.
巳亥충: 여기 戊土끼리는 비견이고, 중기 甲庚충하고, 정기 丙壬충한다.
子午충: 여기 丙壬충하고, 정기 丁癸충한다.
卯酉충: 여기 甲庚충하고, 정기 乙辛충한다.
辰戌충: 여기 乙辛충하고, 중기 丁癸충한다. 정기 戊土끼리는 비견이다.

　丑未충: 여기 丁癸충하고, 중기 乙辛충한다. 정기 己土끼리는 비견이다.

　여기서 알 수 있는 것은 생지인 寅申巳亥의 충은 여기 戊土끼리는 비견으로 충을 하지 않고, 중기와 정기만 충을 한다. 그래서 어린아이들 같은 생지끼리의 충은 서로 상처를 입히며 싸우기 때문에 동요는 크나, 어른들처럼 격심하지는 않다.
　다음의 왕지인 子午卯酉의 충은 서로가 다 충을 한다. 장성한 성인 같은 왕지끼리의 충은 하나가 죽어야 끝이 나기 때문에, 충격이 크고 변화가 분명하게 드러난다.
　반면에 고지인 辰戌丑未의 충은 여기와 중기는 충을 하는데, 정작 정기인 土끼리는 형제와 같은 비견이기 때문에 충을 하지 않는다. 그래서 붕충이라 한다. 나이 많은 늙은이 같은 고지의 충은 소란스럽거나 크게 상처를 입지 않는다. 더욱이 충으로 여기와 중기가 깨지고, 정기인 土만 남기 때문에 土가 더욱 강해진다. 그래서 土를 용신으로 할 경우에는 오히려 동하고 강해져서 좋다. 그러나 지장간에 있는 여기나 중기를 용신으로 할 경우에, 충하면 그 용신의 뿌리가 손상된다.
　일각에서는 고지에 있는 지장간을 쓰기 위해 고지를 충해야 한다는 이론이 있다. 왜냐하면 고庫는 창고이기 때문에, 창고를 부수어야 열린다는 것이다. 매우 그럴듯한 말이기는 하나, 고지는 충을 하면 창고는 그대로 있고 내용물만 깨진다.
　위에서 본 바처럼, 생지의 여기와 고지의 정기는 충을 하지 않는다. 또한 충을 한다고 모든 것이 다 손상되는 것은 아니다. 『적천수(한난)』에서는 "사주 내에서 가까이서 충을 하면 극이 되지만, 멀리서 충을 하면 동하게 된다."라고 하였다. 그러나 가까이 붙어 있어도 안 되는 경우도 있고, 멀리 있어도 충이 되는 경우도 있다. 멀리 있으면 충이 안 되고 동하기만 하는 경우가 많으나, 전혀 영향이 없는 경우도 있다.

충이 안 되는 경우
충의 관계이나 충이 안 되는 경우는 위에서 본 합과 충의 관계처럼 유추하면 된다.

① 두 지지 사이가 너무 먼 경우

申 ○ ○ 寅
時 日 月 年

寅申충이 있으나, 연지와 시지로 너무 멀리 떨어져 있어서 충이 되지 않는다.

② 두 지지 사이에 삼합을 하는 지지가 있는 경우

○ 申 午 寅
時 日 月 年

寅申충이 있으나, 寅午합이 되어서 충이 되지 않는다.

③ 두 지지 사이에 생하는 오행이 있을 경우

○ 申 亥 寅
時 日 月 年

寅申충이 있으나, 申金이 亥水를 생하고 亥水는 寅木을 생하느라 충이 되지 않는다.

④ 하나의 지지를 양쪽에서 충하여 충이 가중되는 경우
○ 寅 申 寅
時 日 月 年
申金의 양쪽에서 寅木이 충을 한다. 충은 서로 싸우는 것이다. 이 경우는 申金이 양쪽을 동시에 충을 할 수 없으나, 寅木은 동시에 申金을 충할 수 있어 申金이 크게 손상된다. 천간의 쟁합은 안 되나, 지지의 쟁합과 쟁충은 된다.

⑤ 충과 합이 같이 있을 경우
○ 子 申 寅
時 日 月 年
寅申충과 申子반합이 있다. 이 경우는 충이 강하여 합을 하지 못한다. 천간에서는 합과 충이 함께 있으면, 합을 하느라고 충을 잊는다. 이를 탐합망충이라 하였다. 이러한 탐합망충은 천간에서는 일어나나 지지에서는 일어나지 않는다. 왜냐하면 천간의 합은 남녀와 같은 음양의 합이고, 지지의 합은 부모와 자식 사이의 가족의 합이기 때문이다. 그래서 지지의 합은 천간의 합보다는 결속력이 없고 강력하지 않다. 이 경우처럼 지지는 충이 우선이다.

마찬가지로 사주 원국에 이미 지지끼리 충을 하고 있는데, 이것을 행운行運에서 합을 해도, 그 충은 천간처럼 온전히 해소되지 않는다. 지지의 합은 위에서 말한 바처럼 음양의 합이 아니기 때문이다.

육충에 의한 변화

앞에서 천간사충인 甲庚충 乙辛충 丙壬충 丁癸충은 상호 같은 힘으로 치고받아서, 둘 다 깨지는 것(沖)이라 하였다. 즉 금극목金剋木이나 수극화水剋火와 같은 오행의 상극으로 이해해서는 안 된다고 하였다. 지지육충도 천간사충과 같은 원리로 이해해야 한다. 寅申충을 예를 들면, 지장간 정기는 甲庚충하고, 중기는 丙壬충하는 것이다. 이를 寅申충은 申金이 寅木을 극한다고 판단해서는 안 된다는 것이다.

지지의 육충은 천간의 사충과 마찬가지로, 지지의 12방위에서 서로 대적하는 기다. 즉 寅은 동북방에서 申은 서남방에서 대적하는 지지다. 또는 초봄의 기운과 초가을의 기운이 대적하는 것이다. 그래서 반드시 가을이나 서남방이 봄이나 동북방을 이긴다고 판단해서는 안 된다. 반드시 사주 전체의 상호 관계를 살펴보아야 한다. 대부분 월지를 장악하였거나 삼합하여 힘이 강한 것이 이긴다.

지지육충은 서로 충돌하는 것이기 때문에, 변화가 극심하다.『적천수(지지)』에서는 "천간의 전쟁은 가능해도 지지의 전쟁은 불같이 급하다."라고 하였다. 이는 천간은 동해도 좋으나, 지지는 본래 뿌리와 같기 때문에 고요해야 하며, 충하면 흉허물이 급하게 일어난다는 의미다. 대체로 충을 하면 지지인 뿌리가 흔들리거나 뽑히기 때문에, 충돌에 의한 사고 이동 변동 등이 일어난다. 보편적으로 흉한 결과가 일어난다. 그래서 이 지지육충을 충살沖殺이라고도 한다.

충에 대해『적천수(지지)』에서는 "왕한 것이 쇠한 것을 충하면 쇠한 것은 뿌리가 뽑혀 버리고, 쇠한 것이 왕한 것을 충하면 왕신은 더욱 일어난다."라고 한다. 이에 대해『적천수』에서는 다음과 같이 말한다.

충하는 것이 힘이 있으면 능히 약한 것을 극거할 수 있기 때문에, 흉신을 제거하면 이롭고 길신을 제거하면 해롭다. 반면에 충하는 것이 힘이 없으면, 도리어 왕신이 격노한다. 따라서 흉신이 격노하면 화가 발생하고, 길신이 격노하면 비록 화는 일어나지 않으나 복을 받지는 않는다.

왕신이 격노하는 경우는 지지가 월지를 중심으로 비겁으로 모여 있거나, 방합이거나, 삼합인 경우다. 이때 대운이나 세운에서 왕지를 충하면 왕신이 격노한다. 일반적으로 매우 약한 지지가 강한 왕신을 충하려고 하면, 충이 되지 못하고 왕신을 자극만하여 왕신을 격노하게 한다. 이때는 충보다 훨씬 강한 사건 사고가 일어난다.

지지가 비겁이 모여 있거나 방합인 경우에는 쉽게 왕신을 격노하게 한다. 그러나 삼합을 하였는데, 행운이나 세운에서 충을 하면 조금은 복잡하다. 우선은 합이 완전히 깨지지는 않는다. 왜냐하면 삼합을 하면 그 오행이 바뀌기도 하고, 그 힘이 배가되기 때문이다. 亥卯未삼합을 예를 들면, 亥水와 未土는

木으로 변했고, 卯木은 힘이 왕성해졌다. 그래서 행운에서 오는 생지 巳火는 이미 木이 되어 버린 亥水와 충하여도, 충으로 완전히 깨어지는 것이 아니라, 亥卯未삼합을 역마로 동하게 한다. 丑土도 이미 木이 된 未土와 충하지 않고, 단순히 未土를 조금 동하게 할 뿐이다. 반면에 행운에서 오는 酉金이 강한 亥卯未목국의 왕지를 충하면, 삼합이나 왕지 卯木이 깨어지는 것이 아니라 크게 격노한다. 특히 卯木이 월지에 있을 때 심하다.

다음 사주는 충으로 망한 사주다.

癸 癸 壬 甲
亥 巳 申 寅
時 日 月 年

癸水가 신왕하여 火를 용신으로 삼고, 木을 희신으로 삼아서 상관생재의 흐름으로 가야 하는데, 희용신이 모두 충을 당했고, 운마저도 金水로 흘러 망했다.

5

합과 충의 바른 이해

　10개의 천간과 12개의 지지는 모두가 각기 다른 성향을 가졌다. 이것들이 사주팔자로 모여 있으면, 서로 사랑도 하고 결혼도 하고 가정을 꾸리기도 하며, 서로 미워도 하고 싸우기도 하고 죽이기도 한다. 이렇게 상징적으로 표현되는 현상이 합과 충이다.
　이상에서 살펴본 바처럼, 간지의 합과 충은 매우 복잡하여 이해하기가 쉽지 않다. 이 합충에 관해서는 사주명리를 많이 공부한 사람들도 혼란스럽게 여기고, 오해하는 경우도 많아서 다시 요약 정리한다.
　첫째, 합은 두 기운이 똑같고, 음양이 다른 정관정재의 관계로 만나 부부처럼 결합하는 것이다. 반면에 충은 두 기운이 똑같으나, 음양이 같은 편관편재로 만나 원수처럼 맞대결하여 싸워서 둘 다 망가지는 것이다. 이 충은 甲庚 乙辛 丙壬 丁癸 4개뿐이다. 이러한 합과 충 이외 모든 간지의 관계는 생과 극의 관계다.

둘째, 천간의 합과 충은 천간끼리만 하고, 지지의 합과 충은 지지끼리만 한다. 예를 들면 천간의 甲木이 지지의 未나 丑에 있는 己土와 합하지 않는다. 마찬가지로 천간 甲木은 지지의 申에 있는 庚金과 충을 하지 않는다. 왜냐하면 천간 甲木과 지지 己土나 庚金은 그 기가 똑같지 않기 때문에, 합이나 충을 하지 못한다. 이 두 관계는 목극토와 금극목 하는 관계다. 마찬가지로 간지 丁亥는 천간 丁火가 지지 亥 중 壬水와 합을 하지 못한다. 이를 암합暗合이라 하는데, 이에 대해서는 12장「사주명리의 문제점들」에서 거론한다.

셋째, 지지의 충은 생지는 생지, 왕지는 왕지, 고지는 고지 사이에서만 일어난다. 즉 寅申巳亥는 寅申巳亥, 子午卯酉는 子午卯酉, 辰戌丑未는 辰戌丑未끼리만 충이 작용한다, 나머지 지지와는 생극이나 지지삼합으로만 이해해야 한다. 예를 들면 寅의 입장에서 申은 충의 관계이나, 酉는 극을 받는 관계고, 戌은 삼합의 관계고, 亥는 생을 받는 관계다.

넷째, 지지의 충은 여기는 여기, 중기는 중기, 정기는 정기끼리만 충을 한다. 寅申충을 예를 들면, 여기는 戊土로 충을 하지 않고, 중기는 丙壬이 충을 하고, 정기는 甲庚이 충을 한다. 지지의 충은 반드시 두 지장간의 힘이 똑같아야 한다. 만약 寅申의 관계를 寅 중 여기 戊土는 申 중 정기 庚金을 생하고, 寅 중 중기 丙火는 申 중 여기 戊土를 생하고, 申 중 중기 壬水는 寅 중 정기

甲木을 생한다고 이해하면 안 된다.

다섯째, 합과 충이 있을 때, 천간은 합이 우선이고 지지는 충이 우선이다. 앞에서 살펴 본 바처럼, 천간오합은 부부와 같은 합이다. 반면에 지지삼합은 부부가 아니라 가족과 같은 합이다. 그래서 지지삼합을 지지삼회地支三會라고도 한다. 그래서 천간에 합과 충이 있을 경우에는 합을 하느라고 충을 하지 않는다. 반면에 지지에 합과 충이 있을 경우에는 맞상대와 싸우느라고 합을 하지 않는다.

여섯째, 천간의 합과 충은 깨끗하게 정리되나, 지지는 남는 것이 있다. 일간 이외 천간의 합과 충은 합거되거나 충으로 사라지며, 일간과의 합과 충은 정관이나 정재 또는 편관이나 편재로 남는다. 반면에 지지의 삼합에서 생지나 고지는 합을 하여도 자기 본성의 기를 다 버리지 않는다. 특히 월지를 차지했을 경우에는 반 이상은 남아 있다. 또한 충을 하여도 완전히 사라지지 않는다. 특히 월지를 차지한 지지는 충을 하여도 남아있다.

일곱째, 사주에서 합과 충을 하고 있는데, 행운에서 합과 충을 하면 변화가 다양하다. 천간에서는 합을 충하면 그 기간 합은 해소되고, 충을 합하면 그 기간 충은 해소된다. 반면에 지지삼합을 충하면 합은 해소되지 않고 동하거나 격노하기만 하며, 충하는 지지를 삼합하면 충은 해소되지 않고 합은 미약하게 한다.

5

신살

신살神殺이란 길신을 의미하는 신과 흉살을 의미하는 살이 결합된 말이다. 이는 사주에 있는 특정한 간지의 길흉 작용을 말한다. 이러한 신살은 200개 정도라고 하는데 대부분 음양오행의 원리에 부합되지 않는 것들이다. 사주명리는 음양오행의 생극제화를 바탕으로 한 것이기 때문에, 이것을 근간으로 하지 않는 신살은 바른 견해가 아니다. 이 문제는 12장「사주명리의 문제점들」에서 거론한다.

그러나 음양오행의 원리에 따른 몇 가지 신살도 있기 때문에, 다 무시할 수는 없다. 그러나 어떠한 신살이든 사주팔자의 본바탕이 길하면 그 흉작용은 나타나지 않는다. 반대로 본바탕이 흉하면 그 길작용은 나타나지 않는다. 더욱이 좋은 길신이라도 그것이 기구신이면, 흉작용을 한다. 반면에 나쁜 흉살이라도 그것이 희용신이면 길작용을 한다. 이처럼 사주 간명의 근본은 신살에 있는 것이 아니라, 음양오행의 생극제화에 따른 용신에 있다.

그러나 앞으로 소개할 네 가지의 신살은 음양오행의 원리에 부합할 뿐만이 아니라, 사주의 구조를 결정짓는 요소라 반드시 알아야 한다.

이 네 가지 신살의 원리는 지지육충의 원리와 같다. 지지육충은 십이지지 모두가 정반대의 지지와 맞대응하여 싸운다는 것이다. 여기서 맞대응한다는 것은 힘이 같다는 것이다. 이 문제는 천간사충에서 설명하였다. 그래서 이것을 충이라 하고, 극이라 하지 않는다. 오행의 상극은 목극토木剋土, 토극수土剋水, 수극화水剋火, 화극금火剋金, 금극목金剋木으로 일방적인 공격이다. 반면에 충은 맞대응하는 관계다.

　이렇게 맞대응하여 충이 일어나는 원인은 나이도 같고 힘도 같은데, 성향이 정반대이기 때문이다. 지지육충을 보면, 서로 충이 되는 지지는 반드시 생왕고지가 같고, 지장간의 힘의 비율이 같다. 즉 생지는 생지끼리, 왕지는 왕지끼리, 고지는 고지끼리 충을 한다. 이는 애들은 애들끼리, 어른은 어른끼리, 늙은이는 늙은이끼리 싸운다는 것이다. 이 의미는 나이나 힘이 같으나 성향이 다른 지지들이 모여 있으면, 서로 싸움을 하든지, 시기질투를 하든지, 난동을 부리든지, 그 편중된 힘을 밖으로 표출하든지 한다. 이렇게 나타나는 것이 지지육충이고, 형살 역마 도화 백호살이다.

1
형충파의 이해

형刑이란 '형벌' 또는 '죽이다'라는 의미가 있다. 이를 형살刑殺이라고도 한다. 형살은 다음과 같다.

지세지형持勢之刑은 寅巳申
무은지형無恩之刑은 丑戌未
무례지형無禮之刑은 子卯
자형自刑은 辰辰 午午 酉酉 亥亥

자기 세력을 믿고 날뛴다는 지세지형은 생지간의 형이다. 은혜를 모른다는 무은지형은 고지간의 형이다. 예의를 모른다는 무례지형은 왕지간의 형이다. 스스로 형을 한다는 자형自刑은 2개의 지지가 나란히 있을 때다.

이 형살 간의 지장간 관계를 보면, 비겁과 편관과 편인의 관계다. 형살로서 이러한 관계는 육친의 긍정적인 면보다는 부정적인 측면이 작용한다. 즉 비겁은 친구가 아니라 경쟁자, 편관은 극하기만 하는 칠살七殺, 편인은 내 밥그릇을 엎는다는 도식倒食 또는 자식을 잡아먹는다는 효신살梟神殺로 작용한다고 보아야 한다.

이렇게 부정적인 측면으로만 작용하는 까닭은 그 세력들이 똑같기 때문이다. 그래서 만나면 충처럼 싸운다. 그러나 충이 전면전이라면 형은 부분전이고, 충이 정면 공격이라면 형은 측면 공격이고, 충이 서로 깨지는 관계라면 형은 생을 받으면서 깨지는 관계다.

그래서 충처럼 맞싸우고 깨끗하게 끝나는 관계가 아니다. 쉽게 헤어지지도 못하고, 질질 끌고, 묶여 있는 상태다. 그래서 이 살은 파괴나 사고보다는 형刑이라는 글자의 의미처럼, 형벌이나 감금 등을 의미한다. 그러나 형살은 충보다는 작용력이 매우 약하다.

이 형살과 유사한 관계가 육파六破다. 육파는 子酉파 午卯파 申巳파 寅亥파 辰丑파 戌未파다. 이 중 巳申파와 未戌파는 형의 관계다. 子酉파와 午卯파는 편인의 관계고, 寅亥파와 丑辰파는 비겁과 편인의 관계다. 파破란 깨뜨린다는 의미인데 특별히 깨뜨린다는 의미는 없다.

이상과 같이 살펴본 충형파의 관계를 보면 다음과 같다.

| 생지의 형충파 |

寅申충, 巳亥충, 寅巳형, 巳申형, 亥亥형, 寅亥파

| 왕지의 형충파 |

子午충, 卯酉충, 子卯형, 午午형, 酉酉형, 子酉파, 午卯파

| 고지의 형충파 |

辰戌충, 丑未충, 丑戌형, 戌未형, 辰辰형, 丑辰파

 이 중 충이 가장 강력하고, 그 다음은 형이고, 마지막은 파다. 그러나 이 하나하나가 좋다거나 나쁘다고 단정하기는 어렵다. 모든 것은 사주의 전체 구조와 용신에 의해서 결정된다.
 중요한 것은 생지끼리 모여 있거나, 왕지끼리 모여 있거나, 고지끼리 모여 있으면, 대부분 격동의 변화가 일어난다는 것이다. 이러한 변화의 원인은 나이나 힘은 같은데, 성향이 다르기 때문이다. 그래서 생왕고지 중에서 어느 하나의 지지들이 많이 모여 있으면 반드시 변화가 일어난다. 그러한 변화가 다음에 설명하는 역마 도화 백호살이다.

2
역마

역마驛馬란 자동차가 없었던 시절에 운송 수단으로 역마다 배치하고 있는 말을 의미한다. 그래서 역마살이란 돌아다닌다는 살이다. 일지나 연지의 삼합이 되는 첫 지지를 충하는 지지가 역마에 해당한다. 삼합의 첫 지지는 생지이고, 이 생지를 충하는 지지도 또한 생지다. 역마살은 다음과 같다.

申子辰 역마 寅
亥卯未 역마 巳
寅午戌 역마 申
巳酉丑 역마 亥

이 살은 역마라는 의미처럼 이동 여행 이주 변동 분주함 등을 암시한다. 과거에는 주로 집 없이 떠돌아다니는 일, 타향살이 가출 풍파와 같은 안 좋은 의미로만 보았다. 그러나 역동적인 현대에는 교통 여행 무역 등과 같은 이동을 주로 하는 업종에는 오히려 좋은 경우가 많다. 이 살이 좋은가 안 좋은가는 희용신인가 기구신인가에 달려 있다. 이 살이 길신에 해당되면, 길신이 떠돌아다닌다는 의미이기 때문에, 비약적인 발전을 하고 유명해질 수도 있다. 반면에 흉신에 해당되면, 흉신이 떠돌아다닌다는 의미이기 때문에, 흉한 일로 분주하고 변동하고 사고가 날 수도 있다.

역마와 유사한 생지의 살들이 있다. 그것은 지살, 겁살, 망신살이다. 이것을 역마와 함께 보면 다음과 같다.

申子辰 역마 寅, 지살 申, 겁살 巳, 망신 亥
亥卯未 역마 巳, 지살 亥, 겁살 申, 망신 寅
寅午戌 역마 申, 지살 寅, 겁살 亥, 망신 巳
巳酉丑 역마 亥, 지살 巳, 겁살 寅, 망신 申

지살地殺은 땅이 움직인다는 역마보다 더 역동적인 살이고, 겁살劫殺은 겁탈을 당한다는 살이고, 망신살亡身殺은 망신을 당한다는 살이다.

이상과 같이 역마살뿐만이 아니라, 지살 겁살 망신살도 모두가 생지인 寅申巳亥다. 그래서 寅申巳亥가 많으면, 대부분 네 살 중에 하나에는 걸리게 되어 있다. 이 의미는 삼합과는 관계없이 생지가 많으면, 역마와 같은 살의 작용을 한다는 것이다. 왜냐하면 생지 자체의 역동성 때문이다. 비유하자면 아이들처럼 가만히 있지 못하고 천방지축 날뛰기 때문에, 당연히 소란스럽고 충돌하고 깨진다. 더욱이 생지가 많으면, 생지끼리의 충과 형이 일어나는 것은 너무나 당연하다. 그래서 대부분 이동하고 변화하고 손해보고 망신당한다고 할 수 있다.

그런데 이러한 살을 판단하는 방법은 과거에는 연지 중심이었고, 현대에는 일지 중심이다. 또는 연지와 일지 모두를 보고 판단하기도 한다. 이러한 판단 방법은 다음에 설명하는 도화살도 마찬가지다. 그래서 많은 사람들은 어느 방법이 더 정확한가를 알고 싶어 한다. 답은 둘 다 정확하다. 위에서 본 바처럼 삼합과 관계없이 寅申巳亥 자체가 이미 역마와 같은 성질이 있기 때문이다.

이 네 가지 살 중에서 가장 정확하게 들어나는 것은 역마살이다. 나머지는 생지의 특성이라고 판단하는 것이 좋다. 특히 연지나 일지에 寅申巳亥 중 하나가 있고, 나머지 지지에 이것을 충하는 생지가 있으면 반드시 역마의 특성이 들어난다. 예를 들면 연지나 일지가 寅일 때, 다른 지지에 申이 있는 경우다. 물론 이것은 寅申충으로 보아야 하겠지만, 왕지나 고지끼리의 충과는 달리 역마의 특성이 반드시 들어난다.

이 살이 사주 원국에 있을 때 가장 잘 들어난다. 그 다음은 대운, 세운, 월운, 일운의 순서다. 대운이나 세운과 같은 행운에서는 이 살이 어느 지지에 드는가에 따라 역마의 정도를 알 수도 있다. 연지에 들면 해외처럼 먼 곳으로 이동 등을 암시하고, 월지에 들면 지역 이동 등을 암시하고, 일지에 들면 직장 등의 이동을 암시하고, 시지에 들면 가정이나 자신의 심신의 변동을 암시한다. 예를 들면 寅대운인데, 월지가 申子辰 중의 하나라면 이사와 같은 이동을 할 수 있다.

반드시 알아야 할 것은 이러한 살들이 위에서 본 바처럼 나쁜 점만 있는 것은 아니다. 때로는 이러한 생지의 역동성이 오히려 좋은 경우도 많다. 더욱이 이 寅申巳亥가 모두 있는 남성은 대격으로 부귀를 누리는 경우가 대부분이기 때문이다. 그래서 이 역마살은 나쁘다는 의미의 살을 빼고 역마라고만 하기도 한다.

생지인 寅申巳亥가 살이 되는 것으로 고독살 또는 홀아비살이라는 고신살孤神殺이 있다. 아마도 여기저기 떠돌아 다기기 때문에 홀아비처럼 산다고 본 듯하다. 그러나 이러한 살은 적중률이 없으므로 무시하는 것이 좋다.

다음 사주는 지지에 寅申巳亥 역마가 다 들어 있는 사주다.

戊 庚 辛 丁
寅 申 亥 巳
時 日 月 年

박정희 대통령의 사주라고 한다. 신약한 사주다. 그러나 겨울 金으로 금수상관金水傷官이면 희견관喜見官이니, 연간 丁火가 용신이다. 다행이 운로가 未午巳 남방으로 향하여 큰일을 했다고 할 수 있으나, 일견 좋은 사주로 보기는 어렵다.

그러나 혁명적인 업적을 남긴 것은 지지에 寅申巳亥가 완전히 갖추어졌기 때문이다. 이 역마의 역동성이 혁명적인 역할을 했다. 또한 지지가 상충으로 깨끗하게 모두 깨어진 듯하나, 여기 戊土는 깨지지 않는다. 이것이 천간에 투출하여 이 힘을 등에 업고, 丁火 정관을 사용한 것이다.

3

도화살과 양인

    도화는 복숭아꽃이다. 복숭아꽃은 젊은 여인의 속살 같다. 그래서 도화살桃花殺은 성적인 문제가 일어나는 살을 의미한다. 함지살咸池殺이라고도 하고, 십이신살의 연살年殺이기도 하다. 연지나 일지의 삼합이 되는 첫 지지의 다음 지지다. 즉 삼합의 합화 오행의 인성이 된다. 즉 亥卯未合火목국인데 子水는 木의 인성이다.

    亥卯未 도화 子
    寅午戌 도화 卯
    巳酉丑 도화 午
    申子辰 도화 酉

도화살에 해당하는 子午卯酉는 모두 왕지다. 이 왕지는 삼합의 정상에 있는 가장 왕성한 기운이다. 일생 중에서 가장 힘이 센 청장년의 시기다. 그래서 내면으로는 굽힐 줄 모르는 불굴의 정신과 불의를 참지 못하는 강개지심慷慨之心이 있다. 이 왕성한 청장년의 기운이 밖으로 표출될 때, 성적인 매력으로 드러난다. 도화살이란 이러한 강한 기운을 발설하고자 하는 욕구로 드러날 때, 성적 쾌락이나 풍류를 즐기려는 성향이다. 그래서 이 살이 있으면 성적인 매력이 있고, 호색하고, 음란하고, 방탕하다고 한다.

이 살이 연지나 월지에 있으면 담장 안이라는 의미의 장내도화牆內桃花라고 한다. 이 도화는 집 안에서 부부간에 뜨거운 사랑을 나눈다고 한다. 반면에 일지나 시지에 있으면, 담장 밖이라는 의미의 장외도화牆外桃花라고 한다. 이 도화는 집 밖에서 배우자 이외의 사람과 정을 나눈다고 한다. 이 장외도화가 소위 음란하거나 색정으로 문제를 일으키는 진정한 도화살이다.

그런데 이 도화살은 삼합 이론과는 상관없이, 子午卯酉 이 네 지지 중에 어느 것이 있어도 도화살이라 한다. 이것이 세 개 이상이면, 복숭아꽃이 들판에 깔려 있다는 의미의 편야도화遍野桃花라고 한다. 子午卯酉가 모두 갖추어져 있으면, 남녀 불문하고 주색에 빠진다고도 한다. 이 살도 역마와 마찬가지로 대운이나 세운에 올 때도 그 작용이 일어난다.

필자의 사견인데, 子午卯酉에 해당하는 십이지지의 동물은 암수 막론하고 섹스를 쾌락으로 즐기는 동물이다. 대부분의 동물은 물론이고, 파충류나 곤충들은 암컷의 발정기가 아니면 짝짓기를 하지 않는다. 그러나 쥐(子), 말(午), 토끼(卯), 닭(酉)은 암컷의 발정기와는 상관없이 항상 짝짓기를 한다. 그래서 子午卯酉 네 동물을 도화살로 배정한 듯하다.

과거에는 도화살은 무조건 안 좋게 보았다. 그런데 도화살이 있으면 왕지의 기운이 드러나므로 용모가 아름답거나 매력적인 경우가 많다. 그래서 현대에는 남들에게 인기를 끄는 연예인 같은 직종에서는 오히려 좋은 경우가 많다. 도화살 역시 전체적인 사주의 구조를 보아서 참작하여야 한다. 남자 사주에 子午卯酉가 모두 있는 경우에 의외로 큰 인물이 많다. 이는 왕지가 격을 이루었기 때문이다.

이 도화살과 같은 왕지로 이루어진 십이신살의 살이 있다. 그것이 장성살, 재살, 육해살이다. 이 세 살의 구조를 도화살과 함께 보면 다음과 같다.

亥卯未 도화 子, 장성 卯, 재살 酉, 육해 午
寅午戌 도화 卯, 장성 午, 재살 子, 육해 酉
巳酉丑 도화 午, 장성 酉, 재살 卯, 육해 子
申子辰 도화 酉, 장성 子, 재살 午, 육해 卯

장성살將星殺은 장성이 된다는 의미고, 재살災殺은 재앙이 일어난다는 의미고, 감옥에 갇힌다는 수옥살囚獄殺이라고도 한다. 육해살六害殺은 육친에게 해가 일어난다는 의미다. 이 세 살 모두가 왕지 子午卯酉다. 이러한 살 등은 큰 의미가 없다. 모두가 도화살의 의미가 있으며, 사주 전체의 구조에 따라서 길흉을 판단해야 한다.

이상과 같이 연이나 일지의 삼합에 의한 살은 아니나, 왕지가 살이 되는 흉살이 있다. 이것은 일간을 중심으로 지지를 판단하는 살이다. 이러한 살이 다음과 같은 양인살이다.

甲일간 양인 卯
丙일간 양인 午
戊일간 양인 午
庚일간 양인 酉
壬일간 양인 子

양인살羊刃殺은 양의 뿔처럼 날카로운 칼날이 있다는 의미일 것이다. 이 살은 양일간에만 있다. 혹자는 음일간에도 양인살이 있다고 한다. 그러나 양인살은 힘이 넘쳐서 성급하고, 강렬하고, 살벌하고, 난폭한 살이다. 이러한 속성은 음일간이 아니라, 양일간만이 갖는 성질이다. 그래서 이 살을 양인살陽刃殺이라고도 한다. 더욱이 양인에 해당하는 子午卯酉는 삼합이 되는 왕지다. 그래서 언제나 삼합으로 그 힘이 배가될 수 있다. 더욱이 이 살이 월지에 있을 때는 매우 강하게 나타난다. 삼합이 되면 그 속성은 양일간의 속성이 되기 때문에, 양일간만이 양인살이 있어야 한다.

신강한데 양인살이 있으면, 너무 힘이 넘친다. 그래서 성급하고 폭력적이라 사고가 많고, 형벌을 받을 수도 있다. 그래서 신강한데 양인이 있으면, 칠살이 있어서 이 양인을 극제하면 좋은 경우가 많다. 반면에 신약할 때는 양인이 겁재로 돕기 때문에 오히려 좋다. 격이 좋으면 강한 힘을 잘 사용하여 권력을 잡을 수 있고, 의사나 군인 등으로 출세할 수 있다. 때로는 괴걸이나 열사로 이름을 날리는 경우도 있다. 격이 낮으면 폭력이나 칼을 사용하는 직종에서 일을 한다. 너무 살벌한 기운이기 때문에 둘다 대부분 남녀 모두 배우자와 인연이 불길하다.

양인살과 비슷한 왕지의 살이 비인살이다. 이 둘을 함께 보면 다음과 같다.

甲일간 양인 卯 비인 酉
丙일간 양인 午 비인 子
戊일간 양인 午 비인 子
庚일간 양인 酉 비인 卯
壬일간 양인 子 비인 午

비인飛刃이란 칼을 휘두른다는 의미다. 양인살을 충하는 왕지가 비인살이다. 양인과 비슷한 성질의 살이라고는 하나, 단지 지지의 충으로 보아도 된다. 단 양인이 방합이나 삼합으로 강왕하다면, 약한 비인이 왕한 양인을 충하여 왕신이 격노할 수도 있다. 왕신을 극제하지 못하고 자극만 하면 왕신이 격노하기 때문에, 이때는 충보다 훨씬 강한 사건 사고가 일어난다. 그래서 양인을 충하는 비인이 무서울 수가 있다.

이상과 같이 왕지의 살을 살펴보았다. 왕지는 말 그대로 그 기세가 왕성하므로, 그 살 또한 그와 같다. 그래서 이것이 발설하고자 하는 쾌락적 욕구로 나타나면 도화살이 되고, 명예나 권력을 쟁취하려는 정신적 욕구로 나타나면 고관이나 괴걸이 되고, 저속하게 육체적 힘으로 나타나면 폭력배가 되거나 형벌로 나타난다. 이 도화살이나 양인살과 같은 왕지의 살들도 생지의 역마살과 마찬가지로, 좋다거나 나쁘다고 단정해서는 안 된다. 항상 사주의 전체적인 배합으로 판단해야 한다. 양인살에서 재고해 볼 사항은 戊일간의 양인이 午火라는 것이다. 이 문제는 12장 「사주명리의 문제점들」에서 거론한다.

다음은 양인과 子午卯酉로 이루어진 사주다.

　丙　庚　丁　辛
　子　午　酉　卯
　時　日　月　年

청나라 건륭황제의 사주라고 한다. 천간은 丁辛극 丙庚극하고 지지는 卯酉충 子午충한다. 그런데 지지의 子午卯酉가 감리진태坎離震兌에 배속되기 때문에, 사주가 완전하게 사정四正을 이루었고 기세가 팔방으로 통했다고 한다. 이렇게 충이 많으나, 子午卯酉가 모두 갖추어졌을 때는 의외의 좋은 사주가 되는 경우도 있다.

4
백호살과 괴강

　백호살白虎殺은 호랑이 중에서도 가장 무섭다는 흰 호랑이에 물려 죽는다는 살이다. 백호대살白虎大殺이라고도 한다. 피를 흘리고 죽는다는 혈광지신血光之神이라 곧 흉신이다. 이 살은 辰戌丑未 고지를 지지에 깔고 있는 다음과 같은 간지다.

　甲辰 戊辰
　丙戌 壬戌
　丁丑 癸丑
　乙未

　이 살은 피를 보며 비명횡사한다는 무서운 살이다. 그런데 이 살은 이것을 사주에 가지고 있는 당사자가 피해를 보는 것이 아니라, 이 살에 해당되는 육친이 이 살을 맞는다. 예를 들어 甲일간이 월의 간지가 丁丑 백호라면, 甲에서 丑은 정재이기 때문에 부인이 이 살을 맞는다. 이 살이 충이나 형이 될 때 주로 크게 발생한다. 백호살을 맞은 육친은 교통사고나 수술 등과 같은 것으로 피를 보는 고통을 겪는 경우가 많고, 부인일 경우에는 헤어지는 경우도 많다.

그러나 백호살이 반드시 육친에게만 일어나고 본인과는 무관한 살은 아니다. 백호살을 가진 당사자는 그 백호의 살기를 품고 있어서 두려움이 없고, 피를 무서워하지 않고, 잔인하기도 하다. 그래서 이 살이 있으면서 격국이 좋으면 경찰이나 군인 또는 외과 의사 등과 같은 직업에서 성공하는 경우가 많다. 반면에 격국이 나쁘면 도살업이나 정육점과 같은 일에 종사하는 경우도 많다. 사주의 구조에 따라서는 백호살이 이렇게 밖으로 드러나지 않고 자신에게 일어나서, 자신이 사고를 당하거나 불구가 되는 경우도 있다. 이 살이 일지에 있을 때 강하게 나타난다.

백호살처럼 辰戌丑未 고지로 이루어진 십이신살은 다음과 같은 반안살 월살 화개살 천살이다. 이 또한 연지나 일지를 중심으로 판단한다.

亥卯未 반안 辰, 월살 丑, 화개 未, 천살 戌
寅午戌 반안 未, 월살 辰, 화개 戌, 천살 丑
巳酉丑 반안 戌, 월살 未, 화개 丑, 천살 辰
申子辰 반안 丑, 월살 戌, 화개 辰, 천살 未

반안攀鞍은 출세하여 말을 탄다는 의미다. 월살月殺은 고초살枯焦殺이라고도 하는데 사물이 고갈된다는 의미다. 화개華蓋는 총명하다는 의미고, 천살天殺은 하늘에서 벌을 내린다는 의미다. 이러한 신살들은 큰 의미가 없다. 중요한 것은 백호살을 포함한 이 살들이 모두 辰戌丑未 고지라는 점이다. 고지는 생지와 같은 생동감도 없고, 왕지처럼 힘도 없다. 그러나 늙은이의 변함없는 고집과 생을 정리하며 죽음을 맞이하는 무서운 힘이 있다. 그래서 죽음이나 살기와 같은 의미의 백호살과 같은 힘이 작용한다. 그래서 고지를 묘지라고도 하는 것이다.

지장간을 살펴보면, 생지인 寅申巳亥는 모두 양간이고, 왕지 子午卯酉는 음양이 섞여 있고, 고지의 여기와 중기는 모두 음간이고 정기는 모두 土다. 그래서 고지는 음적인 기고, 土가 갖는 성질을 그대로 간직하고 있다. 그래서 고지는 신의가 있고, 포용력이 있고, 변함이 없고, 표정이 없고, 나서지 않고, 중립적이고, 관대한 장점이 있다. 그러나 자기주장이 강하고, 보수적이고, 욕심이 많고, 고지식하고, 고독한 단점이 있다. 문제는 자기 고집을 꺾지 않고, 화가 나면 과거에 쌓아 놓았던 모든 것을 한꺼번에 쏟아 내고, 죽음을 두려워하지 않기 때문에 무섭다. 이 점이 백호살과 같은 무서운 살로 드러나는 것이다.

辰戌丑未 고지 중에서 丑未는 인간이 만든 부드러운 논과 밭을 상징한다. 반면에 辰戌은 인간의 손이 닿지 않는 광활한 대지나 험악한 산악을 상징한다. 이러한 辰戌의 특성을 바탕으로 이루어진 살이 있다. 이를 괴강살魁罡殺이라 한다. 괴강魁罡은 우두머리 별이라는 의미인데, 별자리 북두칠성을 이르는 말이

다. 하늘의 우두머리 별이 비춘다는 의미다. 육십갑자 중에서 辰과 戌이 들어 있는 간지는 괴강에 해당한다고 할 수 있다. 다음 네 간지의 괴강 작용이 강하다.

庚辰 壬辰
庚戌 戊戌

일각에서는 戊戌 대신에 壬戌을 괴강이라고도 하고, 壬戌과 戊辰을 포함하여 여섯 간지를 괴강이라고도 한다. 그런데 壬戌과 戊辰은 백호살에 해당된다. 이 살이 일주에 있으면 강력하고, 여러 개가 있을수록 강력하다.

이 살은 하늘의 우두머리 별처럼, 인간사에서도 우두머리가 되어서 사람을 제압하려는 강력한 살煞이다. 그래서 과감하고, 강력하고, 용감하고, 엄격하고, 총명하고, 결백하다. 격국이 좋으면 대권을 잡거나, 충신열사가 되거나, 대부귀를 누리기도 한다. 그러나 격국이 나쁘면 고집이 세고, 흉폭하고, 잔인하고, 극빈하게 살기도 한다.

대부분 신강사주가 조화를 잘 이루면 크게 성공할 수 있다. 그러나 괴강이 형충되거나, 사주의 조화가 깨지면 재앙이 일어난다. 극과 극을 달리는 살이다. 이처럼 길신과 흉신의 작용이 함께 있기 때문에 괴강살이라고도 하고 살자를 빼고 괴강이라고도 한다. 단, 여자 사주에 괴강이 있으면, 자기 주관대로 하려는 고집이 있어서 부부사이가 안 좋은 경우가 많다.

이상에서 본 바와 같이 백호살은 무섭고, 괴강살은 강렬하다. 대체로 고지는 무정하고 강폭한 듯하다. 그래서인지 최고의 길신이라는 천을귀인天乙貴人, 수복壽福의 천주귀인天廚貴人, 학문의 문창귀인文昌貴人, 벼슬의 관록官祿에는 고지 辰戌丑未가 없다. 반면에 과부가 된다는 과숙살寡宿殺은 모두가 辰戌丑未다. 그러나 이러한 살들은 적중률이 없으므로 무시해야 한다. 모두가 고지 또는 묘지의 특성으로 이해하면 된다.

다음 사주가 백호와 괴강이 겹친 사주다.

丁 庚 乙 辛
丑 辰 未 丑
時 日 月 年

지지가 모두 고지이고, 乙未 丁丑 백호살에 庚辰 괴강이다. 未丑충으로 백호가 충을 맞고, 천간은 乙辛충하였다. 부득이 약한 시간 丁火에 의지해야 하나, 壬辰대운에 丁壬합거되었다. 처자를 모두 잃고, 가산도 탕진하고, 의지할 곳이 없어서 승려가 되었다고 한다.

다음 사주는 백호가 3개 있는 사주다.

戊 甲 丁 甲
辰 辰 丑 戌
時 日 月 年

94년생 여성이다. 丑 辰 辰 백호살이 3개나 있다. 戌대운에 큰 교통사고로 하체가 마비되었고, 아버지가 암으로 수술을 받았다. 백호살을 하나는 본인이 맞고 다른 하나는 그에 해당하는 육친이 맞은 예다.

6

십신

1
육친의 구성

　지금까지는 음양오행의 보편적인 원리에 대해서만 설명하였다. 앞으로는 이러한 원리가 나와 어떠한 관계인가를 알아본다. 이것은 나와 이 세상의 모든 것과의 관계에 대한 이론이다. 사주명리에서 나는 사주팔자 중에 일주의 천간 즉 일간을 말한다. 일간은 나를 상징하고, 사주의 주체이고, 사주의 중심이다. 이 일간을 중심으로 다른 7개의 간지가 어떠한 관계인가를 살피는 것이 사주명리학이다.

　이 이론에서 인간관계를 살피는 것이 육친론이다. 육친六親이란 본래 부모 형제 처자로 이 여섯 가족을 이르는 말이나, 사주에서는 모든 인간관계를 통칭하는 말이다. 인간관계의 기본은 다음과 같이 음양오행의 상생상극 관계로 파악한다.

비화자형제比和者兄弟: 나와 같은 오행은 형제다.

'비화'란 나와 비슷하거나 화합한다는 의미다. 비화자를 기가 같다는 의미에서 동기자同氣者라고도 한다. 일주가 甲木이라면 같은 오행의 木이다. 천간 甲과 乙, 지지 寅과 卯다. 가족으로는 형제자매다.

생아자부모生我者父母: 나를 낳은 오행은 부모다.

일주가 甲木이라면 수생목을 하는 水다. 천간 壬과 癸, 지지 亥와 子다. 가족으로는 부모다. 부모란 아버지와 어머니를 이르는 말이나, 나를 직접적으로 낳은 사람은 어머니이기 때문에, 여기서 부모는 어머니를 지칭한다.

아생자자손我生者子孫: 내가 낳은 오행은 자손이다.

일주가 甲木이라면 목생화를 하는 火다. 천간 丙과 丁, 지지 巳와 午다. 가족으로는 자식이다. 남자는 애를 낳을 수 없기 때문에 자식을 직접 낳을 수 있는 여자만 해당된다.

극아자관귀剋我者官鬼: 나를 극하는 오행은 관귀다.

관귀란 나를 지배하는 벼슬이라는 의미다. 일주가 甲木이라면 금극목하는 金이다. 천간 庚과 辛, 지지 申과 酉다. 가족으로는 여자에게는 남편이고, 남자에게는 자식이다.

아극자처재我剋者妻財: 내가 극하는 오행은 처와 재다.

일주가 甲木이라면 목극토하는 土다. 천간 戊와 己, 지지 辰戌

표未다. 가족으로는 남자에게는 부인이고, 남녀 모두 아버지다.

이상의 육친론은 오행의 생극 관계로 어느 정도 이해할 수 있다. 그러나 내가 극하는 재가 아버지가 되고, 나를 극하는 관이 자식이라는 주장은 쉽게 이해하기 어렵다. 이 문제는 12장 「사주명리의 문제점들」에서 거론한다.

2

십신의 성향

 앞에서 일주를 중심으로 오행의 생극 관계를 살펴보았다. 여기서도 일주 중심으로 각 간지의 생극 관계를 살펴보는데, 이번에는 오행을 음양으로 분류해서 펼쳐 본다. 이렇게 분류하면 육친 관계가 5종류가 아니라 10종류로 세분화된다. 이 10종류의 육친을 십신十神이라고도 하고, 십성十星이라고도 한다.

 일간과 천간의 관계에서 십신은 쉽게 구별하여 찾을 수 있다. 반면에 천간과 지지의 관계는 좀 더 복잡하다. 왜냐하면 지지에는 2개 이상의 천간이 숨어 있기 때문이다. 예를 들어 甲木 일간이 寅월에 태어났다면, 寅월의 지장간은 戊土7, 丙火7, 甲木16이다. 이 모든 지장간의 십신을 살펴보면 戊土는 편재, 丙火는 식신, 甲木은 비견이다.

 지장간의 십신은 경우에 따라서는 지장간 모두를 대조하기도 하고, 출생한 날이 어느 지장간인가에 따르기도 하고, 정기만으로 표출하기도 한다. 일반적으로는 정기만으로 육친을 표출하여 판단한다. 甲木이 寅월에 태어났다면, 이 사람의 월지는 甲木이 정기이므로 비견이다.

십신의 성향은 용신일 때 두드러지게 드러나고, 일지일 때 약간 드러난다. 일각에서는 십신을 선악으로 구분하듯이 사길신 사흉신으로 구분하기도 하는데, 앞으로 살펴보면 알 수 있듯이 이 구분은 잘못된 견해이다. 이에 대해서는 12장 「사주명리의 문제점들」에서 거론한다.

비견

비견比肩은 나와 어깨를 나란히 한다는 의미다. 나와 오행이 같고 음양이 같다. 인간관계는 형제자매 친구 동업자다. 내가 약할 때는 동조자가 되고, 내가 강할 때는 경쟁자가 된다. 비견의 심리는 주체성이다.

장점은 온건하고 화평하다. 의지가 강하고, 자존심이 강하고, 독립심이 강하다.

단점은 지기 싫어하고, 자기만이 옳다고 주장하고, 고집쟁이고, 독불장군이고, 융통성이 없고, 파당을 잘 만들기도 한다. 비견이 과다하면, 형제자매와 친구 사이에 불화가 많고, 남자는 처와 여자는 남편과 인연이 약하다.

비견의 간지는 甲寅 乙卯 戊辰 戊戌 己未 庚申 辛酉다. 이렇게 천간과 지지가 같으면 성격이 강건하다. 비견이 용신이면 동업도 좋으나, 많으면 독립해서 하는 자유업이 좋다.

겁재

겁재劫財는 나의 재산을 빼앗아 간다는 의미다. 나와 오행이 같고 음양이 다르다. 인간관계는 비견과 같이 형제자매 친구 동업자, 남자에게는 며느리, 여자에게는 시아버지가 경쟁자다. 내가 약할 때는 동조자가 된다. 그러나 내가 강할 때는 내 것을 탈취하려는 성향이 비견보다 강하다. 겁재의 심리는 경쟁의식이다.

장점은 솔직하고 꾸밈이 없다. 적극적이고, 경쟁의식이 강하고, 자만심이 강하다.

단점은 자기중심적이고, 지나치게 앞서려고 하고, 투쟁적이고, 이기적이고, 교만하고, 겉과 속이 다르고, 졸렬하기도 하다.

겁재가 과다하면 비견보다 더 형제자매와 친구 사이에 불화가 많고, 남자는 처, 여자는 남편과 인연이 약하다. 양간의 지지에 있는 겁재 양인살羊刃殺은 겁재의 성향이 더욱 강하게 나타난다. 양인살은 甲에 卯, 丙에 午, 庚에 酉, 壬에 子다.

겁재의 간지는 丙午 丁巳 壬子 癸亥다. 겁재가 용신이면 동업도 좋으나, 많으면 동업을 하기가 어렵다. 투기업을 좋아한다.

식신

식신食神은 나에게 먹을 것을 주는 신이라는 의미다. 나의 재를 생하기 때문이다. 내가 생하는데 음양이 같다. 인간관계는 할머니, 여자에게는 자식, 남자에게는 장모, 나의 아랫사람에 해당된다. 식신의 심리는 탐구하는 내향성이다.

장점은 온후하고 명랑하다. 공경심이 있고, 남에게 베풀고,

너그럽고, 낙천적이고, 내성적이고, 탐구하는 학자적인 성향이 있다.

단점은 너무 이론적이고, 융통성이 없고, 분발심이 없고, 사회성이 없다.

식신은 먹고 살기 위한 신이므로 음식을 잘 만들고, 잘 먹고, 가무를 즐기는 낙천가다. 식신은 정재를 생하고, 칠살을 제압하여 생명을 보호하므로 수성壽星 또는 복성福星이라고도 한다. 신강할 때는 제일 복성이나 신약할 때 식신이 과다하면, 남자에게는 자식에게 해롭고 여자는 호색하여 남편에게 해롭다.

식신의 간지는 丙辰 丙戌 丁未 丁丑 戊申 己酉다. 식신이 용신이면 교육계나 연구원 또는 음식업도 좋다.

상관

상관傷官은 나의 벼슬에 상처를 준다는 의미다. 나의 정관을 상하게 하기 때문이다. 여자에게는 정관이 남편인데 남편을 상하게 한다는 의미다. 내가 생하는데 음양이 다르다. 인간관계는 할머니, 여자에게는 자식, 남자에게는 장모이고, 나의 아랫사람에 해당된다. 상관의 심리는 자신을 드러내는 외향성이다.

장점은 다재다능하고 영리하다. 다방면에 재능이 있고, 남에게 베풀고, 말을 잘하고, 자신을 잘 드러낸다.

단점은 자신을 너무 드러내려 하고, 즉흥적이고, 말이 많고, 비밀을 지키지 못하고, 잘난 체하고, 승부욕이 강하고, 교만하고, 사람을 얕보고, 계교가 많다.

신약할 때 상관이 과다하면, 관을 손상하여 남자는 자식에게 해롭고, 여자는 식신보다 남편에게 더 해롭다. 신강할 때는 종교가나 예술가로 이름을 날릴 수도 있다.

상관의 간지는 甲午 乙巳 庚子 辛亥다. 상관이 용신이면 교육이나 언론 또는 영업직 등도 좋다.

편재

편재偏財는 한쪽으로 치우친 재물이라는 의미다. 내가 극하는데 음양이 같다. 인간관계는 남녀 모두 아버지에 해당한다. 남자에게는 부인이나 첩, 여자에게는 시어머니에 해당한다. 내가 통제하는 사람인 종업원도 편재에 해당한다. 편재의 심리는 지배하려는 성향이다.

장점은 매사에 민첩하고, 기교가 있고, 빈틈이 없다. 활동적이고, 요령이 있고, 다정다감하고, 남을 잘 도와준다.

단점은 안일에 빠지고, 투기나 요행을 바라는 한탕주의 성향이 있고, 재물에 너무 집착하기도 하나, 때로는 낭비도 심하고, 자기 마음대로 하는 성향이 강하고, 남의 일에 참견을 잘하고, 주색을 좋아한다.

편재의 간지는 甲辰 乙未 乙丑 丙申 丁酉 庚寅 辛卯다. 편재가 용신이면 상업이나 무역 투기업 개인사업도 좋다. 신강사주에 편재가 용신이면 거부巨富가 될 수도 있다.

정재

정재正財는 올바른 재물이라는 의미다. 내가 극하는데 음양이 다르다. 인간관계는 남자에게는 부인, 여자에게는 시어머니가 되고, 남녀 모두 아버지뻘이 되는 사람에 해당한다. 내가 통제하는 사람도 정재에 해당한다. 정재의 심리는 합리적인 욕구다.

장점은 정직하고, 성실하고, 조심성이 있다. 정의롭고, 부지런하고, 근검절약하고, 계산이 정확하다.

단점은 재물에 대한 집착이 강하고, 인색하고, 결단력이 없고, 게으르고, 식도락과 같은 취미가 있다.

정재는 노력한 대가만큼 얻은 수입이나 상속 받은 재물이다. 신강에 정재는 부귀 번영하고 가정이 평안하나, 신약에는 오히려 빈한하고 졸렬하고 공처가가 되기 쉽다.

정재의 간지는 戊子 己亥 壬午 癸巳다. 정재가 용신이면 경제계 금융계도 좋으며, 수입이 고정적인 봉급생활자도 좋다.

편관

편관偏官은 한쪽으로 치우친 벼슬이라는 의미다. 나를 극하는데 음양이 같다. 인간관계는 남자에게는 자식이고, 여자에게는 남편이고 시누이고 며느리다. 직장의 상사도 여기에 해당된다. 편관의 심리는 극기하는 인내심이다.

장점은 총명하고, 의협심이 강하다. 그릇이 크고, 체면과 명예를 중시하고, 희생정신이 강하고, 과단성이 있고, 자신에게 엄격하다.

단점은 자신이 세운 원칙만을 지나치게 고수하므로 융통성이 없고, 독선적이고, 권력 지향적이고, 모험심이 많고, 흉포할 수 있다.

편관은 나를 극하는 성향이 정관보다 강하며, 비합리적이고 강제적으로 나를 억압하는 힘이다. 그래서 편관을 부정적인 의미로 칠살七殺이라고 한다. 여자가 편관 또는 정관이 많으면, 관살혼잡이라 하여 남편이 많은 경우이므로 정조 관념이 없을 수 있다.

편관의 간지는 甲申 乙酉 戊寅 己卯 壬辰 壬戌 癸未 癸丑이다. 편관이 용신이면 약간은 모험적이고 희생정신이 요구되는 경찰 군인 법조계 등이 좋다.

정관

정관正官은 올바른 벼슬이라는 의미다. 나를 극하는데 음양이 다르다. 인간관계는 여자에게는 남편이고 며느리고, 남자에게는 자식이다. 직장의 상사도 여기에 해당된다. 정관의 심리는 공평정대한 성향이다.

장점은 책임감이 강하고, 정직하고, 합리적이고, 관대하다. 이타적이고, 준법정신이 강하고, 매사에 지성이고, 인자하고, 관대하다.

단점은 너무 원칙적이고, 공익만을 우선으로 하기 때문에 융통성이 없고, 의지가 약하다.

그러나 정관에는 벼슬, 정도, 명예 등의 좋은 덕성이 더욱 많다. 정관은 하나만 있는 것이 좋으며, 형이나 충이 되지 않으면 군자며, 강직하고 현명하다. 인수印綬가 있어서 관인 상생하거나 정편재가 있으면 더욱 좋다. 정관이 많으면 흉신인 관귀로 보며, 여자는 일부종사하기 어렵다.

정관의 간지는 丙子 丁亥 庚午 辛巳다. 정관이 용신이면 정직함을 요구하는 모든 직업이 좋다. 특히 공무원이 적합하다.

편인

정인과 편인을 인수印綬라 하는데, 인수의 원래 의미는 도장에 달린 끈이라는 의미다. 과거에 벼슬을 하면 관인官印을 주는데, 거기에 달린 끈으로 묶어서 차고 다녔다. 그래서 인수는 벼슬을 해서 내 생명을 살린다는 의미다.

편인偏印은 한쪽으로 치우친 문서라는 의미다. 나를 생하는데 음양이 같다. 나를 키워 준 무정한 계모로 비유한다. 인간관계는 남자에게는 장인이고, 여자에게는 사위이고, 스승이나 나의 윗사람도 여기에 해당된다. 편인의 심리는 사색적이다.

장점은 성격이 활발하고, 종횡무진하는 재능이 있다. 직관이 뛰어나고, 임기응변이 강하다. 깊이 몰입하고 사색하기 때문에, 남과 다른 특수한 기예가 있다.

단점은 지나치게 신비적이거나 내향적으로만 탐구하기 때문에, 고독하고, 폐쇄적이고 회의적이다. 그래서 철학 종교 의학 예술과 같은 특수한 방면에 두각을 나타내기도 하나, 권태가 심하여 용두사미가 되기도 한다.

특히 신강사주에 식신이 용신일 경우에는 편인의 부정적인 성향이 강하게 나타난다. 그래서 내 밥그릇인 식신을 엎는다는 의미로 도식倒食이라고도 한다. 또는 자식을 잡아먹는다는 부엉이라고 하여 효신梟神이라고도 한다. 그래서 편인이 많으면 빈궁하다.

편인의 간지는 丙寅 丁卯 庚辰 庚戌 辛未 辛丑 壬申 癸酉다. 편인이 용신이면 종교 철학 의학 등과 같은 특수한 분야나, 비생산적인 직업이 좋다.

정인

정인은 올바른 문서라는 의미다. 나를 생하는데 음양이 다르다. 인간관계로는 인자한 친모에 해당한다. 스승이나 나의 윗사람도 여기에 해당된다. 정인의 심리는 자애이다.

장점은 총명하고, 인자하다. 너그럽고, 합리적이고, 단정하다.

단점은 부모나 스승의 뜻을 무비판적으로 받아들이고, 보수적이고, 타인에 대한 배려가 없고, 지나치게 수동적이고, 재물에 대한 관심이 크게 없고, 게으르다.

그러나 정인에는 학문, 도덕, 부동산, 자격증, 자비와 같은 좋은 덕성이 많다. 신강사주에 인성이 너무 많으면 처자에게 해롭다.

정인의 간지는 甲子 乙亥 戊午 己巳다. 정인이 용신이면 지식을 이용하는 교육계가 좋으며, 음식과 관련된 직업도 좋다.

7

일간 희기론

1
천간 사이의 희기

사주에서 나를 상징하고 주체가 되는 간지는 일간이다. 이 일간은 좋아하고 싫어하는 천간이 있다. 이렇게 좋아하고 싫어하는 간지를 논하는 것을 희기론喜忌論이라 한다. 예를 들어 甲木이 관살을 용신으로 할 경우에, 甲木은 편관인 庚金은 좋아하나 정관인 辛金은 싫어한다. 이렇게 모든 천간은 좋아하고 싫어하는 천간이 있다. 이를 통해서 용신의 진가眞假나 사주의 청탁清濁이나 고저高低 등을 판단할 수 있다.

甲木일간

甲甲: 거목 옆에 거목이 있다. 비견으로 의기투합하여 좋은 관계다. 천간 2개가 이처럼 나란히 있어서 좋은 것은 甲木과 丁火뿐이다. 甲甲甲이면 막을 자가 없다.

甲乙: 거목을 타고 오르는 덩굴풀이다. 겁재로 나쁜 관계다. 그러나 甲木은 戊土에 뿌리를 내리지 못하나, 乙木이 있으면 뿌리를 내린다. 癸水가 있으면 더욱 좋다.

甲丙: 거목을 비추는 태양이다. 식신으로 좋은 관계. 丙火가 강하면 癸水가 필요하다.

甲丁: 거목을 태우는 불이다. 상관으로 나쁜 관계다. 단 가을과 겨울의 甲木이 마른 장작이 될 경우에는 좋다.

甲戊: 거목이 메마른 산에 있다. 편재로 나쁜 관계다. 甲木은 戊土에 뿌리를 내리지 못하나, 수기가 있으면 가능하다. 辰土에는 뿌리를 내리면, 火가 많아도 두렵지 않다.

甲己: 과실수가 밭에 있다. 정재이고 간합으로 좋은 관계다. 여기에 丙火가 있으면 더욱 좋다.

甲庚: 거목을 가지치기하는 도끼다. 편관이나 좋은 관계다. 그러나 이른 봄에는 庚金이 필요 없다. 甲庚丁이면 도끼로 장작을 쪼개서 불을 피운다는 벽갑인정劈甲引丁으로 좋은 관계다.

甲申: 거목에 상처만 내는 작은 칼이다. 정관이나 좋은 작용을 못한다.

甲壬: 거목 옆에 있는 호수다. 편인으로 좋은 관계는 아니나, 丙火가 있으면 연못가의 버드나무처럼 힘이 나서 좋다.

甲癸: 거목에 내리는 비다. 정인으로 좋은 관계다. 봄과 여름에는 아주 좋고, 겨울에는 도움이 안 되는 경우가 많다.

乙木일간

乙甲: 덩굴풀이 타고 오르는 거목이다. 이를 등라계갑藤蘿繫甲

이라 한다. 겁재이나 좋은 관계다. 乙木이 약할 경우에는 인성보다는 이 겁재를 좋아한다. 甲木이 용신이면 두려울 것이 없다. 여기에 丙火나 癸水가 있으면 더욱 좋다.

乙乙: 잡초 옆에 있는 잡초다. 비견으로 나쁜 관계다.

乙丙: 곡식을 비추는 태양이다. 이를 염양려화艶陽麗花라 한다. 상관이나 좋은 관계다. 음간인 乙丁辛은 강할 경우에는 관살보다는 상관을 좋아한다.

乙丁: 곡식을 태우는 모닥불이다. 식신이나 나쁜 관계다.

乙戊: 초목이 뿌리를 내리는 광야다. 정재로 좋은 관계다.

乙己: 곡식이 자라는 논밭이다. 여기에 丙火가 있으면 더욱 좋다.

乙庚: 초목 옆에 있는 바위다. 정관이나 나쁜 관계다. 연약한 乙木은 강한 庚金을 두려워한다. 이를 백호창광白虎猖狂이라 한다. 정관이고 천간합이라고 좋아할 것이 아니다.

乙辛: 초목을 자르는 칼이다. 편관으로 나쁜 관계다.

乙壬: 초목 옆에 있는 호수다. 정인으로 좋은 관계다. 그러나 水가 많으면 떠내려간다. 丙火가 있으면 더욱 좋다.

乙癸: 초목에 내리는 비다. 편인이나 좋은 관계다. 봄과 여름에는 아주 좋고, 겨울에는 안 좋은 경우가 많다.

丙火 일간

丙甲: 태양이 키우는 거목이다. 편인이나 丙火에게는 아무 작용을 못한다. 丙火가 인성의 도움을 필요로 하는 경우는 거의 없다.

丙乙: 태양이 키우는 초목이다. 정인이나 丙火에게는 아무 작용을 못한다. 丙火는 인성의 도움을 필요로 하는 경우는 거의 없다.

丙丙: 태양 옆에 있는 태양이다. 비견으로 해롭다. 癸水가 필요하다.

丙丁: 태양이 떴는데 등불이 있다. 겁재로 도움이 되지 않는다.

丙戊: 태양이 비추는 대지다. 식신으로 좋은 관계다.

丙己: 태양이 비추는 논밭이다. 상관으로 좋은 관계다.

丙庚: 태양이 비추는 바위다. 태양은 바위를 녹일 수 없고 뜨겁게만 한다. 편재로 좋은 관계가 아니다.

丙辛: 태양이 비추는 보석이다. 보석이 빛이 난다. 정재로 좋은 관계다.

丙壬: 태양이 비추는 호수다. 이를 강휘상영江暉相暎이라 한다. 편관이나 좋은 관계다. 丙火가 투간되어 있으면 壬水가 많은 부목도 구제할 수 있다.

丙癸: 태양을 가리는 구름이다. 이를 흑운차일黑雲遮日이라 한다. 정관이나 좋은 관계가 아니다. 丙火가 지나칠 경우에만 癸水가 필요하다.

丁火일간

丁甲: 모닥불을 피우는 장작이다. 정인으로 좋은 관계다. 丁火는 아무리 약해도 건조한 甲木만 있으면 두려워할 것이 없다. 그러나 생목이면 좋지 않다. 이때 庚金이 있으면, 거목을 도끼로 쪼개어 불을 붙이는 격이다. 이를 벽갑인정劈甲引丁이라 한다.

丁乙: 모닥불을 잘 피우지 못하는 초목이다. 乙木은 생목이라 잘 타지 않는다. 편인으로 좋은 관계가 아니다.

丁丙: 등불이 있는데 태양이 떴다. 등불이 빛을 잃는다. 겁재로 나쁜 관계다.

丁丁: 등불 옆에 등불이다. 이를 양화위염兩火爲炎이라 한다. 비견으로 좋은 관계다. 비견으로 좋은 관계는 음간은 丁火이고 양간은 甲木이다.

丁戊: 모닥불이 잘 타오르게 하는 메마른 땅이다. 戊土는 丁火의 화로와 같기 때문에, 이를 유화유로有火有爐라 한다. 상관이나 좋은 관계다. 戊土는 丁火가 강할 경우에는 약하게, 약할 경우에는 강하게 한다.

丁己: 모닥불을 꺼트리는 습기 있는 논밭이다. 식신이나 좋은 관계가 아니다.

丁庚: 화롯불이 제련하는 무쇠다. 정재로 좋은 관계다. 戊土가 있으면, 화로에 있는 불이 무쇠를 제련하는 격이니 더욱 좋다.

丁辛: 화롯불에 녹는 보석이다. 편재로 나쁜 관계다.

丁壬: 등불이 비추는 호수다. 정관이고 천간합이다. 좋은 관계다.

丁癸: 모닥불을 꺼트리는 비다. 편관으로 나쁜 관계다. 조후작용으로만 좋을 수 있다.

戊土일간

戊甲: 메마른 산에 있는 거목이다. 甲木은 戊土에 뿌리를 내리지 못하므로 좋은 관계는 아니다. 그러나 癸水가 있으면 뿌리를 내린다.

戊乙: 메마른 산에 있는 초목이다. 초목은 메마른 산에서도 잘 적응한다. 정관으로 좋은 관계다.

戊丙: 높은 산을 비추는 태양이다. 이를 일출동산日出東山이라 한다. 편인이나 좋은 관계다.

戊丁: 화로에 있는 불이다. 이를 유로유화有爐有火라 한다. 정인으로 좋은 관계다. 甲木이 있으면, 장작으로 화로에 불을 피우는 격이라 더욱 좋다.

戊戊: 높은 산 옆에 있는 높은 산이다. 비겁으로 나쁜 관계다.

戊己: 깨끗한 산에 거름기 있는 논밭의 흙이다. 겁재로 나쁜 관계다.

戊庚: 큰 산에 있는 바위다. 식신으로 좋은 관계다.

戊辛: 큰 산에 묻힌 보석이다. 상관으로 좋은 관계가 아니다.

戊壬: 큰 산 옆에 있는 호수다. 편재이나 좋은 관계다. 여기에 丙火가 오면 더욱 좋다.

戊癸: 메마른 땅에 내리는 비다. 정재이고 천간합이다. 좋은 관계다.

己土 일간

己甲: 정원에 있는 과실수다. 정관이고 천간합이다. 甲木 입장에서 己土는 좋으나 己土 입장에서 甲木은 좋을 수도 있고 나쁠 수도 있다.

己乙: 논밭에 있는 잡초다. 편관으로 나쁜 관계다.

己丙: 논밭을 비추는 태양이다. 이를 대지보조大地普照라 한다. 정인으로 좋은 관계다.
　　己丁: 논밭에 있는 모닥불이다. 좋은 관계가 아닌 경우가 많다.
　　己戊: 논밭 옆에 있는 산이다. 겁재로 좋은 관계가 아니다.
　　己己: 논밭 옆에 있는 논밭이다. 비견으로 나쁜 관계다.
　　己庚: 논밭에 있는 바위다. 나쁜 관계다.
　　己辛: 논밭에 묻힌 보석이다. 나쁜 관계다.
　　己壬: 논밭으로 넘치는 강물이다. 나쁜 관계다.
　　己癸: 논밭에 내리는 비다. 이를 옥토위생沃土爲生이라 한다. 좋은 관계다.

庚金일간

　　庚甲: 도끼가 가지를 치는 거목이다. 좋은 관계다. 특히 가을과 겨울의 庚金에 甲木은 좋은 관계다.
　　庚乙: 바위에 기댄 덩굴풀이다. 정재이고 천간합이다. 좋은 관계다.
　　庚丙: 바위를 비추는 태양이다. 편관으로 나쁜 관계다. 가을과 겨울에는 조후로 좋다.
　　庚丁: 무쇠를 제련하는 화롯불이다. 이를 화련진금火鍊眞金이라 한다. 정관으로 좋은 관계다. 戊土가 있으면 무쇠가 용광로 속에서 화롯불로 제련되는 형국으로 아주 좋다.
　　庚戊: 바위가 의지하는 큰 산이다. 편인이나 좋은 관계다.
　　庚己: 무쇠를 더럽히는 논밭 흙이다. 정인이나 나쁜 관계다.
　　庚庚: 바위 옆에 있는 바위다. 비견으로 나쁜 관계다.
　　庚辛: 도끼 옆에 있는 작은 칼이다. 겁재로 나쁜 관계다.

庚壬: 도끼를 씻는 맑은 물이다. 식신으로 좋은 관계다.
庚癸: 도끼를 녹슬게 하는 비다. 상관으로 나쁜 관계다.

辛金일간

辛甲: 작은 칼로 자를 수 없는 거목이다. 정재이나 좋은 관계가 아니다.

辛乙: 작은 칼로 자를 수 있는 초목이다. 편재이고 상충으로 좋은 관계가 아니다.

辛丙: 보석을 비추는 태양이다. 정관으로 좋은 관계다. 丙火는 辛金을 녹일 수 없다.

辛丁: 보석을 녹이는 화롯불이다. 이를 화소주옥火燒珠玉이라 한다. 나쁜 관계다.

辛戊: 보석을 묻어 버리는 황야의 흙이다. 정인이나 나쁜 관계다. 辛金은 土를 싫어한다.

辛己: 보석을 더럽히는 논밭 흙이다. 편인으로 나쁜 관계다. 매우 신약할 때는 戊土보다는 己土를 좋아한다.

辛庚: 면도칼 옆에 있는 도끼다. 겁재로 나쁜 관계다.

辛辛: 보석 옆에 있는 보석이다. 두 보석이 서로 잘난 체한다. 나쁜 관계다.

辛壬: 보석을 씻어 주는 맑은 물이다. 이를 도세주옥陶洗珠玉이라 한다. 상관이지만 좋은 관계다.

辛癸: 보석을 녹슬게 하는 더러운 물이다. 식신이지만 나쁜 관계다.

壬水 일간

壬甲: 호숫가에 있는 버드나무다. 식신으로 좋은 관계다. 여기에 丙火가 있으면 더욱 좋다.

壬乙: 호수에 핀 연꽃이다. 상관이나 좋은 관계다. 여기에 丙火가 있으면 더욱 좋다.

壬丙: 호수를 비추는 태양이다. 이를 강휘상영江暉相暎이라 한다. 편재로 좋은 관계다.

壬丁: 호수를 비추는 등불이다. 정재로 좋은 관계다.

壬戊: 호수 옆에 있는 산이다. 편관이나 좋은 관계다.

壬己: 맑은 물을 더럽히는 거름기 있는 논밭의 흙이다. 이를 기토탁임己土濁壬이라 한다. 정관이지만 가장 나쁜 관계다.

壬庚: 호수 옆에 있는 바위다. 이를 경발수원庚發水源이라 한다. 편인으로 좋은 관계다.

壬辛: 호수 옆에 있는 보석이다. 정인이나 작용력이 거의 없다.

壬壬: 호수 옆에 있는 호수다. 비견으로 나쁜 관계다.

壬癸: 호수에 내리는 비다. 겁재로 나쁜 관계다.

癸水 일간

癸甲: 비가 생육시키는 거목이다. 상관이나 좋은 관계다.

癸乙: 비가 생육시키는 곡식이다. 식신으로 좋은 관계다.

癸丙: 비가 내리는데 뜬 태양이다. 정재이나 나쁜 관계다.

癸丁: 비가 내리는데 피운 모닥불이다. 나쁜 관계다.

癸戊: 비가 내리는 메마른 땅이다. 정관으로 좋은 관계다.

癸己: 비가 내리는 논밭이다. 이를 습윤옥토濕潤沃土라 한다.

좋은 관계다.

癸庚: 옹달샘 옆에 있는 바위다. 정인이나 좋은 관계가 아니다.

癸辛: 옹달샘 옆에 있는 보석이다. 편인으로 나쁜 관계다. 庚辛金은 癸水를 만나면 녹이 슨다.

癸壬: 옹달샘 옆에 있는 호수다. 나쁜 관계다.

癸癸: 옹달샘 옆에 있는 옹달샘이다. 나쁜 관계다.

2

일주의 월별 희기론

앞의 일간 희기론에서 본 바처럼, 모든 천간은 좋아하고 싫어하는 천간이 있다. 이와 마찬가지로 어느 달에 태어났는가에 따라서도 희기가 결정된다. 더욱이 태어난 달은 사주에 가장 영향력이 크기 때문에, 월령月令이라고 한다.『적천수』에서는 "월령은 모든 세력의 중심부다(月令提綱之府)."라고 한다. 왜냐하면 사주의 한서조습은 물론이고, 격국과 용신 등이 이 월령에 따라서 좌우되기 때문이다. 따라서 이 월별 희기론은 사주 판단의 결정적인 요소이기 때문에, 바르게 잘 이해해야 한다. 이에 관한 이론을 중심으로 한 고전이『궁통보감』이다.

甲木
寅월: 寅월은 추위가 남아 있기 때문에, 丙火가 우선이다. 이를 한목향양寒木向陽이라 한다. 다음은 癸水인데, 丙火와 떨어져 있거나 지지에 암장되어 있는 것이 좋다. 수생목보다는 丙丁火의 따뜻함을 좋아한다. 水가 왕하면 물이 많아 나무가 뜬다. 이때는 戊土로 막고 火로 따뜻하게 해야 한다. 寅월의 甲木은 어린 싹과 같기 때문에, 庚金이 극목하면 안 된다. 이때 丙火가 제금하고 甲木을 따뜻하게 해 주면 좋다. 丁火는 제금은 잘하나, 따뜻하게 하기에는 부족하다. 土는 착근에 도움이 된다. 우수 후에는 火가 있으면, 甲木의 왕성한 기세를 설기하여 밝아지는 목화통명木火通明이 되므로 부귀를 누리고, 金이 있으면 재목을 만들므로 귀격이 될 수 있다.

卯월: 卯월은 양인월인데, 양인이 중첩되면 흉하다. 양인월은 목왕절이므로 庚金으로 가지치기를 한다. 庚金이 투출하면 양인합살격이다. 庚金이 약할 때이므로, 戊己土로 도우면 귀격이다. 庚金이 너무 강하면 丙丁火로 극해야하나, 丙火보다는 丁火가 낫다. 庚金이 없고 丙火가 투출하여 목화통명이 되면 부귀격이다. 丙火 없이 丁火만 있는 목화통명이면, 지지에 寅巳午 등이 있어 통근되어야 한다. 寅월은 조후로서 丙火가 필요하고, 卯월은 수기를 설기시키는 丁火가 丙火보다 낫다. 그러나 火가 태다하면 오히려 水로 조후해야 한다.

辰월: 辰월 청명 초는 목기가 유여하고, 한기가 있으므로 火로서 보온해야 하고, 곡우 후에는 庚金으로 다스리고, 또한 화지火地에 가깝기 때문에 壬水로 도와야 한다. 癸水는 辰 중 戊土와 합화하기 때문에 壬水를 쓴다. 곡우 후에 庚金이 있으면 丁火로 단련해야 하나, 丁火가 없으면 壬水로 살인상생하여 일주를 도와야 한다. 庚金은 없고 土가 많으면 재다신약이므로 壬水와 甲木이 필요하다.

巳월: 巳월은 점차로 뜨거워지는 때이므로, 癸水로 도와야 한다. 癸水만 있으면 증발될 수 있기 때문에, 庚金이 필요하다. 癸水와 庚金이 없어 壬水와 辛金을 쓰면, 격이 떨어진다. 巳 중 庚金이 투간하여 세력이 너무 강하면 癸水로 관인상생하거나, 丁火로 다스린다. 土가 많으면 木으로 소토해야 한다.

午월: 午월은 水가 고갈되므로 빨리 癸水로 도와줘야 하고, 庚金이 癸水를 생해야 한다. 癸水가 없으면 壬水를 쓰며, 水를 생하는 金기가 있어야 수원이 고갈되지 않는다. 庚金이 너무 강하면 木이 약할 때이므로, 癸水로 金기를 설기하여 甲木을 도우면 가장 아름다우나, 丁火로 다스려도 된다. 木이 성하면 金을 쓰고, 庚金이 왕하면 丁火를 쓴다. 좌하에 辰土가 있으면 대길하며 丑土는 차길이다.

未월: 소서절에는 午월과 같이 甲木은 水가 고갈되기 때문에, 우선은 癸水로 도와야 하고, 庚金으로 水를 생해야 한다. 대서 후에는 土가 성하므로 水木을 병용한다. 木이 성하면 庚金을 쓰고, 火가 많으면 金水를 병용한다. 대서 후에 金水가 태성하면 삼복이라도 생한生寒하므로 丙火로 金을 제복해야 길하다.

申월: 목기가 노쇠하기 시작하는 시기이므로, 천간에 丙丁火가 있고 지지에 수기가 암장되어 있으면, 목기가 갱생되어 부귀겸전한다. 천간에 庚金이 투출하고 丁火가 있으면 부귀격인데, 丁火가 없고 癸水가 있으면 살인상생으로 귀격이나, 청랭하여 재물이 부족하다. 申월은 庚金이 강하므로 丁火를 우선으로 한다. 신약하면 壬水와 甲木으로 돕는다. 金水가 왕해서 한랭하면 丙火가 필요하다. 가장 꺼리는 것은 戊己土인데, 火를 쓸 경우에는 화기를 설기하고, 水를 쓰는 경우에는 水를 극하기 때문이다.

酉월: 酉월은 금왕절이므로 목기가 극히 약하다. 강금을 극제할 丁火가 우선이고 다음은 丙火다. 丁火는 金을 단련하고 丙火는 조후한다. 하나의 丁火와 庚金이 투출하면 부귀할 격이나, 癸水가 투출하여 丁火를 극제하면 불길하다. 丙火와 己土가 투간하고 지지에 수기가 암장되어 있으면 부귀안락하다. 신약하면 壬水와 甲木으로 돕지만, 丙火를 보는 것이 중요하다.

戌월: 戌월은 목기가 무력하고 건토가 왕하므로, 우선 甲木으로 소토하고 癸水로 윤택하게 한다. 丁壬癸가 배합이 잘 되어 있으면 안락한 인생이다. 木이 왕하면 庚金을 쓰며, 庚金이 왕하면 丁火가 희신이다. 木이 많은데 庚金이 없으면 丙丁火로 설하지만, 격에 들지는 못한다. 가을 나무가 水가 없이 火로만 설기가 심하면, 木이 왕한 계절이 아니므로 아름답지 못하다. 신약하면 인성과 비겁을 쓴다.

亥월: 亥월은 추워지는 초겨울이므로 우선 丙火로 조후하고, 水가 왕하므로 이를 다스릴 戊土가 필요하다. 己土는 음간으로 투출해도 그 성질이 약하고, 지지에 午未戌 등이 있어야 온난한 기운을 도울 수 있다. 甲木이 많으면 庚金이 필요하다. 庚金이 너무 강하면 丁火로 다스린다. 신약하면 寅과 卯를 기뻐하는데 이때에는 丙火가 있어야 한다. 丙火가 없으면 수생목이 이루어지지 않는다. 亥월 甲木은 식신 丙火, 재성 戊土, 편관 庚金이 모두 나타나 있으면 최고의 격이다.

　子월: 동지 전은 극히 한랭하므로 우선 조후로 丙火가 필요하고, 水가 범람하므로 이를 다스릴 戊土가 필요하다. 丙火와 戊土가 함께 있으면 귀격이다. 丙戊가 투출하지 않고, 지지에 寅巳午未戌 등이 있으면 중격이다. 동지 후에는 일양이 시생하므로 木火土가 함께 성하면 부귀격이고, 여기에 庚金이 투출하고 丁火가 있으면 벽갑인정으로 대부귀격이다. 신약하면 寅과 卯로 돕는데, 이때에는 丙火가 있어야 한다.

　丑월: 丑월은 소한 대한의 절기로 가장 추운 계절이라, 木이 생발하는 기색이 없는 사목死木이다. 그래서 庚金으로 甲木을 쪼개서 丁火로 인화하여야 목화통명을 얻을 수 있다. 그래서 庚金과 丁火가 투출하면 부귀격이다. 庚金이 없으면 귀하지 못하고, 丁火가 없으면 부하지 못하다. 신약하면 비견 甲木이 있어야 丁火를 활발하게 한다. 생목이면 우선 丙火로 조후하는데, 특히 寅이 절대적으로 필요하다. 寅 중에는 甲木과 丙火가 있어서 비견으로 돕고, 丙火로 따뜻하게 하여 목생화木生火를 이루기 때문이다. 丑월은 土가 강할 때이므로 水가 왕하지 않으면 戊土가 필요하지 않다.

乙木

　寅월: 이른 봄의 한기가 있으므로 먼저 丙火로 따뜻하게 하고, 癸水로 윤택하게 해야 한다. 丙火와 癸水는 서로 떨어져 있어서 장애가 없어야 한다. 丙火는 천간에 있고, 癸水는 지지에 있는 것도 좋다. 壬水가 투출하면, 丙火를 극하여 불길하다. 水

가 많으면, 떠내려가므로 土가 필요하다. 寅월의 乙木은 金을 매우 두려워하므로, 金이 있을 경우에는 火로 다스려야 한다.

卯월: 卯월은 木이 왕하므로, 丙火로 설기하고 癸水로 뿌리를 돌본다. 木은 양을 향하여 화함을 좋아하고, 음습한 것을 싫어한다. 그러므로 먼저 丙火를 택하고, 다음에 癸水를 택한다. 활목은 뿌리에 金이 있는 것을 꺼리기 때문에 지지에 金이 없어야 좋다. 봄 乙木은 난초와 같기 때문에, 火土水가 길신이다.

辰월: 청명절은 丙火가 우선이고, 癸水가 차길이다. 곡우 후에는 癸가 우선이고, 다음에 丙火다. 水가 왕하면, 戊土로 다스린다. 己土는 水를 제어하지 못한다. 봄의 乙木은 甲木과는 달리 庚金을 쓰지 않는다. 庚金이 乙木을 합하고자 유혹하기 때문이다.

巳월: 巳월은 巳 중 丙火가 왕하므로, 癸水가 필요하다. 癸水만 있으면 증발될 수 있으므로, 庚辛金의 도움이 필요하다. 庚金은 일간 乙木과 떨어졌어야 자신의 본분을 다하고, 癸水가 없고 辛金이 왕하면 요사한다. 천간에 戊土가 있으면 癸水가 자신의 본분을 다하지 못한다. 丙火와 戊土가 많고 지지에 화국이면, 신상에 결함이 있다.

午월: 하지에 이르기까지 양에 속하므로 癸水의 윤택 작용이 필요하고, 하지 이후에는 삼복에 한기가 생기므로 癸水와 丙火가 둘 다 필요하다. 여름의 乙木은 벼와 같기 때문에, 간지에 수기가 있어야 복신이 된다. 어느 때이든 癸水를 먼저 쓴다. 癸水는 庚辛金의 도움을 기뻐한다. 만약 사주에 金水가 많으면 丙火를 먼저 쓴다. 戊己土가 왕하여 수기를 억제하면 흉하나, 木

이 소토하든지 金이 생수하면 흉이 길로 변한다.

未월: 未월은 뜨겁고 건조한 흙이므로, 癸水가 우선 필요하다. 癸水는 庚辛金의 도움을 기뻐한다. 만약 金水가 많은 경우에는 丙火를 먼저 쓴다. 戊己土가 癸水의 조후를 방해하면, 甲木이 필요하다. 여름의 乙木은 먼저 癸水를 쓰고, 다음에 丙火를 고려한다. 대서 후에는 金水가 태성하면, 삼복에 생한 生寒하므로 목근이 상한다. 이때에는 火로 金을 억제해야 한다.

申월: 申월은 庚金이 강할 때이므로, 丙火로 제살하는 것이 최상이고, 癸水로 화살하는 것이 그 다음이다. 또한 己丑未土가 乙木의 뿌리를 배양해 주면 좋다. 申 중에 壬水가 투간하여 水가 왕하면 戊土로 다스린다. 목기가 태성하면 庚丁을 써야 하며 木이 약하면 癸水를 써야 한다.

酉월: 金기가 태왕한 酉월의 乙木은 계수나무와 같다. 백로절에는 계수나무 꽃이 피지 않았으므로, 癸水를 먼저 쓰고 丙火로 조후 및 제살한다. 추분절에는 계수나무 꽃이 만발했으므로, 丙火를 먼저 쓰고 癸水로 배양 및 화살한다. 즉 추분에 이르기까지는 화기가 있으므로, 癸水를 먼저 쓰고 다음에 丙火를 쓴다. 추분 이후에는 조후를 중시하여 丙火를 먼저 쓰고 다음에 癸水를 쓴다. 추분 전에는 癸水가 없으면, 壬水라도 써야 한다. 지지가 금국을 이루면, 丙丁火로 다스린다. 酉월의 乙木이 水火가 없으면, 金으로 인해 상처를 받아서 삶이 고달프다.

戌월: 戌월은 土가 건조한 때이므로, 우선 癸水가 필요하다. 癸水는 辛金의 도움을 기뻐한다. 土가 왕하므로 甲木으로 다스린다. 서늘한 때이므로, 丙火로 따뜻하게 한다. 壬水는 많아도

乙木을 생하기 어렵다. 寅이나 甲이 있으면, 이것을 등라계갑 藤蘿繫甲이라 金의 극을 두려워하지 않고, 수왕하여도 부목이 될 염려가 없다.

亥월: 亥월은 음습하고 추워지는 계절이므로, 우선 丙火로 조후하고 戊土로 왕성한 壬水를 제거해야 한다. 壬癸水가 많고 戊土가 없으면 乙木은 표류한다. 戊土가 너무 많으면 甲木으로 다스린다. 亥월에는 壬水가 투간되지 않아야 좋다. 丙火가 있고 壬水가 투간되지 않으면, 戊土가 없어도 귀함이 있다. 亥월 乙木은 丙戊가 천간에 있으면 자연스럽게 발전한다. 겨울나무가 癸水를 꺼리는 것은 丙火를 극하고 戊土를 합거하기 때문이다.

子월: 子월은 한기가 극심한 때이므로, 우선 丙火로 조후하고 戊土도 투출하여 제수해야 한다. 丙戊가 암장되면 소격이고, 壬癸水가 천간에 투간되는 것을 크게 꺼린다. 子월의 丙火가 癸水를 만나면, 아름답지 못하다. 만약 丙火가 없으면 丁火로 대신하나, 이때에는 甲木이 丁火를 생해야 한다. 많은 水를 戊土로 다스릴 수 있으나, 丙火가 없으면 부귀를 바랄 수 없다. 겨울 木은 오직 丙火로 해동해야 한다.

丑월: 丑월은 천지가 얼어 있을 때이므로, 무조건 丙火를 써야 한다. 丙火가 없으면 丁火도 쓸 수 있으나, 이때는 子월과 마찬가지로 甲木이 있어야 丁火가 살아난다. 丑월의 乙木은 癸水가 투간되면, 丙火의 기를 파괴하므로 흉명이다. 겨울의 丙火는 목기를 설하는 것이 아니라 오히려 생한다.

丙火

寅월: 寅월의 丙火는 火를 생함이 자왕하니, 壬水를 취하여 화기를 견제하고, 庚金으로 壬水를 돕는다. 우수 전에 金이 많은데 木火의 도움이 없으면, 주색으로 방탕할 수 있다. 壬水가 너무 많으면, 춘한에 丙火가 조화되지 못하므로 戊土로 제살한다. 화국을 이루면 壬癸水가 필요하고, 水가 없으면 戊土가 용신이 되나, 戊土 용신은 그저 평범한 명이다. 월간이나 시간에 辛金이 있으면, 丙辛합을 이루어 丙火가 본분을 망각할 수 있다. 寅월의 丙火는 寅申충을 두려워한다.

卯월: 卯월은 춘난春暖의 절기라서 壬水로 살인상생하면 귀격이며, 庚金이나 辛金으로 壬水를 돕는다. 壬水는 丁火가 가까이 있으면, 합을 이루어 본분을 망각한다. 수기가 너무 많으면 戊土가 약신이다. 壬水가 없다면 己土로 화기를 설하는 것도 나쁘지 않다. 목국은 丙火의 눈을 가리므로, 庚金으로 제벌해야 한다.

辰월: 辰월은 丙火가 왕한 때이므로, 壬水를 전용한다. 辰월은 토왕절이므로 甲木도 필요하다. 壬水와 甲木이 모두 천간에 있으면 대길하다. 壬, 甲 중에 하나만 있으면 중격이고, 전혀 없으면 하격이다. 庚金이 甲木을 극하면 안 된다. 甲木이 없으면 차선책으로 庚金이 壬水를 생한다.

巳월: 巳월은 화기가 왕하고 건록이므로, 우선 壬水로 제화해야 귀명이다. 庚金으로 壬水를 도우면 상격이다. 戊土가 투출하여 壬水를 극하는 것을 꺼린다. 亥 중 壬水는 巳亥충이 되어 쓰지 못하나, 申 중 壬水는 귀하게 쓸 수 있다. 壬水가 없으면 차선책으로 癸水를 쓰는데, 역시 庚金으로 도와야 한다. 水가 너무 많으면 戊土로 다스린다.

午월: 午월은 양인월이므로, 丙火가 매우 강하다. 壬水와 庚金이 천간에 모두 있으면 아름답다. 특히 壬水는 양인가살격羊刃架殺格을 이루어 권세와 위엄을 부여한다. 반드시 庚金이 있어야 양인가살격이 빛이 난다. 壬庚이 없이 戊己土를 쓰면 수운이 와도 토극수가 되어 흉하다. 壬水가 없으면 癸水도 쓸 수 있다. 지지에 申金이 있어 金水가 암장되어 있으면 묘격이다.

未월: 未월은 화염토조火炎土燥한 때이므로, 壬水와 庚金이 천간에 모두 있으면 아름답다. 壬水가 庚金의 도움을 받지 못하면, 큰 부귀를 누릴 수 없다. 이때 戊己土가 투간되면, 壬水가 극을 받아 탁수가 되어 부귀와는 멀어진다. 巳午월 丙火는 金水운을 반기나 未월 丙火는 양기가 쇠퇴하는 때이므로 木火운을 반긴다.

申월: 화기가 점차 쇠약해지는 시기이나, 입추절에는 노염이 있으므로, 壬水가 투출하면 견수현절見水顯節하여 귀격이다. 처서 후에도 壬水가 투간되어야 귀격이나 신왕살왕해야 권력고관이다. 申월은 태양이 서쪽으로 기우는 때이므로, 火가 약하면 木火가 필요하다. 木火가 많으면 金水가 희용신이다. 壬水가 많으면 戊土로 제살한다. 칠살이 제극되지 않아도 안 되고, 너무 제극해도 안 된다.

酉월: 申월과 같으나, 丙火가 통근하고 하나의 壬이 투간하면 고귀한 격이다. 丙火가 壬水를 보면, 태양이 바다나 호수를 비추듯이 아름다운 형상이다. 신강하면 壬水를 쓰는데 재성이 이를 도우면 부귀를 누린다. 壬水가 없으면 癸水를 쓰는데 이때는 木이 있어야 한다. 火가 약하면 木火가 필요하다. 그러나 木火가 많으면 金水가 희용신이다. 戊土가 수기를 너무 억제하면 안 된다. 辛金이 투출하면 丁火가 辛金을 제어해야 한다.

戌월: 戌월은 土가 왕하여 丙火의 설기가 심하므로, 甲木으로 제토하고 생화하면 귀격이다. 다음으로 壬水로 丙火의 빛을 반조한다. 甲木과 壬水가 천간에 모두 있으면 대길하다. 이때 庚金이 甲木을 극하고, 戊土가 壬水를 극하면 불리하다. 壬水가 없고 癸水가 있으면 조후하므로 가용이며, 壬癸가 암장되면 중격이다.

亥월: 태양이 실령失令한 때이므로, 우선 甲木으로 관인상생을 시키는 것이 좋다. 亥 가운데 甲木과 壬水가 접속상생하여 길신이다. 또한 亥월은 水가 왕하니 戊土로 제한다. 木이 많으면 庚金으로 다스리는데, 이때의 庚金은 丁火로 다듬어야 한다. 火가 왕하면 壬水를 쓴다. 土가 과다하면 木으로 소토해야 중화로 길하다.

子월: 동지에 이르기까지는 亥월과 같아서 우선 甲木을 쓰고, 戊土로 왕한 水를 다스린다. 동지 이후에는 양이 생겨서 火가 돋우어지므로, 壬水가 투출해야 귀명이다. 丙火는 壬水의 반조를 기뻐한다. 戊土로 제수할 수 있으나, 己土는 탁수를 초래하므로 쓰지 않는다. 己土만 있을 때에는 지지에 未戌 온토溫土가 협조해야 쓴다. 子월의 丙火에는 甲木과 戊土가 필요하지만, 戊土로 제수할 때 甲木이 나타나면 戊土가 공을 이루지 못하여 불리하다. 대개의 동화는 지지에 寅巳 등이 있어야 귀명인 까닭은 추운 겨울의 약한 불을 생조통근生助通根하기 때문이다.

丑월: 丑월은 춥고 土가 왕하므로, 甲木으로 생화하고 제토해야 한다. 다음으로 壬水를 취한다. 甲木과 壬水가 천간에 있으면 대길하다. 甲木이 감추어져 있으면 木火운이 길하다.

丁火

寅월: 寅 중에 木火가 있어서 일간 丁火는 너무 뜨거워지므로 중화를 이루지 못한다. 그러므로 재관인 庚壬을 쓴다. 甲木이 있어 모왕하므로 먼저 庚金으로 벽갑인정劈甲引丁해야 하기 때문에, 庚金을 용신으로 잡고 그 다음에 壬水를 취한다. 甲木만 투간하고 庚壬이 없으면 하격이다. 우수 후에는 壬水가 투출하고 庚金을 만나면 대귀하며, 火가 많은데 庚壬이 없으면 천격이다.

卯월: 卯월은 木이 왕하므로, 우선 庚金으로 제목해야 한다. 庚金은 土의 도움을 기뻐한다. 乙木과 庚金이 천간에 있으면, 庚金의 역할이 무력해진다. 乙木은 습목으로 생화를 못하므로, 甲木이 투출해야 한다. 甲木과 庚金이 천간에 모두 있으면 대길하다. 水가 많으면 습기가 많아서 생화를 못하여 불길하며, 木이 많은데 金이 없어도 하격이다. 水가 적고 金土가 있는 것은 길하다.

辰월: 辰 중 戊土가 당령하므로 丁火가 설기되어 약하다. 甲木을 용신으로 삼는다. 甲木은 水의 도움을 기뻐한다. 木이 성하면 庚金을 용신으로 삼는다. 庚金은 土의 도움을 기뻐한다. 수국을 이루면 戊土를 용신으로 삼는다. 戊土는 火의 도움을 기뻐한다. 辰月의 丁火에 甲木이 용신이면, 상관패인격傷官佩印格이다. 甲木은 왕한 土를 다스리고 丁火의 기세를 돋운다.

巳月: 丁火는 음유하기 때문에, 왕지에 있어도 기가 바르지 못하다. 巳月의 巳 중 戊土는 丁火의 기를 설하고, 丙火는 丁火의 빛을 빼앗으므로 丁火가 약하다. 따라서 甲木을 용신으로 삼는다. 甲木은 水의 도움을 기뻐한다. 甲木을 벽갑인정하면 庚金이 용신이다. 庚金은 土의 도움을 기뻐한다. 巳月의 丁火는 丙火가 빛을 빼앗는 것을 꺼린다. 丙火가 빛을 빼앗을 때는 壬癸水로 丙火를 극해야 한다.

午月: 丁火가 당령하고 火가 왕한 건록지에 있기 때문에, 함부로 甲木을 취하면 안 된다. 午月의 丁火는 재관인 庚壬이 투출하면 귀격이며, 壬癸水를 용신으로 삼는 것이 정법이다. 水는 金의 도움을 기뻐한다. 壬癸水가 태왕하면 甲木으로 화살생신化殺生身하면 반길이나, 木이 왕하여 목생화를 하면 평범한 명이다. 인성이 수기를 설하고 火를 생하기 때문에, 더위를 식히지 못한다. 丁火는 丙火가 없으면 염상되지 않는다. 그러므로 水가 해염解炎해야 한다. 金이 있고 癸가 시상에 투출했으면, 독살이 당권하니 중인의 두령이 된다.

未月: 未月의 丁火는 土가 왕하고 삼복생한三伏生寒의 때라 매우 약하다. 따라서 甲木을 용신으로 삼는다. 甲木은 壬水가 도와야 한다. 이때 庚金이 壬水를 돕고, 甲木을 벽갑인정하면 더욱 좋다. 木은 투간되고 水는 감춰지는 것이 좋다. 지지에 목국을 이루고 壬癸水가 함께 투간되면, 습목이 되어 생화에 지장이 있기 때문이다. 未月의 己土는 壬水를 탁하게 한다. 따라서 未

월의 丁火는 庚金을 기뻐한다.

申월: 申월은 庚金과 壬水의 기가 강하므로, 우선 甲木을 쓴다. 이 甲木을 庚金이 쪼개어 丁火를 인등引燈하면 더욱 좋다. 가을의 金이 왕성하여도 丁火를 상하게 하지는 못하기 때문이다. 그래서 甲庚이 병투하면 묘격이다. 이때 丙火가 투간되어 甲木을 말리고 따뜻함을 안겨 주면 좋다. 여름의 丙火가 아니면 丁火의 빛을 빼앗지 않을 수 있으나, 丙火가 너무 빛나면 丁火가 빛을 잃는다. 甲木이 없으면 乙木을 쓰는데, 습목이므로 丙火로 말려서 써야 한다. 金이 많으면 火로 다스리고, 水가 많으면 戊土로 다스린다. 대체로 가을의 丁火는 인수와 비겁이 도와야 한다.

酉월: 申월과 동일하게 甲庚丙을 쓴다. 甲木이 없으면 乙木도 가용한데, 이를 고초인등격枯草引燈格이라 한다. 酉월은 금기가 강왕하므로 火로 다스린다. 이때 甲乙木이 있어서 火를 생하면 기쁘다. 壬癸水의 관살이 투간되면 재관살이 왕하여 흉하다. 이때 戊己土로 제수하며, 木火의 기를 만나야 한다.

戌월: 戌월은 土가 왕하여 丁火의 기를 설하므로, 甲木으로 제토생화制土生火해야 한다. 甲木이 있고 庚金이 있으면 더욱 발전한다. 乙木은 戌월에는 힘이 약하므로 쓰지 않는다. 丙火 또한 건토절인 戌월에는 쓰지 않는다.

亥월: 亥월은 한기가 시작되며 수기가 왕해지는 때이므로, 丁火가 甲木에 의지할 수밖에 없다. 겨울의 丁火는 甲木이 있으면, 金水의 음기가 많아도 두려워하지 않는다. 甲木을 쓰면, 庚金이 적어서는 안 된다. 壬癸水가 투간되면 戊土로 다스려서

丁火를 보호하지만, 甲木을 쓰는 것만은 못하다. 甲木으로 생화할 때 己土가 와서 甲己 합을 이루면, 甲木이 용신의 역할을 다하지 못한다. 대개 동절의 丁火는 왕약을 막론하고 한습하기 때문에, 甲庚이 병투하면 더욱 길하며, 水가 성하면 丙戊가 길신이다.

子월: 대체로 亥월과 동일하다. 子월은 한기와 수기가 매우 강한 때이므로, 우선 甲木으로 생화하고 戊土로 제수한다. 관인상생이 우선이고, 상관제살은 그 다음이다. 丙火는 조후로서는 좋은 역할을 하나, 丁火의 빛을 가릴 수 있다.

丑월: 丑월은 추위가 극심하고 土가 왕한 때이므로, 우선 甲木으로 생화하고 제토한다. 水가 많으면 戊土로 다스릴 수 있다. 丙火는 조후로서는 좋은 역할을 하나, 丁火의 빛을 가릴 수 있다. 金水가 왕성한데 甲木이 유근하면 甲木인성이 용신이다.

戊土

寅월: 寅월의 戊土는 춘한이 있으므로, 태양인 丙火로 따뜻하게 하고, 甲木으로 돕고, 봄비 癸水로 적시는 것이 필요하다. 우선 丙火가 따뜻하게 하고, 재관인 癸水와 甲木이 뒤따르면 좋다. 甲木이 너무 많으면 丙火가 관인상생하든지, 아니면 庚金으로 제살한다. 추위가 가시지 않았으나, 癸水가 없으면 인생에서 난관이 많다. 만일 화국을 이루고 壬癸가 없으면 승도의 격이다.

卯월: 寅월과 거의 동일하다. 卯월은 목왕절이지만, 乙木으로 戊土를 다스리기 어려우므로 甲木이 필요하다. 이때 丙火가 관인상생을 하면 좋다. 癸水로 戊土를 윤택하게 한다. 甲乙木 관살이 투간되어 제살할 때, 庚金은 乙木과 합하느라 제살의 역할을 망각한다.

辰월: 辰월은 戊土가 자왕하므로, 우선 甲木으로 제토한다. 다음으로 癸水와 丙火를 취한다. 木이 너무 많으면 庚金으로 다스린다. 庚金이 없으면 火를 써서 관인상생을 하면 좋다.

巳월: 巳월은 戊土가 왕하므로, 우선 甲木으로 제토한다. 그 다음은 火가 많으면 癸水를 쓰고, 金水가 많으면 丙火를 쓴다. 甲木과 丙火가 투간되어 관인상생이 되고, 癸水는 지지에 감추어져 있어도 좋다. 癸水는 조후로서 좋은 역할을 한다.

午월: 午월은 火가 태성하므로, 먼저 壬水를 쓰고 癸水로 도와야 한다. 辛金으로 수원을 마련한다. 화국을 이루면 癸水만으로는 부족하다. 그 다음에 甲木으로 제토한다. 壬水가 없다면 甲木은 오히려 범목焚木이 될 수 있다. 아무리 午월의 화염이 이글거리는 때이나, 태양이 없으면 토질이 윤택할 수 없고, 초목이 무성할 수 없기 때문에, 태양인 丙火는 빼놓을 수 없다.

未월: 未월은 화염토조火炎土燥하여 조후가 시급하므로, 먼저 癸水를 쓴다. 조후에는 癸水의 공덕이 크다. 癸水가 없으면 차선책으로 壬水를 쓸 수밖에 없다. 다음에는 丙火로 未월의 습함을 제거하고, 甲木으로 왕한 토를 다스린다. 癸水가 없으면 丙火와 甲木은 있으나 마나 한 존재가 된다. 水木이 태성하면 왕토라도 윤광潤光이 없게 되므로, 丙火가 있어서 화살생신化殺生身함이 필요하다.

申월: 申월 입추 절기에는 癸水가 필요하고, 처서 후에는 한

기가 들어오는 때이므로 丙火로 따뜻하게 해야 한다. 처서 후에는 癸水도 좋으나, 甲木이 더욱 좋다.

酉월: 酉월은 金이 왕하여 戊土의 설기가 심하며 한랭하므로, 우선 丙火로 戊土를 도우며 따뜻하게 한다. 그 다음은 癸水로 윤택하게 한다. 甲木은 丙火가 무력할 때 癸水의 생함을 받아 도울 수 있지만, 酉월의 戊土한테는 甲木이 반드시 필요한 것은 아니다. 丙火가 일간 戊土를 도와서 신강할 때에, 酉金이 癸水를 생하면 식상생재격을 이룬다. 戊土가 신약한데 많은 金이 水를 생하면, 식상생재가 아니고 丙丁火가 패인佩印을 이루어야 한다.

戌월: 戌월은 戊土가 자왕하므로, 우선 甲木으로 제토한다. 다음으로 癸水로 戊土를 윤택하게 하고, 甲木을 생조하면 귀명이다. 다음은 丙火로 따뜻하게 한다. 癸水는 戊土와 합을 이루면, 재성으로서의 본분을 망각한다. 만일 金의 기가 성하다면, 甲木을 쓰지 않고 癸水로 금기를 설함과 동시에 丙火로써 생토하면, 대부의 상이다.

亥월: 소토하기 위해서 우선 甲木을 쓴다. 다음은 추운 때이므로 丙火가 천간에서 따뜻하게 해야 한다. 甲木은 亥 가운데 암장되어 있기 때문에, 丙火만 투간되어도 귀함을 누리는데, 이때 지지에 巳亥충이 있으면 안 된다. 亥월의 戊土는 甲木과 丙火가 천간에 모두 있으면 대길하다. 甲木이 강한 庚金의 공격을 받으면, 丁火로 庚金을 다스린다. 丙火가 강한 壬水의 공격을 받으면, 戊土로 壬水를 다스린다. 甲과 丙이 모두 지지에 있어도 의식은 족하다.

子월: 子월은 한랭하여 조후가 급하기 때문에, 우선 丙火를 쓴다. 다음에 甲木으로 丙火를 돕는다. 丙火와 甲木이 천간에 모두 있으면 대길하다. 丙火만 있고 甲木이 없으면 귀貴가 부족하고, 甲木만 있고 丙火가 없으면 부富가 부족하다.

丑월: 丑월은 천지가 한랭한 때이프로, 조후가 급하다. 따라서 丙火를 우선 쓴다. 다음에는 甲木으로 소토하고 丙火를 돕는다. 丙火와 甲木이 양투하면 대길하다. 甲木이 없으면 중격은 되지만, 丙火가 없으면 하격이다. 삼동의 한토는 丙火가 없으면 영광이 없다.

己土

寅월: 寅월은 아직 논밭이 풀리지 않은 때이프로, 우선 丙火로 해동하고, 그 다음으로 甲木으로 丙火를 돕는다. 癸水는 丙丁火가 많을 때나 쓴다. 壬水는 강호의 물이기 때문에, 해가 되므로 戊土로 다스려야 한다. 甲木이 많으면 庚金으로 다스려야 하는데, 庚金이 없으면 丙丁火로 설한다. 丁火는 약화이기 때문에 지지에 寅巳午 등이 있어서 유근有根해야 쓸 수 있다. 土가 많으면 甲木으로 다스리는데, 乙木만 많이 있으면 소인이다.

卯월: 卯월은 木이 왕한 때이프로, 우선 丙火로 생토한다. 다음에는 甲木으로 丙火를 도우며, 癸水로 윤택하게 한다. 甲木이 투간되었는데, 己土와 합이 되면 관이 빛을 발하지 못한다. 木이 많으면 庚金으로 다스리는데, 庚金이 乙木과 합이 되면 불리하다. 丁火가 왕한 木을 설하며 생토하면, 庚金이 필요 없고 丁火로 용신을 삼는다.

辰월: 辰월은 논밭에 곡식을 심고 가꾸는 때이므로, 우선 태양인 丙火가 필요하다. 다음에 癸水로 윤택하게 한다. 토왕절이므로 甲木으로 중화를 이룬다. 丙火 癸水 甲木이 투간되면 대길하다. 辰월이 수국을 이루면 논밭이 유실될 우려가 있으므로, 戊土의 도움이 필요하다.

巳월: 巳월은 火土가 성해지는 때이므로, 우선 癸水가 필요하다. 다음에 庚辛金으로 癸水를 돕는다. 여름이 시작되는 巳월이라도 농작물의 성장 등을 위해서 丙火가 있어야 한다. 己土는 습토이지만 丙火가 너무 강하면, 수분이 마를 수 있기 때문에 둘 다 수기와 화기의 적절한 조화가 필요하다.

午월: 午월은 더위와 건조함이 심하므로, 우선 癸水로 조후한다. 다음에 庚辛金으로 癸水를 돕는다. 이로써 논밭이 윤택해진 후에 丙火가 있어야 한다. 癸水가 없으면 壬水로 대신 쓸 수 있으나, 그만큼 격이 떨어진다.

未월: 소서 중에는 더위와 건조함이 매우 심하므로, 우선 癸水로 다스려야 한다. 다음에 庚辛金으로 癸水를 도우며, 왕한 土를 설기시킨다. 木으로 소토해야 길하며 丙火가 약신이다. 대서 이후에 金水가 많이 보이면, 늦여름에 우박과 서리가 내려 냉해를 입히는 형상이므로 반드시 丙火가 필요하다.

申월: 申월은 한기를 느끼는 때이므로, 우선 丙火로 따뜻하게 한 다음에 癸水로 윤택하게 한다. 木이 火를 생조하면 길하다. 丙火가 일간을 생조하면서 제금하고, 癸水가 金을 설하면서 윤택하게 하면 격국이 맑아진다. 丙火와 癸水가 천간에 모두 있으면 대길하다. 지지에 수국이 이루어지면, 己土가 흩어질 우려가 있으므로, 戊土의 도움을 받아야 한다. 또한 丙火가 있어야 가을장마를 수습할 수 있다.

酉월: 酉월은 金이 왕하며 己土의 설기가 심하고 한기가 감도는 때이므로, 우선 丙火로 제금생토하고 따뜻하게 한다. 다음에 癸水로 己土를 윤택하게 하며 왕한 金을 설기시켜 甲木을 생하면, 丙火가 약하지 않을 것이다. 지지가 금국을 이루면 丙丁火는 물론 癸水 역시 투간되어야 부귀를 누릴 수 있다.

戌월: 戌월은 土가 왕한 때이므로, 우선 甲木으로 제토한다. 다음에는 丙火로 늦가을의 한기를 따뜻하게 하고 癸水로 건조한 논밭을 윤택하게 한다. 지지가 화국을 이루고 壬癸水가 투간되지 않으면, 己土를 구할 방법이 없다.

亥월: 亥월은 겨울이고 水가 왕한 때이므로, 우선 丙火로 따뜻하게 한다. 그 다음 甲木으로 설수생화洩水生火하며 戊土로 제수한다. 寅 중 丙火를 쓰면 寅申충이 두렵고, 巳 중 丙火를 쓰면 巳亥충이 두렵다.

子월: 子월은 겨울이므로 우선 丙火로 추위를 다스리고, 다음에 甲木으로 丙火를 돕는다. 수왕절이므로 재다신약한 명국이 된다. 戊土가 있어 왕한 재를 다스릴 수 있다면 금상첨화다.

丑월: 丑월은 하늘은 차고 땅은 얼어붙은 때이므로, 시급히 丙火를 취한다. 丑월은 토절이므로 甲木이 없을 수 없는데, 甲木은 제토생화의 공을 이룬다. 丑월은 水가 왕하기 때문에 겁재 戊土로 제수한다. 소한 초에는 수기가 태성하므로, 丙戊가 용신이고, 대한 후에는 甲丙이 함께 투간하면 문다차철門多車轍이다.

庚金

寅월: 寅월은 아직 한기가 가시지 않은 때이므로, 우선 丙火로 조후한다. 다음에 戊土로 생금하여 寅월의 왕한 木을 다스린다. 丙火는 조후로서 필요할 뿐만이 아니라, 戊土생금을 위해서도 필요하다. 왜냐하면 寅월은 木이 土를 극하여 토생금이 어려운 때인데, 이때 丙火가 나타나면 목생화 화생토로 이어져 戊土생금이 이루어지기 때문이다. 土가 왕하면 庚金의 좋은 친구인 甲木으로 다스린다. 甲丙이 투간하면 좋다. 비겁이 많아서 재성을 상하게 하면 丙丁火로 다스린다. 지지가 화국을 이루면 壬水와 庚金이 필요하다.

卯월: 卯월은 木이 매우 왕한 때이므로, 일간이 약하니 우선 인비겁으로 생조한다. 일간이 강하면 丁火로 다스린다. 庚金을 다룰 때에는 丙火보다는 丁火를 쓴다. 다음은 甲木을 庚金으로 쪼개어 丁火의 불꽃을 인화한다. 乙木은 습목으로 丁火를 상하게 한다.

辰월: 辰월은 土가 왕한 때이므로 우선 甲木으로 제토하고, 다음에 丁火로 庚金을 다룬다. 庚金이 토다금매土多金埋해도 甲木으로 제토하여 살린다. 土가 왕한데 甲木은 없고 乙木만 있으면 제토가 어렵다. 지지에 화기가 많으면 癸水로 윤습해야 길하며, 천간에 丙丁火가 있으면 壬水로 제거함이 좋다.

巳월: 巳월은 巳 중 戊土가 火를 설하며 庚金을 생하므로, 壬水로 진애塵埃를 씻어 준다. 그러므로 壬水로 조후하면서 戊土로 일간을 돕는다. 壬水가 없다면 戊土가 너무 조열하여 庚金이 생기를 잃는다. 巳월에는 壬水가 약하므로, 巳월의 壬水는 뿌리가 있어야 좋다. 금국을 이루면 丁火로 단련하고, 甲木으로 도우면 귀인이다.

午월: 午월은 庚金이 녹을 정도로 더울 때이므로, 시급히 壬癸水로 조후한다. 午월은 金水가 다 약하므로 庚辛의 비겁으로 생수하면 좋다. 戊己土가 壬癸水를 제극하면 흉하다. 만일 壬癸水가 없고 戊己土만 있으면 관인상생이 되어 곤궁함은 면하겠지만, 水가 없어 귀격을 이루지 못한다. 辰丑土가 있으면 열기를 흡수하여 생금하니 귀명이며, 천간에 壬癸水가 투출하면 더욱 창성한다. 화국이 되고 水가 없으면 피곤한 인생인데, 폐나 대장에 이상이 있고 심하면 정신까지 놓치게 된다.

未월: 대서에 이르기까지는 午월과 마찬가지로, 壬癸水로 조후하고 庚辛金으로 돕는다. 그러나 대서 이후에는 음기가 들기 시작하므로, 먼저 丁火로 제련하고 甲木으로 제토생화한다. 이때 癸水가 丁火를 상하게 하면 안 된다. 토국을 이루면 甲木으로 제토한 후 丁火로 庚金을 다룬다.

申월: 申월의 庚金은 매우 강하므로, 丁火로 다스리고 甲木으로 丁火를 돕는다. 甲木은 없고 丁火만 있으면 중격은 되지만, 丁火는 없고 甲木만 있으면 군겁쟁재의 위험이 있다. 지지에 수국이 형성되어 있는데 丁火가 투간되었다면, 甲木이 있어야 수생목 목생화로 이끌 수 있다. 金水가 왕하면 丙火로 음기를 제거해야 한다. 지지에 土가 왕하면 먼저 甲木으로 소토하고 丁火로 庚金을 단련한다.

酉월: 酉월은 양인월로 신왕하고 한기가 감도는 때이므로, 강한 金을 다루는 丁火와 한기를 제거하는 丙火를 함께 쓴다.

丙火는 칠살로서 양인과 화합하여 귀격이다. 酉월 庚金은 관살 혼잡을 허용한다. 관살을 함께 쓰되 甲木을 빼놓을 수 없다. 丁丙甲이 모두 투간되면 대길하다. 甲木만 있고 丁丙火가 없으면, 불은 구하지 못하고 땔감만 분주히 구해 놓은 것과 같아서 실속이 없이 바쁘기만 하다. 이때 水가 있어서 생재하면 상업인으로 의식은 마련할 수 있다.

戌월: 戌월은 건토가 왕한 때이므로 우선 甲木으로 제토하며, 壬水로 흙을 씻어 내고 甲木을 생조하면 귀명이다. 다음에는 丁火로 제련한다. 土가 왕한데 甲木이 없으면 부를 얻었다 해도 오래가지 못한다. 戊己土가 壬水를 막거나 탁하게 하면 불리하다.

亥월: 亥월은 한랭해지는 때이므로 丙火로 따뜻하게 한 후에, 丁火로 단련한다. 지지에 寅이 있으면 상격이다. 또한 甲木이 있어 생화해야 한다. 일간 庚金이 약하지 않을 때 丙丁甲이 있으면 대길하다. 지지에 수국이 있어 丙丁火를 위협하면 戊土로 다스린다.

子월: 子월의 庚金은 金水의 진상관이다. 한랭하므로 丙丁甲을 떠날 수 없다. 水가 왕하면 戊土로 다스린다. 丙火가 없으면 조후가 곤란하고, 丁火가 없으면 庚金을 다루지 못한다. 丙丁火는 寅午戌과 같은 지지의 도움을 얻어야 좋다. 甲木이 있어도 丙丁火가 없으면 뜻을 이루기 힘들다.

丑월: 丑월은 천지가 얼어붙어 만물을 생하지 못하는 때이므로 우선 丙火로 따뜻하게 한다. 다음 丁火로 단련하고 甲木으로 생화한다. 지지가 금국을 이루고 火가 없으면 빈천할 수밖에 없다.

辛金

寅월: 맹춘에 한기가 남아 있으나, 寅 중 丙戊가 조후하고 생신하는 힘이 있다. 그러나 辛金은 보석과 같기에 戊土의 생조함을 좋아하지 않는다. 寅월은 辛金이 약한 때이므로, 己土로 辛金을 생조해야 하고, 다음에 壬水로 辛金을 씻는다. 己土와 壬水는 떨어져 있어야 壬水가 탁해지지 않는다. 己土가 甲木과 합을 하거나, 木이 많으면 庚金의 도움이 필요하다. 지지에 화국이 되면 壬水는 물론이고 庚金도 필요하다. 신왕한데 壬水가 없으면 丙火를 대신 쓴다.

卯월: 卯월은 木이 왕한 때이므로, 우선 인비겁으로 辛金을 도운 다음 壬水로 씻는다. 戊己土가 壬水를 막으면 甲木으로 다스린다. 그러나 壬水가 너무 많으면 戊土가 있어야 한다. 지지에 목국이면 庚金으로 다스린다.

辰월: 辰월은 土가 왕한 때이므로, 우선 甲木으로 제토하고 壬水를 쓴다. 일간 辛金이 丙火와 합을 이루어 자신을 빛나게 할 壬水를 저버리면, 癸水로 丙火를 극하여 합을 깨뜨려야 한다. 지지가 수국을 이루고 丙辛합이 되면 합화가 되어 도리어 좋다. 辰戌丑未사고가 있으면 辛金이 흙에 묻히므로 甲木으로 소토해야 하고, 火가 많으면 水로 억제해야 한다.

巳월: 巳월은 丙火와 戊土가 왕하여 건조한 때이므로, 우선 壬水를 써서 건조함을 다스리고 辛金을 씻어 주면 청귀한 문인이다. 巳월은 壬水가 약한 때이므로, 庚辛金으로 壬水를 돕는다. 戊土가 壬水를 위협하면, 甲木으로 戊土를 다스린다. 지지가 금국을 이루면 水로 설기시키고, 화국을 이루면 水로 다스린다. 화국에 水가 없으면 土로 설기시키나 생금은 쉽지 않다.

午월: 午월은 관살인 火가 왕한 때이므로 우선 己土를 써서 신약을 면하고, 다음으로 壬水를 쓴다. 辛金은 己土가 없으면 생을 받을 수 없고, 己土는 壬水가 없으면 메말라서 생금을 못한다. 그래서 壬水가 己土를 적셔 생금을 잘하도록 하면서 辛金을 빛나게 한다. 午월의 辛金한테는 辰丑土가 있으면 좋다. 午월의 辛金에 壬水가 없고 癸水만 있다면, 庚金으로 약한 癸水를 도와야 한다. 午월 辛金은 己土와 壬水를 떠날 수 없지만, 己土와 壬水는 떨어져 있어야 한다. 午월 辛金은 戊土를 두려워한다.

未월: 未월은 덥고 土가 왕한 때이므로, 우선 壬水를 써서 더위를 식히며 金을 씻어 내고, 다음에 庚金으로 土기를 설하며 壬水를 생한다. 또 甲木이 왕토를 소통해야 길한데, 己土와 합하면 안 되기 때문에 이 둘은 떨어져 있어야 한다. 未월의 辛金은 지지에 辰丑土가 있으면 좋다. 戊土가 壬水를 위협하면 甲木으로 戊土를 다스린다. 지지에 목국이 있어 壬水의 설기가 심하면 庚金으로 제목생수한다.

申월: 申월은 金이 왕한 때이나 火로 극함을 싫어하고, 壬水로 금기를 설기하여 辛金을 빛나게 하는 것이 좋다. 水가 너무 많으면, 土로 水를 제지하고 일주를 도와야 한다. 土가 너무 많으면 甲木으로 土를 다스린다. 辛金한테 탁수인 癸水를 쓰면 보석을 더럽히 는 형상이다.

酉월: 酉월은 금기가 가장 왕한 때이므로, 壬水로 설기시키며 辛金을 빛나게 한다. 금기가 왕한데 壬水가 없으면 丁火로 제금한다. 이때 甲木이 丁火를 생하면 좋다. 戊己土가 천간에 투출해 있으면 木으로 제토해야 한다.

戌월: 戌월은 건조하고 土가 왕한 때이므로 火土가 병이 되고 水木이 약이 된다. 壬水로 辛金을 씻어 주고, 甲木으로 제토하면 귀명이다. 壬水 대신 癸水를 쓰면 격이 낮아진다. 壬水와 戊土가 나란히 투간되면 壬水가 힘을 못쓴다. 己土는 壬水를 탁하게 만든다.

亥월: 亥월의 辛金은 우선 壬水를 쓰고, 다음에 丙火를 쓴다. 壬水는 금백수청金白水淸의 작용을 하고, 丙火는 수난금온水暖金溫 작용을 한다. 壬水와 丙火가 투간되면 대길하다. 水가 너무 많으면 戊土로 다스린다.

子월: 子월은 辛金을 얼어붙게 할 수 있으므로, 丙火로 조후한다. 丙火가 약한 때이므로 甲木으로 丙火를 생하면 좋다. 다음에 壬水로 辛金을 씻어 준다. 수다水多한 때이므로 戊土로 제수한다. 지지가 수국을 이루고 癸水가 투간되면, 하나의 戊土로 제수하기 어렵고 2개의 戊土가 있어야 균형을 이룰 수 있다. 丙火로 조후하는데 癸水가 나타나면, 태양 빛을 비가 내려서 가리는 형상이다.

丑월: 丑월은 한기가 극에 달한 때이므로, 丙火로 시급히 조후한다. 丙火가 매우 약한 때이므로, 甲木으로 丙火를 생할 필요가 있다. 다음에 壬水로 辛金을 씻어 준다. 水가 많으면 戊土를 쓰는데, 이때는 丙丁火가 필요하다. 丑월의 辛金은 丙火와

壬水가 투간되었으면 크게 기뻐하나 丙火가 없으면 해동을 못하므로 壬水보다 丙火를 먼저 필요로 한다. 癸水는 辛金을 씻어줄 수 없고 오히려 丙火를 가린다.

壬水

寅월: 寅월의 壬水는 실령하므로, 水의 근원인 庚金으로 돕는다. 아울러 戊土로 생금제수하며 丙火로 조후한다. 寅 中 戊丙이 있으므로 庚金만 투간되어도 좋다. 지지가 화국이고 丙火가 투간되면, 재다신약이므로 인비겁의 도움을 얻어야 상격이다. 己土는 壬水를 탁하게 만든다.

卯월: 卯월은 壬水의 설기가 극심한 때이므로 水의 근원인 庚辛金으로 돕는다. 아울러 戊土로 생금제수하며, 丙火로 壬水를 비춘다. 지지가 목국을 이루고 있으면, 庚金이 투간되어야 부귀를 누린다. 庚金이 감춰져 있으면, 운에서나 뜻을 이룰 수 있다.

辰월: 辰월은 수고水庫이지만 戊土가 왕한 때이므로, 甲木으로 제토하고 庚金으로 壬水를 생한다. 이때 甲과 庚은 떨어져 있어야 한다. 金이 많으면 丙火를 쓰고, 지지가 수국을 이루었는데 또 庚辛金이 있으면, 戊土로 제수하고 丙火로 제금한다.

巳월: 巳월은 火가 성하는 때이므로 壬水와 癸水로 제화하고, 庚辛金으로 水를 생한다. 壬水 대신 癸水를 쓸 때 戊癸합을 이루면 甲木으로 戊土를 극하여 합을 깨뜨려야 한다. 만일 지지에 申酉亥子 등 金水가 많아 신약하지 않으면, 巳 中 戊土와 丙火가 귀하게 쓰일 수 있다.

午월: 午월은 화기가 극심한 때이므로, 癸水와 壬水로 조후하고 庚辛金으로 水를 돕는다. 壬癸水만 있고 庚辛金이 없다면 소나기에 불과하다. 午월의 壬水한테 丁火가 투간되면 매우 나쁘다. 왜냐하면 비견인 壬水는 丁壬합이 되어 못쓰고, 인수인 辛金은 녹아서 못쓰기 때문이다.

未월: 未월은 화기가 남아 있고 己土가 권력을 담당하므로, 우선 辛金으로 壬水를 돕고, 土가 왕하므로 甲木으로 제토하는 것이 필요하다. 그리고 癸水로 화기를 식힌다. 그러나 未월은 화기가 왕하여 복생화의 위험이 있다. 이때는 金水로 제어해야 한다.

申월: 입추 직후는 庚辛이 있어도 된다. 그러나 처서 후의 申월은 壬水의 발원지이므로 壬水는 매우 강하다. 戊土로 제방을 쌓지 않으면 범람할 우려가 있다. 따라서 戊土로 제수한다. 나아가 丁火로 申 중 庚金을 제압하며 戊土를 생한다. 戊土는 辰戌에 통근하고, 丁火는 午戌에 통근하면 더욱 좋다. 이때 癸水가 투간되면, 丁火를 극하고 戊土와 합을 이루므로 나쁘다.

酉월: 酉월은 순금이라 金이 왕하니 자연 壬水도 왕하며, 금백수청의 바른 모습이다. 土로부터 맑음을 보호하고, 설기시키기 위해 우선 甲木을 쓴다. 다음은 丙丁의 화기로 온기를 더한다. 만일 金水가 너무 많으면 木의 뿌리가 튼튼하지 않은 부목이 되므로, 이때는 戊土로 제수하며 火로 생토한다. 酉월의 壬水한테는 甲木과 庚金이 붙어 있으면 좋지 않다.

戌월: 戌월은 戊土가 왕한 때이므로, 壬水가 길게 뻗어 나가지 못한다. 따라서 우선 甲木으로 제토한 후, 丙火로 壬水를 빛낸다. 壬水가 왕하면 丙火와 戊土를 쓴다. 己土는 甲木을 무력하게 만들고, 壬水를 탁하게 만든다. 甲木이 용신일 때 庚金이 나타나면 丁火로 庚金을 다스린다. 戌월의 壬水한테 甲木이 없으면, 관인상생도 가능하다.

亥월: 亥월은 水가 왕한 때이므로, 우선 戊土로 제수한다. 다음은 丙火로 따뜻하게 하며 戊土를 돕는다. 戊丙 대신 己丁을 쓰면 귀貴는 멀지만 부富는 누릴 수 있다. 戊土를 쓸 때 甲木이 나타나거나 지지가 목국을 이루고 甲木이 투간되어 있으면 설기가 너무 심하다. 이때 庚金으로 木을 제거하고 壬水를 생하면 귀격이다. 명이 金水로만 이루어져 있으면 성품은 청아하지만 가난하다.

子월: 子월은 양인월이라 수기가 사나우므로, 우선 戊土로 제수해야 한다. 다음에 丙火로 따뜻하게 하며 戊土를 돕는다. 지지에 未戌土가 있어서 土火의 뿌리가 되면 좋다. 己土는 쓰지 않는다. 만일 지지가 화국을 이루어 신약하면, 金水운으로 흘러야 부를 누릴 수 있다.

丑월: 丑월은 한랭함이 극에 달한 때이므로, 시급히 丙火로 조후한다. 대한 절기에는 甲木으로 丑월의 토왕함을 다스리며 생화한다. 소한 절기에는 丙火가 필요하고, 대한 절기에는 甲木이 필요하다. 지지가 금국이고 辛金이 투간되어 있으면, 너무 차가우므로 丙火를 써야 하나, 丙火는 丙辛합 때문에 쓰지 못하므로 이때에는 丁火를 쓴다. 丙火 대신 丁火를 쓸려면 甲木이 있거나 寅巳午 등에 통근되어야 한다. 水가 왕하면 戊土로 다스린다.

癸水

寅월: 寅월은 癸水의 설기가 심하므로 辛金으로 돕는다. 辛金이 없으면 庚金으로 癸水를 돕고, 아직 추위가 남아 있는 때이므로 丙火로 따뜻하게 한다. 寅월의 癸水한테는 丙火는 없어도 되나 庚辛金은 있어야 한다. 辛金과 丙火는 떨어져 있어야 한다. 지지가 화국이면 辛金은 녹아 쓰지 못하므로, 이때는 壬水가 나타나 화기를 식히면서 辛金을 구하면 좋다.

卯월: 卯월은 木이 왕하여 癸水의 설기가 심하므로, 庚金으로 癸水를 돕고 왕목을 제거하는 것이 최길이고, 辛金은 차용한다. 卯월은 한기가 남아 있는 때는 아니므로, 丙火는 필요하지 않다. 庚金만 있다면 乙木과 서로 합을 이룰 우려가 있으므로, 辛金도 같이 쓴다. 庚辛金이 중첩되어 기세가 강하면, 丁火와 戊土로 제어해야 한다.

辰월: 청명절에는 癸水가 암장되어 있으므로, 丙火가 투출하면 귀명이다. 곡우 후에는 土가 왕한 때이므로, 우선 甲木으로 제토하고, 辛金으로 癸水를 돕고, 丙火는 그 다음이다. 지지가 목국이면, 庚辛金으로 제목생수해야 한다. 지지가 수국이면, 己土로 제수하고, 丙火로 己土를 돕는다. 이때 甲木이 나타나면 안 된다. 지지에 土가 많은데 이를 다스리는 甲木이 없다면, 庚辛金이 있어서 살인상생을 한다고 해도 크게 부귀를 누릴 수 없다.

巳월: 巳월은 癸水가 약한 때이므로, 우선 辛金으로 癸水를 돕는다. 辛金이 없다면 庚金도 쓸 수 있다. 丁火가 辛金을 극하면, 壬癸水로 丁火를 다스려야 한다. 巳월은 火土가 왕한 때이므로, 庚辛金에 壬癸水까지 있어야 부귀를 누릴 수 있다. 만일 천지가 金水로 가득하다면, 巳 중에 丙火와 戊土가 귀하게 쓰인다.

午월: 午월은 丁火가 왕한 때이므로, 癸水를 보호하려면 庚辛金뿐만이 아니라 壬癸水까지 있어야 한다. 巳午월의 癸水는 庚辛壬癸가 살려 주지 않으면, 시력을 다치거나 요절하는 경우가 많다.

未월: 생극제화가 午월과 같다. 소서 절기에는 庚辛金이 있어도 壬癸水가 반드시 필요하다. 반면에 대서 이후에는 庚辛金이 있으면, 壬癸水의 필요성은 크게 느끼지 않는다. 그러나 일반적으로 庚辛金과 壬癸水가 모두 있으면 부귀의 명이다. 여름의 癸水한테는 丑辰의 습토가 있으면 좋다. 水가 심하게 고갈되지 않기 때문이다. 丁火는 간지를 막론하고 꺼린다.

申월: 입추절은 庚辛金이 길하나, 처서 절기는 庚金이 왕한 때이므로 丁火로 제금하고, 지지에 午戌로 통근하면 좋다. 그리고 甲木으로 丁火를 돕는다. 丁火는 있는데 甲木이 없다면, 壬癸水가 투간되지 말아야 조금의 부귀라도 누릴 수 있다.

酉월: 酉월은 순금으로 금백수청하므로, 辛金을 쓰고 丙火로 金과 水를 따뜻하게 한다. 丁火를 쓰면 辛金이 녹으므로 丙火를 쓴다. 만일 천지에 壬癸水가 많다면 戊土를 쓰나, 癸水는 壬水가 투간되지 않으면 웬만해서는 戊土를 쓰지 않는다.

戌월: 戌월은 土가 왕한 때이므로, 癸水가 막혀 절수될까 두렵다. 甲木으로 제토하고 辛金으로 생수한다. 庚金은 차길이다. 이때 癸水가 甲木을 도우면 좋다. 甲木은 있고 癸水와 辛金이 모두 없으면 평범한 명이다. 지지가 화국이면 비겁으로 다스러야 부를 누릴 수 있다.

亥월: 亥월은 亥 중 甲木이 있어서 일간 癸水는 강한 듯하나 약하다. 그래서 庚辛金으로 도와야 한다. 지지가 목국이어도 庚辛金으로 다스리며 癸水를 생한다. 이때 丁火가 庚辛金을 위협하면, 癸水로 丁火를 극한다. 水가 왕한데 壬水까지 투간되면 戊土로 제수한다. 천지에 金이 많아 癸水가 생왕하면, 한습이 매우 심하다. 따라서 丁火로 제금하고 丙火로 조후한다. 이 때에는 편재와 정재를 모두 기뻐한다.

子월: 子월은 한랭한 때이므로 丙火로 따뜻하게 한다. 丙火는 寅午戌 등의 통근이 필요하다. 丙火를 쓰는데 壬癸水가 나타나면 안 된다. 천지에 水가 왕하여 戊土로 다스릴 때도, 丙火가 없으면 큰 인물이 될 수 없다. 子월은 대체로 金水가 왕성함은 불가하고 火土가 길신이나, 신약하면 辛金이 도와야 한다.

丑월: 丑월은 천지가 얼어붙고 癸水가 스스로 흐름을 멈추는 때이므로, 우선 丙火로 해동시킨다. 그 다음 甲木으로 동토를 제압하며 丙火를 돕는다. 丙火는 뿌리가 튼튼해야 한다. 지지가 금국을 이루면 丁火로 제금하고, 丙火로 조후하여야 금온수난金溫水暖의 아름다운 격을 만든다. 丑월에 丙火로 조후하는데 癸水가 나타나면 안 된다. 또한 辛金이 나타나 丙辛합을 이루어도 안 된다. 丙辛합을 이루면 丁火로 辛金을 극한다. 수기가 많으면 戊土로 제습한다.

8

용신과 일간의 강약 판단

1
용신

용신의 의미

용신用神이란 '내가 반드시 써야 하는 신'이라는 의미다. 여기서 나라는 것은 일간을 이른다. 물론 일간은 사주 당사자를 상징한다. '반드시 써야 하는 신'이라는 것은 사주 당사자가 이 삶 속에서 반드시 사용해야 할 귀신을 말한다. 즉 나를 위해 제일 중요한 역할을 하는 간지를 말한다. 여기서 귀신은 십신을 말한다. 즉 음양오행의 하나를 이르는 말이다. 『적천수(지명)』에서는 다음과 같이 말한다.

자평의 원리는 모두 오행의 쇠왕衰旺을 고찰하고, 순패順悖를 탐구하고, 진퇴進退를 살펴서 용신과 기신을 논하는 것이다. 그러면 이치를 깨달았다(理會)고 할 수 있다. 반면에 기이한 격국들이나, 각

종 신살들이나, 납음오행納音五行 등의 그럴듯한 이름들은 모두가 호사가들이 망령되이 만든 것이다. 이는 오행의 바른 이치에 부합되지 않기 때문에, 믿을 수 없다.

사주명리의 정론은 사주팔자 오행의 생극제화를 살펴서 용신을 정하는 것이지, 다른 방법들은 바른 정론이 아니라는 것이다. 『적천수(배합)』에서는 "사주의 지극한 이치는 오직 용신에 있다(命中至理 只存用神). 그래서 사주 풀이에서 가장 중요한 것은 용신을 찾는 것이다."라고 하며 격국이나 신살들을 철저히 배척하고 있다. 『적천수(자녀)』에서 "용신은 부인 재물 자식 관록 뿐만이 아니라, 일의 성패나 장수 요절이 다 용신이라는 한 자에 의해서 결정된다. 그러니 어찌 용신을 가볍게 볼 수 있겠는가."라고 하였다.

이러한 용신을 다른 말로 하면 천명이라고 할 수 있다. 즉 하늘의 명령이다. 이 생에 무엇을 하면서 살라는 하늘의 명령이다. 유신론적인 관점에서는 소명이라고 할 수 있다. '너에게 이렇게 살기를 명령한다'는 의미다. 그래서 용신을 알고 그에 따라 산다면 하늘의 뜻에 따른 것이다. 따라서 사주명리의 관건은 이 용신을 찾는 것이다. 관건關鍵이란 문빗장 또는 열쇠를 말한다. 생명의 이치인 사주명리라는 궁성으로 들어갈 수 있는 문의 열쇠다. 이 안으로 들어갈 수 있느냐 없느냐는 이 열쇠를 찾느냐 못 찾느냐에 달려 있다.

또한 중요한 것은 용신을 찾는 것이다. 혹자는 용신을 정한다고 생각할 수도 있다. 그러나 용신은 사주팔자 밖에서 가져

오는 것이 아니라, 당사자의 사주 속에 있는 것만을 쓸 수 있다. 즉 내 사주팔자에 없는 것은 그 어디에도 없다. 더욱이 용신은 하나의 사주에 반드시 하나만 있고, 평생 바꿀 수 없다.『적천수(체용)』에서는 "결론적으로 말하면 용신이 쓸 만한 것이든 아니든 용신은 반드시 하나로 낙착되는 것이기 때문에, 바꿀 수 없는 것이다(定有一個着落 碻乎不易也)."라고 하였다.

이러한 용신을 통해서 빈부귀천貧富貴賤이나 수요장단壽夭長短을 알 수 있고, 과거와 현재와 미래를 알 수 있고, 하늘이 나에게 내린 명령을 알 수 있다. 따라서 용신을 찾는 일은 사주명리의 최대 관건이다. 이 용신 이론은 꿈에서라도 잊어서는 안 되는 대원칙이다.

용신과 희신 기신 구신 한신의 관계

용신을 찾았으면 그 용신이 참된 것인가 참된 것이 아닌가, 유정한가 무정한가, 힘이 있는가 힘이 없는가 등을 살펴야 한다. 용신의 이러한 세부적인 상황을 결정하는 것이 희신 기신 구신 한신이다.

먼저, 희신喜神이란 반가운 귀신이라는 의미다. 왜 반가우냐면 용신을 돕기 때문이다. 그래서 용신과 희신을 하나로 묶어 희용신喜用神이라고도 한다. 또는 용신의 용신이기에 보조용신補助用神이라고도 한다. 대부분 용신을 생조하는 인성이 희신이 된다. 이렇게 용신과 희신이 연속 상생하면 아주 훌륭한 희용신이 된다.

그러나 희신이 반드시 용신을 생하는 것만은 아니다. 예를 들어 신약한 甲일간이면 인성인 癸水가 용신인 경우가 많다. 이 癸水인성이 용신인 경우에는 癸水를 생조하는 庚辛金 관살이 희신이 되는 경우가 대부분이다. 그러나 이 경우의 관살은 신약한 일주를 극하기 때문에 부담이 된다. 다행히 사주에 용신을 극하는 재가 많은데, 비겁이 있다면 희신은 재를 제거하는 비겁이다. 그래서 희신을 약신藥神이라고도 한다. 약신이라는 의미의 이 희신은 이렇게 용신을 보호하는 것이다. 그래서 사주의 구조에 따라서 희신은 용신을 생하는 인성이 아닌 경우도 많다.

다음은 기신忌神이다. 기신이란 싫어하는 귀신이라는 의미다. 기신은 용신을 극하는 오행이다. 앞의 사주처럼 신약한 甲木이면 癸水가 용신인데, 이 용신을 극하는 土가 기신이다. 이 기신과 비슷한 것이 구신仇神이다. 구신이란 원수 같은 귀신이라는 의미다. 구신은 희신을 극하는 오행이다. 앞의 사주에서 癸水가 용신인데 癸水를 극하는 土가 기신이고, 土가 많아서 이 土를 제거하는 木비겁이 희신이고, 이 木희신을 극하는 金이 구신이다. 이처럼 용신을 극하거나 희신을 극하는 기신과 구신은 흉작용을 한다. 이 둘을 하나로 묶어 기구신忌仇神이라고도 한다.

마지막 남은 신이 한신閑神이다. 한신이란 일하지 않는 귀신이라는 의미다. 즉 희용신도 아니고 기구신도 아니다. 중화된 사주나 유통이 잘되는 사주에서는 좋은 역할을 하는 경우도 있으나, 대부분의 사주 원국에서는 큰 역할을 하지 않는다. 그러나 한가히 있던 이러한 한신들이 대운이나 세운에서 합과 충 등의 변화에 의해서 새로운 변수로 작용하는 경우가 많다. 이때는 희용신이 될 수도 있고, 기구신이 될 수도 있다.

용신격

『적천수』이전에는 모든 사주를 몇 가지의 격국格局으로 분류하였다. 『연해자평』등에는 50개 이상의 격국이 소개되기도 하였다. 이러한 격국들이 사주명리의 원리인 음양오행을 근간으로 한다면, 문제가 될 것은 없다. 그러나 이러한 격국들은 음양오행의 원리에 어긋나는 것이 대부분이다. 이러한 고전 격국의 문제에 관해서는 12장「사주명리의 문제점들」에서 거론한다.

이러한 격국들의 모순에 대해서는 이미 600년 전에 쓰인 『적천수』에서부터 지적되었다. 왜냐하면 이러한 고전 격국들의 문제는 격국만으로는 사주에서 진정으로 필요한 용신이나 희신을 알 수 없기 때문이다. 청나라 때 진소암은『명리약언』에서 억부용신만을 강조하고, 모든 고전 격국들을 철저히 배제하였다.

따라서 사주의 감정은 다음에서 언급하는 용신의 이론에 따르는 것이 정도다. 왜냐하면 이러한 용신을 중심으로 격이 정해지고, 격의 이름만 알면 사주에 무엇이 필요한지를 알 수 있기 때문이다. 이를 용신격用神格이라 한다. 현대에는 많은 명리학자들이 이용한다.

2

일간의 강약 판단

천간의 지지통근

용신이란 나에게 필요한 신을 말한다. 무엇이 필요한지는 우선 내가 강한가 약한가를 알아야 한다. 그래서 용신을 찾기 위해서는 먼저 일주의 강약을 판단해야 한다. 강약을 판단하는 방법은 몇 가지 방법이 있다.

그 중에서 가장 쉽게 판단하는 방법은 왕상휴수사 이론이다. 간단하기는 하나, 정확도는 떨어진다. 이에 대해서는 12장 「사주명리의 문제점들」에서 거론한다.

이보다 정확한 것이 지장간을 고려해서 만든 이론이다. 일반적으로 알려진 이론들이 있으나, 이 또한 문제점이 있다. 이에 대해서도 12장 「사주명리의 문제점들」에서 거론한다.

일반적으로 많이 언급되는 이론으로 십이운성 이론이 있으나 이 또한 모순이 많은 이론이다. 이에 대해서도 12장「사주명리의 문제점들」에서 거론한다.

일간의 강약을 판단하기 위해서는 우선 천간이 지지에 통근했는가 아닌가를 알아야 한다. 통근이란 뿌리를 내려서 연결되어 있다는 의미다. 이렇게 뿌리로 연결되기 위해서는 천간과 같은 오행인 비겁이 지지의 지장간에 숨어 있어야 한다. 천간의 오행이 지장간에 있는 경우는 그 오행의 계절과 그 오행으로 삼합이 되는 계절이다. 예를 들면 木은 봄인 寅卯辰동방과 삼합이 되는 亥卯未목국에 木의 뿌리가 있다. 이러한 통근을 보면 다음과 같다.

木: 寅 卯 辰 亥 未
火: 巳 午 未 寅 戌
金: 申 酉 戌 巳 丑
水: 亥 子 丑 申 辰
土: 辰 戌 丑 未 寅 申 巳 亥

이것은 천간을 오행으로만 분류한 것이다. 그런데 박재완 선생의『명리요강』에서는 다음과 같이 십천간으로 분류하여 제시하였다. 그래서 이것이 보다 더 정확한 통근 이론이다.

| 십천간의 통근 |

甲木은 寅亥에 통근하고, 다음에 卯未辰이다.
乙木은 卯未辰에 통근하고, 다음에 寅亥다.

丙火는 寅巳에 통근하고, 다음에 未午戌이다.
丁火는 午未戌에 통근하고, 다음에 寅巳다.
戊土는 辰戌丑未에 통근하고, 다음에 寅巳午다.
己土는 午未辰戌丑에 통근하고, 다음에 寅巳다.
庚金은 申巳에 통근하고, 다음에 酉戌丑이다.
辛金은 酉戌丑에 통근하고, 다음에 申巳다.
壬水는 亥申에 통근하고, 다음에 子丑辰이다.
癸水는 子丑辰에 통근하고, 다음에 亥申이다.

이상과 같이 통근이란 천간의 오행이 지지에 있어야 한다. 보다 더 엄밀하게 말하면, 천간의 오행과 같은 비견이 있는 것이 겁재보다 통근이 잘된다. 이러한 원칙에 따른 이론이 위에 제시한 통근법이다.

일각에서는 천간을 생하는 인성이 지지에 있는 것도 통근이라고 한다. 그러나 이것은 인성으로 생하는 것이지, 통근이 아니다. 『자평진전』에서는 甲木일간이 월지 子水에 통근하지 못한다고 한다. 월지가 수생목하여 힘을 주어도, 생조하는 오행에 통근하는 것과는 다르다는 것이다. 즉 甲일주가 子월에 태어난 것보다 辰월에 태어난 것이 더욱 강하다는 것이다.

일간의 강약

앞에서 통근은 천간의 오행이 지지에 있어야 통근이라고 하였다. 그러나 천간 오행을 인성으로 생하는 지장간도 천간에 힘을 준다. 이러한 관계는 통근이라 하지 않고 통기通氣라고도 한다. 그래서 지장간의 인성도 강약 판단에 반드시 참고해야 한다.

따라서 앞의 통근법에서 甲乙木의 인성인 子水, 丙丁火의 인성인 卯木, 庚辛金의 인성인 辰土, 壬癸水의 인성인 酉金을 첨가하여 일주의 강약을 판단하면, 조금 더 정확할 듯하다.

천간의 통근만으로 일주의 강약을 판단하기에는 어려운 점이 있다. 그것은 지지가 일주를 극하거나 그 기운을 빼내는 경우도 있기 때문이다. 예를 들어 甲일주가 酉월에 태어났다면, 통근하는 힘이 제로가 아니라, 오히려 마이너스로 작용할 것이다. 그래서 통근 이론 또는 일주의 강약 판단은 일주를 강하게 하는 왕과 상만 아니라, 일주를 약하게 하는 휴와 수와 사에 대해서도 알아야 한다. 예를 들면 甲일주를 약하게 하는 것으로는 甲일주가 생하는 휴인 巳와 午, 甲일주가 극하는 戌과 丑, 甲일주를 극하는 申과 酉가 있다.

이러한 점을 보완하여 일간의 강약을 판단한다면 다음 페이지에 있는 도표와 같이 제시할 수 있다. 이 이론은 십천간을 강하게 하는 힘과 그 천간을 약하게 하는 힘을 숫자로 표기한 것이다.

이 도표에서 플러스(+)로 표기한 부분은 앞에서 제시한 『명리요강』을 참고한 것이다. 그러나 다음과 같은 몇 가지는 필자의 견해다.

하나는 『명리요강』에서는 "丙火는 寅巳에 통근하고, 다음으로 未午戌이다."라고 하였는데, 아무래도 未午戌이 아니라 午

【지지에 따른 일간의 강약】

강약	+6	+5	+4	+3	+2	+1	-1	-2	-3	-4	-5	-6
甲木	寅	卯	亥	辰	未	子	午	丑	戌	巳	酉	申
乙木	卯	辰	未	亥	寅	子	午	申	巳	丑	戌	酉
丙火	巳	午	寅	未	戌	卯	酉	辰	丑	申	子	亥
丁火	午	未	戌	寅	巳	卯	酉	亥	申	辰	丑	子
戊土	戌	辰	未	丑	巳寅	午	申亥			酉	子	卯
己土	未	丑	戌	辰	巳寅	午	申亥			酉	子	卯
庚金	申	酉	巳	戌	丑	辰	未	亥	寅	子	卯	午
辛金	酉	戌	丑	申	巳	辰	未	亥	寅	子	卯	午
壬水	亥	子	申	丑	辰	酉	卯	戌	未	寅	午	巳
癸水	子	丑	辰	申	亥	酉	卯	巳	寅	戌	未	午

未戌이 맞는 듯하다.

둘은 『명리요강』에서는 己土 일간의 통근은 午火가 가장 크다고 하였다. 이는 午火의 지장간에 己土가 중기에 들어 있다는 고전 이론에 따른 것이다. 그러나 필자는 지장간 이론에서 밝힌 바처럼, 午火의 지장간은 丙과 丁뿐이다. 그래서 위와 같이 배치하였다.

셋은 위와 같이 마이너스(-)로 표시한 것은 통근을 방해하는 힘의 정도를 나타낸 것이다. 이것도 필자의 견해다.

간지가 일간에 미치는 영향력

이상과 같이 모든 지지는 일간에 힘을 싣든지 또는 빼든지 한다. 그런데 모든 지지가 똑같은 힘을 갖는 것은 아니다. 이러한 차이를 살펴보면 다음과 같다.

첫째로 힘이 가장 강한 지지는 월지다. 월지는 여름이냐 겨울이냐의 차이처럼 사주에 미치는 영향이 가장 크다. 그래서 월령月令이라고 한다. 즉 나머지 모든 간지에 명령을 내린다는 의미다. 그래서 대운의 흐름도 월지로부터 시작한다. 월지에서 통근한 것을 득령得令했다고 한다. 그러나 월지의 힘은 나머지 간지의 총합보다는 작다. 그래서 그 힘은 약 40%라고 볼 수 있다.

둘째로 강한 것은 시지다. 시간은 낮과 밤의 차이처럼 음양의 변화가 월지 다음으로 크다. 그 힘의 정도는 20% 정도라고 할 수 있다.

셋째로 강한 것은 일지다. 연지와 일지는 해가 바뀌거나 날이 바뀌어도 음양의 변화가 거의 없다. 그럼에도 불구하고 일지는 일주 바로 아래에서 영향을 주기 때문에 그 힘은 15% 정도의 영향력이 있다.

지지 중에 가장 약한 것은 연지다. 매년의 변화는 음양의 변화가 크지 않을 뿐만이 아니라, 일주와 거리가 멀어서 그 작용력이 약하다. 그래서 그 힘은 10% 정도라고 할 수 있다.

반면에 천간의 힘은 매우 미약하기 때문에, 천간에 많은 것은 지지에 뿌리를 내린 것만 못하다. 『자평진전』에서는 천간에 있는 1개의 비견은 지지에서 1개의 묘고를 만난 것보다 못하고, 2개의 비견은 지지에서 1개의 여기를 만난 것보다 못하고, 3개의 비견은 지지에서 1개의 장생이나 녹이나 제왕을 만난 것보다 못하다고 한다. 즉 천간에 많은 것은 지지에 뿌리를 내린 것만은 못하기 때문에 천간 하나의 힘은 5% 정도라고 할 수 있다. 그래서 세 천간의 합은 15% 정도다. 물론 그 힘도 월간과 시간이 연간보다는 강하다.

　이상과 같은 강약 판단법은 매우 합리적인 방법이다. 그러나 어느 사주도 이렇게 공식적인 계산에 의해서 그 답이 나오지 않는다. 모든 사주의 여덟 글자(八字)는 항상 합과 충 그리고 생과 극의 관계가 있다. 강한 것 같으나 충이나 극으로 약해질 수 있으며, 약한 것 같으나 생과 합으로 강해지는 경우도 있다. 더욱이 지지삼합으로 오행이 바뀐 경우도 있으며, 천간합으로 두 오행의 기운이 완전히 사라진 경우도 있다.

　또한 천간의 힘은 매우 약하나 지지에 뿌리를 내려 통근한 것은 강하다. 그것도 월지 > 시지 > 일지 > 연지의 순서로 뿌리 내린 정도가 강하다. 마찬가지로 지지도 지장간이 천간에 투출했는가 아닌가에 따라 그 힘의 정도가 다르다. 더욱이 지지의 힘은 그 지장간에 있는 어느 오행이 투출했는가에 따라서도 역할이 달라지므로 매우 조심해야 한다.

　일간의 강약 판단은 매우 복잡하고 매우 어렵다. 그렇다고 이러한 원리를 무시하면 절대로 사주명리라 할 수 없다. 반면에 이 원리를 알았다면 사주명리의 고지를 점령할 수 있을 것이다. 『적천수(쇠왕)』에서는 "쇠왕의 참 기틀을 능히 알면 사주 간명의 오묘한 이치의 반은 넘은 것이다."라고 하였다. 반복하여 습득해서 직관적으로 한눈에 알아볼 수 있어야 한다.

9

용신격

앞 장에서 일간의 강약 판단법에 대하여 살펴보았다. 일간의 강약을 알았으면 당연히 강하면 누르고 약하면 도와야 한다(强者抑弱者扶). 이 '강자억약자부'라는 말은 세상사뿐만이 아니라 사주명리의 철칙이다. 『적천수(억부)』에서 임철조는 이 '강자억약자부'에 대하여 다음과 같이 말한다.

이 세상 천지에 명리학에 관한 책이 수만 권이라 할지라도, 사주풀이의 기본 원리를 설명하는 데에는 이 두 구절의 의미를 벗어날 수 없다. 이 구절을 읊으면 읊을수록 통쾌하고, 이치가 명백해진다. 명리를 배우는 사람들은 이 이치를 터득해야 한다. 그 심오한 이치를 탐구하면, 그 안에 명리의 지극한 원리가 담겨 있다는 것을 알 것이다.

이렇게 강약에 따라 용신을 정하는 것이 억부용신抑扶用神이다. 대부분의 사주가 여기에 해당된다. 다음에는 사주의 조화가 깨진 것을 맞추기 위한 병약용신과 통관용신이 있고, 기후의 조화를 맞추기 위한 조후용신이 있다. 『적천수』등의 고전에는 전왕용신 또는 종용신 또는 종격이라는 것이 있으나, 현대인에게는 발견되지 않는 것이다. 이에 대해서는 12장 「사주명리의 문제점들」에서 〈전왕용신의 문제〉로 거론한다.

1

억부용신

억부抑扶란 강하면 억제하고 약하면 부조扶助한다는 것이다. 그런데 강하거나 약해진 원인이 있기 때문에, 그 원인을 알아야 정확한 용신을 찾을 수 있다.

신강사주는 비겁과다가 우선이고, 다음에 인성과다이다. 가장 신약할 수 있는 사주는 관살과다이다. 그 다음은 재성과다 그리고 식상과다 순이다.

비겁과다 신왕

비겁이 많아서 신강한 경우에는 신강身強이라고도 하나, 매우 강한 경우가 많기 때문에 신왕身旺이라 한다. 비겁이 많아서 신강한 경우에는 관성→식상→재성의 순으로 용신을 찾는다.

① 비겁용관격

비겁이 많아서 신왕한데 관성이 있으면, 비겁을 충극하는 관성을 용신으로 한다. 이를 비겁용관격比劫用官格이라 한다. 신왕에 관성을 용신으로 하면 다음과 같은 효용이 있다.

金왕에 火를 만나면 기물器物을 작성한다.
水왕에 土를 만나면 지소池沼의 공이 있다.
木왕에 金을 만나면 재목材木을 작성한다.
火왕에 水를 만나면 기제既濟의 공을 얻는다.
土왕에 木을 만나면 소통疏通의 공이 된다.

다음 사주가 비겁용관격이다.

癸 丙 辛 乙
巳 子 巳 巳
時 日 月 年

丙火가 연월시에 巳火를 깔고 앉아서 신왕하다. 다행히 정관 癸水가 子水에 통근하여 火를 극하고 辛金을 보호하는 귀한 사주다.

丁 庚 甲 乙
丑 申 申 亥
時 日 月 年

庚金이 申월에 출생하고, 일지에 申金이 있고, 丑土가 생금하고 있어 신왕하다. 시간의 丁火는 매우 약하나, 연월에 甲乙木 두 재성이 생하고 있다. 그래서 정관을 용신으로 하는 매우 귀한 사주가 되었다. 이것은 뒤에서 설명할 재자약살격財滋弱殺格에 해당되기도 한다. 왜냐하면 대부분의 용관격은 재가 있어서 재생관하여야 하기 때문이다.

② 재자약살격

비겁이 많아서 신왕한데 재관이 있으나 관살이 약하면, 관을 생조하는 재를 용신으로 한다. 이를 재가 살을 돕는다는 재자약살격財滋弱殺格이라 한다. 또는 간단하게 재관격財官格이라 한다.

다음 사주가 재자약살격이다.

庚 庚 丙 己
辰 申 寅 酉
時 日 月 年

寅월 庚金이라 쇠약할 것 같으나, 丙寅 간지를 제외하고는 모두가 일주를 생조하고 있어 신강하다. 그래서 편관 丙火로 극해야 하나, 이 丙火는 약하다. 이때 편재인 寅木이 丙火를 생조하고 있어서 귀격의 사주가 되었다. 그러나 운이 북서로 흘러서 귀하게 살지는 못했다.

辛 庚 庚 丙
巳 申 寅 申
時 日 月 年

庚金이 寅月에 태어나 약할 것 같으나 지지에 두 申金이 있고, 천간에 庚辛金이 투간하여 巳火는 金의 장생지가 되었다. 신강하여 丙火를 용신으로 하고, 약한 丙火를 寅木이 생하는 재자약살격이다. 이 사주는 앞의 사주보다 못하나, 운이 동남으로 흘러서 앞의 사주보다 부귀하였다.

③ 식신상관격
비겁이 많아서 신왕한데 관성이 없고 식신이나 상관이 있으면, 비겁을 설기하는 식신이나 상관을 용신으로 한다. 이를 식신상관격이라 한다. 신왕에 식상을 용신으로 하면, 다음과 같은 효용이 있다.

강한 金이 水를 만나면 날카로움을 꺾는다. (强金得水 方挫其鋒)
강한 水가 木을 만나면 세력을 부드럽게 한다. (强水得木 方緩其勢)
강한 木이 火를 만나면 빼어남을 드러낸다. (强木得火 方洩其英)
강한 火가 土를 만나면 불꽃을 감춘다. (强火得土 方斂其燄)
강한 土가 金을 만나면 완고함을 버린다. (强土得金 方化其頑)

다음의 사주가 식신상관격이다.

癸 壬 辛 壬
卯 子 亥 子
時 日 月 年

壬水가 亥월에 태어났는데, 사방이 물이 넘치는 사주다. 오로지 시지의 卯木으로 설기해야 한다. 木대운에 대발하였으나 火대운에 망하고, 사망한 사주다. 火대운이 안 좋은 것은 군비쟁재가 될 뿐만이 아니라, 약한 재관이 강한 비겁의 왕신을 충하였기 때문이다.

丙 甲 丁 甲
寅 辰 卯 寅
時 日 月 年

甲일주가 양인월에 태어났는데, 지지는 목방국을 이루었다. 관성이 없을 뿐만이 아니라, 이렇게 지나치게 강한 것은 억제하기보다는 식상으로 설기해야 한다. 다행히 천간에 식신상관인 丙丁火가 있어서 강한 목기를 설하는 식신상관격이다. 이러한 격국을 나무에 꽃이 만발한 목화통명격木花通明格이라고도 한다.

④ 식상생재격

비겁이 많아서 신왕한데 관성은 없고 식신이나 상관이 있으면, 비겁을 설기하는 식상을 용신으로 한다. 이때 재성이 있으면, 식상에 또 식상이 있는 격이니 격이 더욱 높아진다. 이를 식상생재격食傷生財格이라 한다.

다음 사주가 식상생재격이다.

乙 甲 丙 甲
亥 戌 寅 戌
時 日 月 年

甲木이 寅월에 태어났고, 시지 亥水가 수생목하고, 천간 甲乙이 투간하여 비겁이 왕하다. 신왕하여 丙火로 설기하는데, 또다시 戌土 재성이 있어서 식상생재격이 되었다.

己 乙 甲 戊
卯 卯 寅 午
時 日 月 年

乙木이 甲寅월에 태어났는데, 일지와 시지 또한 卯木이라서 비겁이 중중한 신왕사주다. 다행히 연지 午火가 식신으로 설기하는데, 戊土가 있으니 식신생재격이다.

辛 壬 丙 甲
亥 寅 子 申
時 日 月 年

壬水가 子월 수왕절에 태어났는데 申子반합하고, 시지에 亥水가 있고, 辛金이 水를 생하여 신왕하다. 반면에 월간 丙火는 매우 약하다. 다행히 연간 甲木과 일지 寅木이 강한 수기를 설하여 火를 생한다. 식상이 재를 생하여 식상생재격이다. 중국의 유명한 갑부의 사주다.

⑤ 군겁쟁재격

　식상생재격과 비슷하나, 전혀 다른 경우가 군겁쟁재격群劫爭財格이라는 것이다. 비겁이 많아서 신왕한 것은 같으나, 식상이나 관살이 전혀 없고 약한 재성만 있는 경우다. 이때에는 재가 관살을 생조하여 비겁들을 충극하지도 않고, 비겁들이 식상으로 재를 생조하지도 않고, 오직 약한 재를 취하려고 비겁들이 쟁탈전을 벌인다. 이를 비겁의 무리들이 재를 취하려고 싸움을 하는 군겁쟁재격이라 한다. 매우 가난한 경우가 많으며, 격 또한 매우 낮은 경우가 많다. 군겁쟁재격은 용신격은 아니나, 참고로 알아 두어야 한다.

　다음 사주가 군겁쟁재격이다.

　丙　壬　壬　壬
　午　子　子　子
　時　日　月　年

　3개의 壬子水가 재를 생하는 식상인 木이 전혀 없이 재만 취하려고 달려들어 싸움만 하는 격이다. 전형적인 군겁쟁재격이다. 『연해자평』에 실려 있는 걸인의 사주다.

　庚　丙　戊　癸
　寅　午　午　巳
　時　日　月　年

　丙火가 화왕절인 午월에 태어났는데, 寅午반합과 巳火가 있어 대단히 신강하다. 연간 癸水는 戊癸합화하여 쓸 수 없어서,

부득이 시간 庚金을 용신으로 할 수밖에 없다. 중중한 비겁들이 뿌리도 없이 약한 庚金을 먹으려고 싸우는 형국이다. 대단히 가난한 사주다.

인성과다 신강

나를 생하는 인성이 너무 많을 경우에는 다음과 같은 해가 있다.

金은 土의 생에 의지하나 土가 많으면 金이 묻힌다.
(金賴土生 土多金埋)
土는 火의 생에 의지하나 火가 많으면 土가 부스러진다.
(土賴火生 火多土斥)
火는 木의 생에 의지하나 木이 많으면 火가 꺼진다.
(火賴木生 木多火熄)
木은 水의 생에 의지하나 水가 많으면 木이 뜬다.
(木賴水生 水多木漂)
水는 金의 생에 의지하나 金이 많으면 水가 흐려진다.
(水賴金生 金多水濁)

이렇게 인성이 많아서 신강한 경우에는 재성 → 식상 → 관성의 순으로 용신을 찾는다.

① 인중용재격

인성이 많아서 신강한데 재성이 있으면, 인성을 극하는 재성을 용신으로 한다. 이를 인성이 많아서 재를 쓴다는 인중용재격印重用財格이라고 한다. 또는 인성을 버리고 재를 취한다는 기인취재격棄印就財格이라고도 한다.

다음 사주가 인중용재격이다.

戊 甲 壬 壬
辰 寅 子 辰
時 日 月 年

甲木이 수왕절인 子월에 태어났는데, 子辰반합하고, 천간에 두 壬水가 있어서 인성과다 신강이다. 이때에는 시상에 있는 재성 戊土로 인성을 억제해야 한다.

甲 庚 戊 甲
申 申 辰 辰
時 日 月 年

庚金이 戊辰월 辰년 申시에 태어나 인성이 과다하여 신강하다. 다행히 辰土에 뿌리를 둔 甲木 편재가 있어서 이것을 용신으로 인성을 억제해야 한다.

② 식상생재격

인성이 많아서 신강한데 식신이나 상관이 있고 재성이 있으면, 재성을 생조하는 식상을 용신으로 한다. 이를 식신이나 상관이 재를 생한다는 식상생재격食傷生財格이라 한다.

다음 사주가 식상생재격이다.

丁 戊 辛 戊
巳 午 酉 子
時 日 月 年

戊土가 일지와 시주의 인성으로 신강하다. 월주 상관 辛酉로 설기하여 연지 子水를 생조하여 식상생재격이다. 水대운에 갑부가 된 사주다.

庚 壬 丙 甲
子 申 寅 申
時 日 月 年

壬水가 寅월에 태어나 수기가 고갈된 듯하나, 申子반합하고 庚金이 투출하여 강해졌다. 식상 寅木이 수기를 설기하여 丙火를 생한다. 壬水라는 호수에 丙火라는 태양이 비추는 강휘상영江暉相暎하는 식신생재격이다.

③ 인중용관격

인성이 많아서 신강한데 재나 식상은 없고 관살이 있으면, 이 경우에는 부득이 관살을 용신으로 한다. 이를 인성이 많아서 관을 쓴다는 인중용관격印重用官格 또는 인중용살격印重用殺格이라 한다. 이 경우에는 관이 인성을 생하기 때문에, 인중용재격보다는 격이 떨어진다.

다음 사주가 인중용관격이다.

丁 己 丁 癸
巳 未 巳 卯
時 日 月 年

己土가 초여름에 태어났는데 사방이 불이라, 인성과다 신강이다. 연간 癸水는 뿌리가 없어 쓸 수 없고, 부득이 연지 卯木으로 소토할 수밖에 없다.

甲 丁 乙 癸
辰 巳 卯 未
時 日 月 年

丁火가 목왕절에 태어났는데 卯未반합하고, 지지에 통근한 甲乙木 인성이 있어서 매우 신강하다. 부득이 연간 癸水를 용신으로 할 수밖에 없는데, 이 癸水는 巳 중 庚金과 辰 중 癸水에 뿌리를 내리기도 거의 불가능하여 너무 무력한 용신이다. 그런데 이 남성은 다행히 대운이 북방에서 서방으로 흘러서, 이 편관이 용신이 되어 작은 벼슬을 했다고 한다.

관살과다 신약

나를 극하는 관살이 너무 많아서 신약한 경우에는 다음과 같은 해가 있다.

약한 金이 火를 만나면 반드시 녹는다. (金衰遇火 必見銷鎔)
약한 火가 水를 만나면 반드시 꺼진다. (火弱逢水 必爲熄滅)
약한 水가 토를 만나면 반드시 흡수된다. (水弱逢土 必爲淤塞)

약한 土가 木을 만나면 반드시 허물어진다.(衰逢木 必遭傾陷)
약한 木이 金을 만나면 반드시 꺾인다.(木弱逢金 必爲斫折)

관살이 많아서 신약한 경우에는 인성 → 비겁 → 식상의 순으로 용신을 찾는다.

① 살중용인격
관살이 많아서 신약한데 인성이 있으면, 인성을 용신으로 한다. 이를 관살이 많아서 인성을 용신으로 한다는 살중용인격殺重用印格이다. 그런데 이 경우 관살은 인성을 생하기 때문에, 관살과 인성이 상생하는 좋은 관계다. 그래서 살인상생격殺印相生格 또는 관인상생격官印相生格이라고도 한다.
다음 사주가 살중용인격이다.

甲 戊 甲 戊
寅 午 寅 子
時 日 月 年

戊土가 甲寅월과 甲寅시의 칠살에 극제되어 신약하다. 다행히 일지 午火가 寅午반합하여 왕성한 木을 목생화하고, 다시 戊土를 생조한다. 그래서 매우 좋은 사주가 되었다. 여기서 연지 子水는 午火를 충하지 못하고, 수생목하고 목생화하는 역할을 한다.

甲 戊 丙 己
寅 子 寅 亥
時 日 月 年

戊土가 寅월 寅시에 태어났는데, 亥子水가 편관을 생하고 있어서 신약하다. 다행히 월간 丙火가 있어서 용신으로 하는데, 이 丙火를 寅木 편관이 생조하는 구조다. 이 사주는 앞 사주와 비슷한 듯하나, 이 사주에서는 일지 子水가 칠살 寅木을 생하는 구조고, 운마저 북서로 흘러서 재앙이 많았다.

② 살중용겁격

관살이 많아서 신약한데 인성은 없고 비겁이 있으면 부득이 비겁을 써야 한다. 이를 살중용겁격殺重用劫格이라 하는데, 살중용인격보다는 격이 떨어지는 경우가 많다.

다음 사주가 살중용겁격이다.

壬 丙 癸 戊
辰 午 亥 申
時 日 月 年

丙火가 癸亥월 壬辰시에 태어나 관살 혼잡으로 매우 신약하다. 다행히 戊癸합화하여 합관유살하여 사주가 맑아졌다. 일지의 午火를 용신으로 한다. 중년 이후 火木운을 만나 대발하였다.

甲 庚 丙 丁
申 午 午 巳
時 日 月 年

庚金이 화왕절에 태어났는데 사방이 불이다. 인성도 없어서 부득이 시지 申金 비견을 용신으로 할 수 밖에 없다. 이렇게 비겁을 쓸 경우에는 살중용비격이라고 해도 된다.

③ 식상제살격

관살이 많아서 신약한데 인성이나 비겁이 없고 식상이 있으면, 부득이 식상을 써서 관살을 억제해야 한다. 이를 식신상관이 관살을 억제한다는 식상제살격食傷制殺格이라 한다. 관살은 나를 억제하여 약하게 하는 것이고, 식상은 내 것이 빠져나가 약해지는 것이다. 그런데 관살이 많아 위급하여 식상으로 대처하는 것이기 때문에, 더욱 신약해진다. 그래서 이러한 격의 사주는 아주 특이한 경우가 많다.

다음 사주가 식상제살격이다.

丙 庚 丙 壬
戌 午 午 申
時 日 月 年

庚金이 화왕절에 태어났는데, 丙午월 丙戌시와 午戌반합하여 편관이 대단히 왕성하다. 다행히 연간 壬水가 申金에 생조되어 제살하고 있다. 또한 사주에 木이 없어 壬水를 설기하지 않을 뿐만이 아니라, 火를 더 생하지 않는다. 그래서 더 좋게 된 사주다.

甲 壬 戊 戊
辰 辰 午 辰
時 日 月 年

壬水가 화왕절에 태어나 신약한데, 편관인 辰土 戊土가 중중하여 신약하다. 신약한 중에도 壬水가 辰土에 통근하고, 辰土에 뿌리를 둔 식신 甲木이 제살하여 귀하게 되었다.

④ 합살유관

관살이 많아서 신약하면, 위에서 본 바처럼 인성이나 비겁 또는 식상을 용신으로 한다. 이 중에서 인성용신이 좋은 경우가 많다. 그런데 정관이든 편관이든 관살이 많으면, 신약이 아니라도 충극으로 나를 극제하는 것이 많기 때문에, 빈천한 경우가 많다. 이를 관살혼잡격官殺混雜格이라고도 한다. 이러한 사주에 정관이나 편관을 충하여 제거하거나 합하면, 오히려 사주가 맑아져서 좋아진다. 이를 살은 합하고 관은 남긴다는 합살유관合殺留官 또는 합관유살合官留殺이라 한다.

다음 사주가 합관유살이다.

壬 丙 癸 戊
辰 午 亥 申
時 日 月 年

丙火가 亥월에 태어났고, 월간 癸水와 시간 壬水가 있어 관살혼잡 사주다. 그러나 연간 戊土가 癸水와 합하여 합관유살되어 맑아진 사주다. 신약하므로 木火대운에 크게 발달하였다.

다음 사주가 합살유관이다.

庚 乙 辛 丙
辰 亥 卯 辰
時 日 月 年

乙木이 목왕절에 태어나고, 亥卯반합으로 신강하여 재관을 쓸 수 있다. 천간 庚辛金으로 관살 혼잡인데, 다행히 丙辛합하여 살이 합거되었다. 그래서 서방 금운에 벼슬이 높았다.

재성과다 신약
재성이 너무 많아서 신약한 경우에는 다음과 같은 해가 있다.

金이 능히 木을 극하나 木이 많으면 金이 이지러진다.
(金能剋木 木堅金缺)
木이 능히 土를 극하나 土가 많으면 木이 꺾인다.
(木能剋土 土重木折)
土가 능히 水를 극하나 水가 많으면 土가 떠내려간다.
(能剋水 水多土流)
水가 능히 火를 극하나 火가 많으면 水가 증발한다.
(水能剋火 火炎水蒸)
火가 능히 金을 극하나 金이 많으면 火가 꺼진다.
(火能剋金 金多火熄)

재성이 많아서 신약한 경우에는 비겁 → 인성 → 관살의 순으로 용신을 찾는다.

① 재중용겁격

　재성이 많아서 신약한데 비겁이 있으면, 재를 충극하는 비겁을 용신으로 한다. 이를 재중용겁격財重用劫格이라 한다. 또는 멋을 내서 비겁을 얻어서 재를 얻는다는 득비리재격得比利財格이라고도 한다.

　다음 사주가 재중용겁격이다.

戊 癸 丙 壬
午 亥 午 申
時 日 月 年

　癸水가 丙午월 戊午시에 태어나서 재성이 강한 신약사주다. 다행히 일지의 亥水와 연간의 壬水 두 비겁이 일주를 도와서 재관을 담당하고 있다. 그래서 거부가 될 수 있었다.

己 壬 丙 丁
酉 寅 午 亥
時 日 月 年

　壬水가 화왕절인 午월에 태어났는데, 寅午반합하고 천간 丙丁火가 투출하여 재성이 강한 신약사주다. 火가 치열하여 연지 亥水 비겁을 용신으로 하고, 시지 酉金을 희신으로 한다.

② 재중용인격

재성이 많아서 신약한데 비겁은 없고 인성이 있으면, 부득이 인성을 용신으로 삼는다. 이를 재중용인격財重用印格이라 한다. 비겁을 쓰는 것보다는 격이 떨어진다.

다음 사주가 재중용인격이다.

丙 戊 辛 丁
辰 子 亥 卯
時 日 月 年

戊土가 亥월에 태어났고 亥卯반합과 子辰반합으로 재관이 지나치게 왕하여 신약사주다. 다행히 연간과 시간의 인성이 戊土를 생하여 좋은 사주다.

丁 戊 癸 癸
巳 子 亥 酉
時 日 月 年

戊土가 亥월에 태어났는데, 일지 子水와 천간 癸水가 있어 신약사주다. 다행히 丁巳시로 인성을 용신으로 할 수 있다. 己未대운부터 발복한 갑부의 사주다.

③ 재중용살격

재성이 너무 많아서 신약한데 비겁이나 인성이 없고 관살이 있으면, 이 경우에는 부득이 재성의 기운을 설하는 관살을 쓸 수도 있다. 관살도 나를 충극하여 약하게 하는 것이기 때문에,

더욱 신약해진다. 이론적으로는 이러한 격이 있을 수 있으나, 실제로는 발견하기 쉽지 않다.

④ 재다신약과 탐재괴인

재성이 많아서 신약한데 용신이 무력하면 이를 재다신약격財多身弱格이라 한다. 이는 재성이 많아서 신약하다는 의미지 용신격은 아니다. 이 재다신약 사주는 대부분 겉은 화려하나 속은 빈한하다. 그래서 화려한 집에 사는 가난뱅이라는 의미의 부옥빈인격富屋貧人格이라고도 한다.

다음 사주가 재다신약이다.

甲 庚 己 乙
申 子 卯 未
時 日 月 年

庚金이 卯月에 태어났는데 卯未반합하고, 申子반합하여 수생목하고, 천간 甲乙木이 투간하여 木이 극왕하다. 반면에 월간 인성 己土는 전혀 뿌리를 내리지 못했다. 庚金이 재성으로 둘러쌓여 있는 전형적인 재다신약격이다. 평생 한 가지도 이루지 못했다.

신약한데 인성이 있으면, 인성을 용신으로 삼는 경우가 대부분이다. 그런데 일간이 재성과 합이 되어서 재를 탐하느라 인성을 보지 않는 경우도 있다. 이를 재를 탐하여 인성을 괴멸시킨다 하여 탐재괴인격貪財壞印格이라 한다. 여자 때문에 집안을 망치는 격이다. 이를 기반羈絆이라 하는데, 이에 대해서는 10

장의 〈용신의 유무정〉에서 설명한다. 이러한 탐재괴인격은 매우 낮은 경우가 많다.

다음 사주가 탐재괴인격이다.

辛 丙 庚 癸
卯 申 申 卯
時 日 月 年

丙火가 金水가 왕한 가을에 태어나 매우 약하다. 다행히 연지와 시지에 인성으로 卯木이 있어서 용신으로 할 수 있다. 그러나 이 丙火는 시간 辛金과 丙辛합하여 인성을 보지 않고 있다. 여자 또는 돈 때문에 망한 격이다.

식상과다 신약

식상의 설기가 너무 많아서 신약한 경우에는 다음과 같은 해가 있다.

金은 능히 水를 생하나 水가 많으면 金이 잠긴다.
(金能生水 水多金沈)
水가 능히 木을 생하나 木이 많으면 水가 마른다.
(水能生木 木多水縮)
木이 능히 火를 생하나 火가 많으면 木이 불탄다.
(木能生火 火多木焚)
火가 능히 土를 생하나 土가 많으면 火가 어둡다.
(火能生土 土多火晦)

土가 능히 金을 생하나 金이 많으면 土가 약해진다.
(土能生金 金多土弱)

식상이 많아서 신약한 경우에는 인성→비겁→재성 또는 관성의 순으로 용신을 찾는다.

① 상관용인격
식상이 많아서 신약한데 인성이 있으면 식상을 충극하는 인성을 용신으로 한다. 이를 상관용인격傷官用印格이라 한다. 또는 인성을 '지니다'라는 의미의 상관패인격傷官佩印格이라고도 한다.
다음 사주가 상관용인격이다.

甲 丁 甲 甲
辰 未 戌 子
時 日 月 年

중화민국 대총통을 지낸 여원홍黎元洪의 사주라고 한다. 丁火가 戌월에 태어났는데 일지와 시지가 土라서 지지에 식상이 왕성한 신약사주다. 다행히 연월시간의 甲木이 丁火를 생하고 土를 억제하고 있다. 木대운에 크게 발전하였다.

辛 戊 丁 辛
酉 午 酉 酉
時 日 月 年

戊土가 상관인 辛酉金이 왕하여 신약하다. 다행히 월간 丁

火가 일지 午火에 통근하여 金을 누르고 土를 생하고 있다. 木火대운에 대발한 사주다.

② 상관용겁격

식상이 많아서 신약한데 인성이 없고 비겁이 있으면, 비겁을 용신으로 한다. 이를 상관용겁격傷官用劫格 또는 상관용비격傷官用比格이라 한다. 상관용인격보다는 격이 떨어진다.

다음 사주가 상관용겁격이다.

己 戊 辛 癸
未 申 酉 亥
時 日 月 年

戊土가 금왕절인 辛酉월에 좌하 申金이 왕성하여 신약하다. 己未 시간의 겁재를 용신으로 한다. 火土운에 대발하였으나, 비겁을 극제하는 乙卯운에 파직당했다.

癸 己 辛 戊
酉 酉 酉 戌
時 日 月 年

己土가 금왕절인 辛酉월에 태어나고, 일지와 시지에 酉金이 있어 신약하다. 인성이 있으면 좋으나, 인성이 없어 부득이 연간 戊土 겁재를 용신한다.

③ 상관용재격과 상관용살격

　식상이 매우 많아서 신약한데 인성이나 비겁이 전혀 없는 경우가 있다. 아주 예외적이기는 하나 강한 식상을 설하는 재를 용신으로 할 수도 있고, 식상을 충극하는 관성을 용신으로 할 수도 있다. 그런데 식상도 나를 약하게 하는데 재성이나 관성은 나를 더욱 약하게 한다. 굳이 이름하자면 상관용재격과 상관용살격이라 할 수 있다. 이러한 격은 이론적으로 가능하나 실제로 존재하기는 어렵다.

복합적인 경우

　앞에서 억부용신에 관하여 살펴보았다. 이 다섯 유형의 억부용신격은 일종의 모델에 해당된다. 그러나 대부분의 사주는 이렇게 단순하지 않고 복합적이다. 예를 들어 신강인 것은 분명한데 인성과 비겁이 섞여 있어서 인성과다인지 비겁과다인지를 명확히 구별하기가 어려운 경우가 많다. 이러할 경우에는 굳이 구별하지 않아도 된다. 또한 용신도 사주 전체의 구조에 맞추어 식, 재, 관 중에 하나를 쓰면 된다. 마찬가지로 신약인 경우에도 관살 재성 식상이 섞여 있어서 구별하기 어려우면 그 원인이 관살과다인지 재성과다인지 식상과다인지를 구별하지 않아도 된다. 또한 용신도 사주 전체의 구조에 맞추어 인성이나 비겁을 쓰면 된다.

2

조후용신

앞에서는 일주의 강약으로 용신을 찾았다. 그러나 때로는 강약을 조절하기보다 추위나 더위를 피하는 것이 급할 때가 있다. 말하자면 추운 겨울에 태어났다면, 우선 급한 것이 언 몸을 녹이는 것이다. 그래서 겨울에는 따뜻하게 하는 것이 급하고, 여름에는 시원하게 하는 것이 급하다. 이렇게 용신을 구하는 것이 조후용신調候用神이다.

이 조후용신에 관한 고전은 『궁통보감』이다. 이것을 요약하고 정리한 것이 7장의 〈일주의 월별 희기론〉이다.

예를 들면 겨울의 차가운 金은 반드시 火를 얻어야 하고, 여름의 뜨거운 햇살 아래에 있는 나무는 반드시 水가 필요하다. 이렇게 木金일주는 특별히 조후가 필요하다. 그래서 겨울에 태어난 庚辛일주는 관살(火)을 용신으로 하고, 여름에 태어난 甲

乙일주는 인성(水)을 용신으로 하는 경우가 많다.

다음 사주가 조후 용신에 해당하는 것이다.

戊 庚 丙 甲
寅 辰 子 申
時 日 月 年

庚金이 수왕절에 태어났는데, 申子辰삼합까지 하고 甲寅木까지 있어 매우 신약하다. 신약하면 인성이나 비겁을 용신으로 해야 한다. 그러나 이렇게 겨울에 태어난 金은 너무 추워서 우선 언 것을 녹여야 한다. 그래서 우선 丙火로 따뜻하게 하고, 다음에 丙火로 戊土를 생하여 범람하는 물을 막아야 한다. 그래서 이 사주에서는 丙火가 용신이고, 戊土가 희신이다. 이렇게 겨울의 金은 불을 좋아한다. 왜냐하면 金은 백 번 불에 달구어도 그 본성이 변하지 않기 때문이다. 그래서 金일주가 亥子월에 태어나면 관(火)을 좋아한다는 금수상관희견관金水傷官喜見官이라는 성어가 생겼다.

庚 甲 丁 癸
午 辰 巳 丑
時 日 月 年

甲木이 巳월 午시에 태어나고, 천간 丁火가 투출하여 매우 뜨거운 사주다. 다행히 甲木은 辰土에 뿌리를 내리고, 인성 癸水는 丑土에 통근하였다. 신약할 뿐만이 아니라 너무 더워서 癸水인성이 용신이다. 북방 水운에 대발하였다.

『적천수』에는 "추워도 신약하면 일단 인성을 먼저 찾으며, 인성이 있으면 인성이 용신이다."라고 하였다. 이 말은 조후법도 억부법의 보조라는 것이다. 즉 매우 신약할 때는 일주를 돕는 것을 우선으로 한다.

3

병약용신

앞의 〈억부용신〉에서 살펴본 바와 같이, 무엇인가가 지나치게 많거나 부족하면, 사주의 조화가 깨진다. 이렇게 조화가 깨진 것을 조화롭게 균형을 잡는 것이 억부용신법이다. 그래서 억부용신법이란, 사주가 조화롭지 못해서 병이 난 것을 치료하는 약 처방과 같다. 앞으로 살펴보면 알겠지만, 조후용신이나 통관용신도 억부용신처럼 병을 치료하는 약 처방이다. 그런데 여기서 굳이 병약용신病藥用神이라고 하는 것은 무엇 때문인가? 병도 중하고 약도 효험이 뛰어나기 때문이다.

사주에서 제일 중요한 것은 용신이다. 그런데 이 용신을 충극하여 파괴하거나 합하여 가는 것이 있다. 이것이 기신이라 하는데 이 기신이 너무 강한 것을 병이라 한다. 이때 병인이 기신을 충극하거나 합거하여 용신을 보호하는 것이 있다. 이것은 매우 소중한 약과 같다. 이렇게 사주에서 기신을 제거하는 것을 용신으로 삼는 용신격을 병약용신격이라 한다.
다음 사주가 병약용신이다.

甲 乙 丁 戊
申 未 未 戌
時 日 月 年

乙木이 未월에 출생했는데 지지가 未戌土와 申金이라 재왕하여 신약하다. 甲木비견을 용신으로 하는 재중용겁격이어야 하는데 申金관성이 甲木을 극하고 있다. 다행히 未土에 뿌리를 둔 월간 丁火가 있어서 申金관성을 극한다. 그래서 여기서는 丁火식신이 약이 된다. 식신은 일주를 설기 하는 것이기 때문에, 억부용신으로만 보면 신약한 사주에 희용신이 될 수 없다. 그러나 이 사주에서는 가능하다.

戊 甲 甲 庚
辰 寅 申 午
時 日 月 年

甲木이 申월에 태어나고 戊辰시라 신약하다. 인성이 없어 비겁을 용신으로 해야 한다. 월간 甲木은 연간 庚金과 충을 하여 못쓰고, 일지 寅木은 월지 申金과 충을 한다. 다행히 연지 午火가 申金을 충극하여 寅木을 용신으로 할 수 있다. 이 사주에서는 연지 午火가 약신이다.

이렇듯이 병약용신은 억부용신과 다른 점이 있다. 그러나 사주의 강약의 원리에 따르면 넓은 의미에서 병약용신은 억부용신의 보조 방법이라고 할 수 있다. 또한 약신은 대부분 억부용신법에서 희신이 되는 경우가 많다.

일상에서처럼 약은 병을 고치는 매우 소중한 것이다. 그래서인지 이 약을 쓰는 병약용신격의 사주는 특이한 경우가 많다. 일설에는 "병이 있고 약이 있어야 비로소 귀하게 된다(有病有藥方爲貴)."라고 한다. 즉 병약용신격은 귀하다는 것이다. 그러나 『적천수』에서는 "병이 있고 약이 있어야 오히려 귀하게 된다."라는 주장을 반박하면서 다음과 같이 말한다.

> 비유하면 사람이 병이 없으면, 사지가 튼튼하고 기혈 순환이 원활하여 동작이 자유롭고 모든 것이 편안하다. 그러나 몸에 병이 있으면, 근심은 많고 즐거움은 적고 거동은 불편하다. 다행히 좋은 약이 있으면 나을 수 있으나, 만약 좋은 약이나 의사가 없다면, 죽을 때까지 고생하지 않겠는가.

이 말은 차라리 병이 없는 것이 좋다는 것이다. 즉 용신을 충극하는 기구신이 강하지 않아야 한다는 것이다.

4
통관용신

　막강한 두 세력이 대치하고 있을 때, 두 세력 사이를 연결하는 오행이 용신이다. 대치하는 두 세력을 상생 관계로 화해시키는 것이다. 즉 통관이라는 방법으로 강약을 부드럽게 조정하는 것이다. 그래서 이 통관용신법도 넓은 의미에서 억부용신법에 포함된다.
　대부분 통관용신일 경우에는 흉신이 길신으로 변하는 경우가 많다. 이 통관용신법으로 용신을 잡는 경우는 흔하지 않으나, 사주명리의 이면에는 항상 이 통관을 이용하고 있다. 왜냐하면 오행은 다음과 같이 상생으로 흘러가야 하기 때문이다.

　木土가 상극할 때 火가 통관한다.
　火金이 상극할 때 土가 통관한다.

土水가 상극할 때 金이 통관한다.
金木이 상극할 때 水가 통관한다.
水火가 상극할 때 木이 통관한다.

다음 사주가 통관용신이다.

己 丁 丙 丁
酉 酉 午 酉
時 日 月 年

丁火가 화왕절에 태어났고 천간에 丙丁火가 투간해서 신강한데, 지지에 酉金이 셋이나 있어서 火金이 상극하고 있다. 다행히 시간에 己土가 있어서 화생토 토생금으로 통관하고 있다. 그래서 己土가 용신이다.

庚 壬 庚 丙
子 午 子 午
時 日 月 年

壬일주가 수왕절에 태어나 신강한데, 관이나 식상이 없어서 재를 용신으로 해야 한다. 그런데 강한 水와 火를 소통시키는 식상이 없어서 水火가 상극으로 대치하고 있는 형국이다. 다행히 행운이 목운으로 이어져서 지사知事에까지 올랐다고 한다. 이 경우에는 대운에서 통관시켜서 운이 대발한 경우다.

이상과 같이 통관용신에 대하여 살펴보았다. 그러나 현실적으로는 통관용신이라고 할 만한 것이 거의 없다. 대부분의 문헌에서 통관용신으로 거론되는 사주들은 억부용신의 일부에 불과하다. 그래서 앞에 인용한 丁酉년생의 사주를 통관용신의 예로 많이 인용한다. 이 사주는 『자평수언子平粹言』에 나온 것을 낭월 박주현 선생이 소개하면서 통관용신의 예로 많이 알려진 것이다. 그 다음의 丙午년생의 사주는 백영관이라는 필명을 쓴 『사주정설』에 실린 것이다.

   그런데 통관용신이라 하는 이 두 사주도 억부용신으로 보아도 크게 다르지 않다. 두 사주 모두 비겁과다 신강사주다. 그래서 관이나 식상이나 재를 용신으로 해야 한다. 두 사주 모두 재가 충분하여 재를 용신으로 한다. 다행히 앞의 사주는 식상이 있어서 강한 일주를 설기하여 재를 생하는 구조다. 반면에 뒤의 사주는 식상이 없어서 수극화로 대치하고 있는 형국인데, 대운에서 식상이 와서 재를 생조하여 길하게 되었다. 이러한 용신법은 넓은 의미에서 억부용신의 식상생재격이다.

10

간명 순서

1

중화

   사주명리란 태어난 연월일시의 간지 여덟 글자(八字)를 보고, 그 사람의 운명을 판단하는 것이다. 이를 '명을 본다'는 의미에서 간명看命이라 한다. 물론 이 명命은 생명이고, 운명이고, 천명이다.
   사주를 간명할 때 살펴야 할 것은 그 여덟 글자의 조화다. 제일 먼저 간지의 음양이다. 모든 간지가 양으로만 되어 있거나 음으로만 되어 있으면 조화를 이루지 못한 것이다. 다음은 오행이다. 여덟 글자에 오행이 두루 갖추어져 있어야 조화를 이룬 것이다. 다음은 지지의 생왕고지다. 지지가 생왕고지 중에서 하나로 이루어졌으면, 조화를 이루지 못한 것이다. 이렇게 조화를 이루지 못한 사주도 특이하게 발달하는 경우도 있다. 그러나 대부분 운명의 부침이 매우 심하다. 그래서 좋은 사주란 음양과 오행 그리고 생왕고지가 두루 갖추어져서 중화中和를 이룬 사주다.

　앞 장의 용신격에서 살펴본 바처럼, 용신의 의미는 사주를 조화시키는 것이다. 즉 중화하기 위한 것이다. 넘치면 덜어내고, 적으면 보태고, 강하면 누르고, 약하면 북돋아 중화하는 것이 용신이다. 이러한 직접적인 방법이 억부용신이다. 그러나 조후용신은 한서조습을 중화하는 것이고, 병약용신은 병을 제거하여 중화하는 것이고, 통관용신은 막힌 것을 소통시켜 중화하는 것이다. 이렇게 사주를 중화시키는 역할을 하는 것이 용신이다. 물론 사주가 이미 중화되었다면 더없이 좋다. 『적천수(중화)』에서 중화에 대하여 다음과 같이 말한다.

　중화란 명리의 바른 이치다. 이미 중화의 바른 기를 이루었다면 어찌 명리名利를 이루지 못할까 근심하겠는가. 중화의 바른 기를 얻으면 대체로 한 세상을 넉넉하고 편안하게 살며, 억눌림 없이 뜻을 펼치며, 나쁜 일은 적고 좋은 일은 많으며, 사람됨이 효심과 우애가 있으며, 교만하거나 아첨하지 않으며, 정의롭고 구차하지 않다.

　이처럼 사주가 중화를 이루면, 명리는 물론이고 성격도 바르다. 그러나 중화를 이루지 못하면, 빈천함은 물론이고 성격도 바르지 못하다. 그래서 가장 좋은 사주는 중화된 사주다. 중화되었다는 것은 사주의 오행이 한편으로 치우치지 않고, 그 유통이 원만하고, 일간을 극루剋漏하거나 생조하는 육신이 균형을 이룬 것을 말한다. 이러한 사주는 순운을 만나면 대발하고, 역운을 만나도 무사하다.

다음 사주는 중화를 이뤘다.

甲 己 丙 甲
子 丑 寅 子
時 日 月 年

청나라 재상의 사주다. 己土가 寅월에 태어난 데다 2개의 甲木이 투출하여 관이 강성하고, 2개의 子水와 丑土가 있어 재 또한 강하여 신약한 사주처럼 보인다. 그러나 월간의 丙火가 왕성한 정관을 인성으로 화하여 재와 관과 인성이 중화를 이루었고, 일지 丑에 있는 金이 강한 木을 누르고 있어서 사주에 결함이 없다. 이렇게 사주가 중화를 이루었기 때문에, 태평성대에 재상을 지냈으며 평생 관운이 그치지 않았다.

다음 사주는 중화를 이루지 못하였다.

戊 癸 丙 己
午 未 子 酉
時 日 月 年

癸水가 수왕절에 태어나 강한 듯하나 재와 살이 많아서 신약하다. 원국에 木이 없어 상생으로 유통이 되지 않기 때문에, 혼탁하고 맑지 못하다. 일간이 시간 관성과 합하려 하기 때문에 권모술수가 뛰어나고, 사치가 심하고, 행동은 비굴하고, 옳은 일이 없다. 본시 미천한 출신인데 권모술수로 벼슬을 하다가 未운에 화를 당했다.『적천수(중화)』에서 중화를 이루지 못한 사주라고 소개한 것이다.

『명리약언』에서는 "일찍이 크게 부귀한 명을 본 적이 있는데 병도 없고, 상하지도 않고, 왕하지도 않고, 약하지도 않았다." 라고 한다. 이는 크게 부귀를 누리는 사주는 중화된 사주라는 것이다.

2

유통

　앞에서 사주는 오행이나 강약이 균등하여 중화된 것이 좋다고 하였다. 다음으로 중요한 것은 팔자가 서로 무정하거나 싸워서는 안 된다.『적천수(통관)』에서는 "간지가 유정하고 좌우가 배반하지 않으면, 음양이 만물을 낳고 길러 서로 통하게 된다."라고 하였다. 물론 통관 용신에서처럼 막강한 두 세력이 대치하고 있을 때, 두 세력 사이를 상생 관계로 연결하는 하나의 오행이 있으면 더욱 좋다. 그러나 팔자에는 강한 두 세력만 있는 것은 아니다. 8개의 간지가 합과 충 또는 생과 극처럼 다양한 관계를 갖고 있다. 그 각각이 서로 유통流通이 잘 되어야 한다.

　『적천수(간지총론)』에서는 "천간이 하나의 기로 모여 있어도 지지에서 실어 주지 않으면 안 된다."라고 한다. 이 말은 천간 4개가 모두 甲木이나 乙木으로 되어 있으면 천전일기天全一氣로 대단히 좋은 구조다. 그러나 지지가 申酉金으로 되어 있으면 지지가 천간을 극하며 실어 주지 않는 것이다. 그래서 흉하다. 아무리 천전일기라도 하늘에서 덮어 주고 땅에서 실어 주지 않으면 안 된다.

또한『적천수(간지총론)』에서는 "지지에 세 물건이 온전하더라도 천간에서 받아 주지 않으면 쓸 데가 없다."라고도 한다. 여기서 지지의 세 물건이란 寅卯辰 巳午未 申酉戌 亥子丑과 같은 방합이나 亥卯未 寅午戌 巳酉丑 申子辰과 같은 삼합을 이룬 것을 말한다. 이 역시 천간에서 받아 주어야 한다. 즉 천간과 지지가 상생하며 어그러짐이 없어야 한다. 이를『적천수(간지총론)』에서는 다음과 같이 말한다.

"상하가 귀하게 여기는 것은 유정하여 화합하는 것이다."
"좌우가 귀하게 여기는 것은 기가 협력하는 것이다."
"시작할 곳에서 시작하고 끝날 곳에서 끝나면 복, 수명, 부와 귀가 영원히 무궁하다."

이 말은 상하 좌우가 유통이 되어야 하고 상생으로 연결되어야 한다는 것이다.『적천수(간지총론)』에서는 "시작과 끝남의 이치는 간지가 상호 유통하여 사주가 생하고 화함이 끊이지 않음을 이르는 말이다. 반드시 연속적으로 생화하여 구슬을 꿴 것처럼 이어지고 오행이 두루 갖추어져야 한다."라고 팔자의 유통을 말한다.

다음 사주는 유통이 잘 되었다.

辛 己 丙 甲
未 巳 寅 子
時 日 月 年

이 사주는 천간은 목생화 화생토 토생금하고 지지는 수생목 목생화 화생토하고 모든 간지의 지지는 천간을 생하고 있다. 전체적으로는 子水에서 수생목부터 시작하여 辛金에서 끝났다. 매우 희귀한 사주다. 벼슬은 최고에 이르고, 부인과 자손들이 모두 번창하고, 수명은 구순에 이르렀다.

己 丁 甲 壬
酉 亥 辰 寅
時 日 月 年

시작은 연간 壬水서부터 수생목 목생화 화생토하고, 시간 己土는 酉金을 생하고 酉金은 亥水를 생하여 亥水에서 마쳤다. 시작과 끝이 마땅하여 벼슬은 이품에 이르고, 부는 백만이고, 자손은 창성하고, 수명은 팔순에 이르렀다.

丙 丁 甲 癸
午 卯 子 酉
時 日 月 年

이 사주는 천간은 수생목 목생화로 이어지고, 지지는 금생수 수생목 목생화로 이어졌다. 더욱 묘한 것은 지지의 卯酉충과 子午충이 상생으로 이어져서 충이 해소되었다. 이렇게 생생불식하니 수왕절에 태어난 丁火지만, 약한 가운데 오히려 강하게 되었다. 운에서 金을 만나면 水로 생하고, 水를 만나면 木으로 생하기 때문에, 인수가 상해를 입지 않는다. 그래서 일찍 과거에 급제하고 벼슬이 높았다.

3

한난조습

중화의 하나로 한난조습寒暖燥濕의 중화도 보아야 한다. 9장의 〈조후용신〉에서 추위나 더위를 피하는 것이 급할 때가 있다고 하였다. 즉 겨울에는 따뜻하게 하는 것이 급하고 여름에는 시원하게 하는 것이 급하다. 이렇게 용신을 구하는 것이 조후용신이다.

그런데 『적천수(한난, 조습)』에서는 "천도유한난 지도유조습 天道有寒暖 地道有燥濕"이라는 유명한 말이 있다. 이 말은 천간에는 차갑고 따뜻한 도가 있고, 지지에는 건조하고 습한 도가 있다는 것이다. 즉 천간의 庚辛壬癸는 한寒하고, 甲乙丙丁은 난暖하고, 戊己는 중간이며, 지지는 申酉亥子와 辰丑은 습濕하고, 寅卯巳午와 戌未는 조燥하다는 것이다.

그러나 조후용신에서는 한은 난하게, 난은 한하게 조후하는 것이 좋다고만 하였다. 특히 木金의 일주에 조후가 필요하기 때문에, 겨울에 태어난 庚辛 일주는 관살(火)을 용신으로 하고, 여름에 태어난 甲乙일주는 인성(水)을 용신으로 한다고 하였다. 그런데 『적천수(조습)』에서는 水火로 조후하는 한난만이 아니라, 다음과 같이 조습으로도 조후하여야 한다고 한다.

木이 여름에 태어나면 그 기운이 드러나서 겉으로는 넉넉한 듯하나 안으로는 허탈하다. 반드시 壬癸水로 생부生扶해야 하고, 丑辰 습토로 배양해야 火가 맹렬하지 않고, 木이 시들지 않고, 土가 메마르지 않고, 水가 고갈되지 않아 생성의 뜻이 있다. 만약 未戌조토가 있으면 도리어 火를 돕고 화기를 설하여 어둡게 할 수 없으므로 水가 있어도 힘을 쓰지 못한다.
오직 金만 백 번을 달구어도 그 색이 변하지 않으나, 金이 겨울에 태어나면 설기되어 허약하다. 반드시 丙丁火로 한기를 대적하고, 未戌조토로 습기를 제거해야 火가 어둡지 않고, 水가 날뛰지 않고, 金이 차갑지 않고, 土가 얼지 않아 생발의 기가 있다. 만약 丑辰습토가 있으면, 도리어 水를 돕고 水를 제지하지 못하므로 비록 火가 있어도 힘을 쓰지 못한다.
이것이 지도地道 생성의 묘리다.

위에서 본 바처럼 여름과 겨울의 木金은 한난의 조후는 물론이거니와 조습의 조후도 반드시 필요하다. 그러나 여름이나 겨울이 아니라도 조습으로도 조후해야 한다.
다음 사주는 너무 조燥하다.

甲 甲 甲 甲
戌 寅 戌 戌
時 日 月 年

청국 말, 혁명가의 사주다. 천간 일기로 매우 순수한 듯하고, 재왕 신약으로 비겁을 용신으로 삼아야 할 듯하다. 그러나 사주가 지나치게 건조하여 초년에 한하고 습한 기운을 만나서는 명성을 떨쳤으나, 戌寅대운에 사주가 더욱 건조하여 병사하였다.

그래서 사주의 고저를 판단할 때, 한난만이 아니라 조습과 같은 조후도 살펴서 전체의 조화를 보아야 한다.

4

용신의 진가

　진가眞假란 진신眞神과 가신假神을 말한다. 진신이란 하나의 사주 안에서 용신으로 가장 적합한 오행을 말한다. 반면에 가신이란 진신이 없어서 부득이 차선책으로 쓸 수밖에 없는 오행을 말한다.
　그러나 『적천수(진가)』에서는 "월령에서 진신을 찾아서 진신이 있으면, 가신이 진신을 어지럽히지 말아야 한다. 진신으로 용신을 삼으면 평생 귀하나, 가신으로 용신을 삼으면 평생 별 볼일 없는 사람이다."라고 한다. 이는 진신은 월령을 얻은 용신이고, 가신이란 월령을 잃은 용신이라는 것이다. 그러나 이어서 "월령에서 진신이 밝게 드러나지 않으면, 암처暗處에서 진신을 찾으면 진신이 된다."라고 하였다. 즉 월령이 아니라도 용신으로 삼을 수 있다는 것이다. 이 말은 월령이 아니라도 진신이 된다는 것이다.

　8장의 〈용신〉에서 말한 바처럼, 용신은 그 팔자 안에서 찾아야 한다. 그 팔자에 무엇을 용신으로 하면 좋다고 해서 정하는 것이 아니다. 용신은 정하는 것이 아니라 찾는 것이다. 따라서 팔자에 없는 것은 용신으로 쓸 수 없다. 다행히 가장 필요로 하는 오행이 여덟 글자 안에 있으면, 그것을 용신으로 삼는다. 이것이 진신이다.

　그러나 최적의 오행이 없을 경우에는 그 다음으로 필요한 오행을 용신으로 삼을 수밖에 없다. 이것이 가신이다. 물론 이렇게 용신을 찾는 방법은 앞에서 설명한 9장「용신격」의 이론을 주축으로 하고, 다음은 7장「일간 희기론」을 참고하여야 한다.

　다음 사주는 진신이다.

丙 甲 戊 庚
寅 子 寅 寅
時 日 月 年

甲木이 寅월 寅년 寅시에 태어나 신왕하다. 봄에 木이 강하면 丙火로 설기시키는 것이 좋다. 다행히 丙火가 있어서 용신으로 한다. 만약 丙火가 없다면 戊土나 庚金을 용신으로 해야 할 것이다. 이 丙火 식신은 진신이고 재나 관은 가신이다. 용신이 진신이면 부귀하다고 할 수 있고, 가신이면 평범한 삶이라고 할 수 있다.

다음 사주는 가신이다.

己 辛 己 丙
亥 酉 亥 子
時 日 月 年

辛金이 수기가 창궐하는 추운 겨울에 태어났다. 그래서 金水 상관희견관이라 하여 반드시 丙火가 용신이 되어야 한다. 그러나 丙火는 뿌리가 없을 뿐만이 아니라, 화생토하였다. 급한 것은 수기가 창궐하여 일주를 심하게 설기시키는 것이 병이다. 그래서 己土가 가신으로 용신이 된다. 木대운에 己土가 손상되어 망하고, 부인과 자식이 죽고, 가출하여 소식을 알 수 없었다.

5
용신의 유무정

용신은 일주와 가까이 있어야 그 역할을 잘 할 수 있다. 용신이 일주와 가까이 있어서 용신으로서 역할을 잘 할 때 유정$_{有情}$하다고 한다. 반면에 용신이 일주와 멀리 떨어져 있으면, 용신으로서 역할을 잘 할 수 없다. 이러한 용신을 무정$_{無情}$하다고 한다. 사주의 격이 높으려면 용신이 유정해야 함은 당연하다. 그러나 용신이 일주와 떨어져 있어도 유정한 경우도 있고, 용신이 일주와 가까이 있어도 무정한 경우가 있다. 『적천수(은원)』에서는 이를 다음과 같이 비유한다.

일주와 용신이 정을 통하려고 할 때, 그 중간에 중매자가 있으면 비록 멀리 떨어져 있어도 따라가서 찾을 수 있다. 그러나 정이 있어도 중간에서 이간질을 하면, 은혜로운 가운데에 원망이 일어나서, 죽어도 그 원망이 없어지지 않는다.

여기서 중매中媒란 용신이 멀리 있을 때 기신이나 구신이나 한신이 합화하여 오는 것이다.

다음 사주가 중매다.

丙 丁 乙 丁
午 丑 巳 酉
時 日 月 年

丁火가 비겁과 인성이 있어서 매우 강하다. 그래서 연지의 酉金이 필요하나, 너무 멀고 중간에 巳火가 있어서 무정한 듯하다. 그러나 연월일의 지지가 巳酉丑으로 삼합하여 가까이 와서 유정하게 되었다. 더욱이 일지 丑土가 생금하여 대길하게 되었다.

이간離間이란 일주와 용신 사이에 기구 한신이 가로 막거나 기구 한신과 합하여 기신이 되는 경우다. 이렇게 이간을 당하면 용신은 매우 무정하게 된다.

다음 사주가 이간이다.

丙 丙 戊 癸
午 辰 午 酉
時 日 月 年

丙火가 화왕절 甲午시에 태어나서 매우 왕하다. 그래서 관이나 재인 水金을 용신으로 해야 할 것이다. 그런데 연간 癸水 정관은 戊土와 합이 되어 버렸고, 연지 酉金은 午火가 가로막고 있다. 그래서 용신으로서 역할을 못하니 원망만이 일어난다. 더욱이 운이 동남으로 가서 일생 동안 형극이 많았다. 부인 셋과 아들 일곱을 잃고, 화재를 네 번 겪었으며, 寅대운에 사망하였다.

용신이 무정한 것과 유사한 것이 기반이다. 기반羈絆이란 얽혀 묶였다는 의미다. 사주에 이렇게 묶여서 못 쓰는 경우는 간합이 되었을 때다. 『적천수(기반)』에서는 기반에 대해 다음과 같이 말한다.

일주가 타신과 합을 하면, 용신이 나를 돕는 것을 원하지 않으므로 큰 뜻을 이룰 수 없다. 용신이 타신과 합을 하면, 일주를 돌아보지 않으므로 일주의 성공을 돕지 않는다.

이렇게 기반인 경우는 용신이 무정한 것보다 더욱 안 좋은 경우가 많다. 특히 용신이 합이 되어 못쓰게 되는 것을 용신기반이라 한다. 용신이 기반이 되면 아무리 좋은 용신이라도 쓸모가 없다. 원국에 기반이 될 때는 운에서 묶고 있는 글자를 충해야 쓸 수 있고, 운에서 기반이 되면 원국에서 합하러 들어오는 글자를 극해야 한다.

다음 사주가 기반이다.

丙 戊 庚 乙
辰 辰 辰 未
時 日 月 年

戊土가 辰월 辰일 辰시에 태어나서 왕하다. 그래서 연간 乙木 관성이 용신이다. 그러나 庚金과 간합하여 그 작용을 못한다. 물론 식신으로서 庚金도 사용할 수 없다. 평생을 무위도식한 사람이다.

다음 사주도 기반이다.

辛 丙 癸 丁
卯 戌 卯 丑
時 日 月 年

丙火가 卯월 卯시에 태어나 인성이 바르므로 월간 癸水 정관을 용신으로 해야 할 것이다. 그러나 丙火가 시간 辛金과 간합하여 용신을 돌아보지 않는다. 그래서 어린 시절에는 신동이었으나, 성인이 되어서는 주색으로 망했다.

이상과 같이 기반이 되어도 기반된 것을 충을 하면 용신의 역할을 한다.
다음 사주는 기반을 충한 것이다.

丙 丙 辛 丁
申 寅 亥 卯
時 日 月 年

丙火가 亥卯반합하여 인성이 강하고 丙丁비겁이 있어서 신강하여, 亥水편관을 용신으로 해야 한다. 그러나 일간이 丙辛합하여 용신을 돌아보지 않는다. 다행히 연간 丁火가 월간 辛金을 극하여 합을 풀었다. 그래서 살을 용신으로 할 수 있다. 戊申대운에 등과하여 큰 뜻을 이루었다.

이상과 같은 기반을 『적천수』에서는 다음과 같이 비유한다.

문을 나서 천하에 뜻을 펼쳐야 하는데, 어찌 아녀자의 치마폭에 마음을 두는가. 백운이니 명월이니 하는 것에 관여하지 말고, 말을 채찍질하여 천하에 뜻을 펴는 것은 군#에 달려 있다.

아녀자의 치마폭이란 일주가 합을 하면 용신을 돌보지 않는 것을 의미한다. 물론 용신이 합을 하여도 일주를 돌보지 않는다. 이렇게 일주가 사사로움에 얽매이지 않고, 용신을 타고 달리거나, 용신이 일주를 따라 달리면 큰 뜻을 이룬다. 일주가 희용신이 아닌 것과 합을 하거나, 희용신이 다른 것과 합을 하면 충을 해야 한다. 충하면 동하고, 동하면 달려가서 자신의 본분을 다한다.

6

용신의 유무력

　용신은 유정해야 함은 물론이다. 그러나 용신이 아무리 유정하여도 힘이 없으면 그 용신으로서 작용이 미약하다. 그래서 용신으로서 역할을 하기 위해서는 용신이 힘이 있어야 한다. 물론 무조건 강해야 하는 것이 아니라, 천간과 지지가 서로 상생해야 힘이 있다.

　앞의 〈유통〉에서 밝힌 바처럼, 천간과 지지가 상생하며 어그러짐이 없어야 한다. 이를 천복지재天覆地載라 한다. 이 말은 용신은 하늘에서 덮어 주고, 땅에서 받쳐 주어야 한다는 것이다. 이에 대해 『적천수(간지총론)』에서는 이렇게 말한다.

　그러므로 천간과 지지가 상생으로 이어지고 순수하면 번창하고, 천간과 지지가 어그러지고 혼란하면 망한다. 뿌리가 있고 없고 보다는 하늘에서 덮어 주고 땅에서 실어 주어야 한다.

용신이 천간에 있을 때에는 지지가 뒷받침해야 좋고, 용신이 지지에 있을 경우에는 천간에서 보호해야 한다. 예를 들면 용신이 甲乙木이라면 지지에 寅卯亥子가 있으면 좋고, 申酉金이 있으면 어그러진 것이다. 또 용신이 지지의 寅卯에 있다면 천간에 甲乙壬癸가 있으면 좋고, 庚辛이 있으면 어그러진 것이다. 용신은 천간과 지지가 상생으로 이어져야 한다.

다음 사주는 용신이 유력하다.

庚 庚 丁 己
辰 申 卯 亥
時 日 月 年

庚申일주가 목왕절에 태어났으나 庚辰시라 약하지 않아서 월간에 투출한 정관 丁火가 용신이다. 비록 丁火가 하나이나 지지에 卯木이 있고, 연지 亥水와 삼합이 되어 木으로 화했다. 그래서 천복지재가 되어서 용신이 강하게 되었다. 평생 관직에 있으면서 무사하게 한생을 보냈다.

반면에 길신이 뿌리가 없이 천간에 노출되면 겁탈을 당하기 쉽다. 그래서 길신이 약하면 지지에 감춰져 있어야 한다. 반면에 흉신은 지지에 심장深藏되어 있으면 제어하기가 어렵기 때문에, 언젠가는 재앙이 일어난다. 이를 『적천수(은현)』에서는 "길신이 천간에 노출되면 쟁탈의 바람이 불고, 흉물이 지장간에 심장되면 호랑이를 기르는 재앙이 있다."라고 한다. 이것은 천복지재와 반대다. 이를 길신이 풀잎의 이슬처럼 위험하다는 길신태로吉神太露라 한다. 즉 용신이 뿌리가 없이 천간에 노출되면 쟁탈당하기 쉽다는 것이다. 물론 길신이 노출되었어도 당령하고 통근되었으면 해가 없고, 흉신이 심장되어 있어도 시령을 잃고 무력하면 무방하다.

다음 사주는 길신태로다.

丁 戊 壬 庚
巳 午 午 寅
時 日 月 年

戊土가 화왕절에 寅午반합하여 신강하다. 다행히 천간에 壬水와 庚金이 있어서 壬水를 용신으로 하고, 庚金을 희신으로 한다. 그런데 이 희용신은 뿌리가 없이 노출된 것이다. 그래서 丙戌대운에 庚壬천간을 충극하고 寅午戌삼합하여 화세가 넘치자, 처자가 모두 죽고 승려가 되었다.

다음 사주는 길신이 심장되었다.

丙 丁 乙 壬
午 丑 巳 午
時 日 月 年

丁火가 巳월에 태어났고, 연지와 시지에 午火가 있어서 신강하다. 연간 壬水정관을 용신으로 하고자 하나, 무근이라 쓸 수 없다. 부득이 일지 丑土를 용신으로 하니, 용신이 심장되어 있는 형상이다. 土金대운에 부호가 된 사주다. 이러한 대부귀의 사주가 일견 길한 데가 없는 듯하나, 이는 길신이 심장되어 있기 때문이다.

7

청탁

　대부분 사주를 간명할 때 이 사주는 '좋다' 또는 '나쁘다'라고 말한다. 그런데 여기서 좋다, 나쁘다 하는 판단 기준이 매우 모호하다. 예를 들면, 돈이 많으면 좋은 것인가, 권력이 높으면 좋은 것인가, 유명 인사가 되면 좋은 것인가, 건강하게 오래 사는 것이 좋은 것인가. 물론 이 모든 것을 갖추면 좋은 것은 말할 것도 없다. 그러나 이 모든 것을 갖춘 사주는 거의 찾기 어렵다.

　일반적으로 알려진 역사에 길이 남는 유명인들은 대부분 명이 짧거나, 고생을 많이 했거나, 고통스럽게 생을 마감한 경우도 많다. 현재의 많은 유명 인사들을 보아도 비슷하다. 예를 들면 정관계의 많은 인사들은 대부분 많은 비난을 받고, 정적을 갖고 있고, 자식이 안 좋은 경우도 많다. 또는 연예계나 스포츠계의 유명 인사들도 남자는 자식이, 여자는 남편이 안 좋은 경우도 많다. 또한 그 유명세가 오래가는 경우는 매우 드물며, 높이 올라간 만큼 추락할 때의 충격도 크다. 이와 마찬가지로 재물이나 건강 등도 또한 이와 같다. 더욱이 이들의 탐욕이나 불안 등의 정신적 고통을 고려하면, 결코 좋은 팔자라고 하기는 어렵다.

그래서 사주 간명에서 가장 어려운 것이 사주의 고저이다. 앞에서 설명한 바처럼 사주를 단순히 좋다든가 나쁘다고 평가할 수 없다. 사주 간명에서 이 기준을 청탁淸濁이라 한다. 맑고 흐린 정도를 가지고 판단하는 것이다. 이 기준은 밖으로 드러나는 객관적인 기준도 충족되어야 하고, 안으로 느끼는 주관적 기준도 충족되어야 한다. 그래서 사주 간명에 중요하기도 하고, 가장 어렵기도 한 것이 이 청탁을 가리는 것이다.『적천수(청탁)』에서는 이렇게 말한다.

> 사주에서 가장 분별하기 어려운 것이 청淸과 탁濁이라는 두 글자다. …… 한마디로 말하여 희신은 마땅히 지지에 통근하여 생을 만나고 일주와 가까이 있어야 좋고, 기신은 마땅히 힘이 없고 절지에 임하여 일주와 멀어야 좋다.

『적천수』에서 희신이라는 말은 용신을 말한다. 즉 사주가 청하다는 것은 10장「간명 순서」에서 밝힌 바처럼 용신은 진신이어야 하고, 유정해야 하고, 유력해야 한다. 더불어 팔자는 중화되어야 하고, 원활하게 유통되어야 한다. 그렇지 않고 이와 반대면 탁한 것이다. 즉 청탁의 판단은 사주 전체를 종합적으로 판단하는 것이고, 그 사주의 고저장단을 판단하는 것이다.
다음 사주는 청하다.

辛 己 丙 甲
未 亥 寅 子
時 日 月 年

己土가 寅월에 태어나 약한 듯하다. 그러나 인수 丙火가 용신으로 甲木 寅木의 생조를 받아 힘이 있다. 더욱이 충극을 만나지 않았고, 子水서부터 수생목 목생화 화생토 토생금으로 연결되어 구슬을 꿰듯이 생조하고 있다. 그래서 평생을 부귀하게 살았다.

다음 사주는 탁하다.

丁 戊 庚 乙
巳 戌 辰 亥
時 日 月 年

戊土가 辰월 戌일 丁巳시로 태왕하다. 관성 乙木이 용신인 듯하나 庚金과 합이 되어 쓰지 못하고, 식상 庚金을 쓰자니 乙木과 합이 되어 쓰지 못하는 구조다. 부득이 亥水를 용신으로 하고 庚金의 생조를 받으려 해도, 庚金은 탐합망생貪合忘生하여 생을 잊고 있다. 그래서 탁한 사주다.

이상에서 본 바처럼 청탁은 사주 전체의 구조가 좋으냐 나쁘냐의 문제다. 그러나 탁한 사주도 대운에서 그 탁한 것을 제거하면 청하게 되고, 청한 사주도 대운에서 탁하게 될 수도 있다. 『적천수』에서는 "하나의 청기가 밑에 깔려 있으면, 정精과 신神이 있는 것이니 평생 부귀를 누린다. 탁한 것을 맑게 하여 청을 구해 얻으면, 때가 되어 추운 골짜기에 봄이 오는 것 같다."라고 한다. 참으로 간명하기 어려운 것 중의 하나가 이 청탁의 구별이다. 간단히 말하면, 희용신은 득지하고 생을 만나고 일주와 가까이 있고, 기구신은 실세하고 절지에 임하거나 일간과 멀리 떨어져 있으면 청하다고 하는 것이다.

그런데 『적천수(탁기)』에서는 "탁기가 가득하면 고생이 많고, 사주가 청고하여도 고생스럽다. 반은 탁하고 반은 청한 것은 괜찮으나 성공과 실패가 많으니 아침저녁으로 살펴야 한다."라고 한다. 여기서 탁이란 사주가 혼잡스러운 것이다. 즉 희용신은 세력을 잃고 기구신이 권력을 잡거나, 월령이 파손되어 다른 곳에서 용신을 구하는 것은 탁한 것이다. 탁하면 고생이 많으나, 운에서 탁이 제거되면 홍발할 수 있다.

『적천수』에서는 탁보다 더욱 흉한 것을 고枯라 한다. '고'란 일주가 무근이거나 용신이 무기無氣한 것이다. 고는 약弱과 다르다. 약한 것은 도와주면 일어나나, 고한 것은 도와줘도 일어날 수 없다. 그래서 일주가 고하면 가난하지 않으면 요절하고, 용신이 고하면 가난하지 않으면 고독하다.

8
행운과 한신

앞에서 살펴본 일곱 가지의 간명법은 사주 판단에 절대적으로 필요한 요소다. 이것에 의해 판단되는 요소는 타고날 때 받은 기본적인 운이다. 그러나 인간의 운명은 이렇게 불변하는 것이 아니다. 시간이 흐르면서 매 순간 변화하며 닥쳐오는 운이 있다. 이것을 행운行運이라 한다. 따라서 한 사람의 운이 어떻게 변화하는가는 행운에 의해 변화하는 운을 보아야 한다.

행운에는 10년씩 변화하는 대운大運과 매년 맞이하는 세운歲運이 큰 역할을 한다. 더 세분하면 매월의 변화인 월운月運과 매일의 변화인 일운日運, 그리고 소아에 적용하는 소운小運이 있다. 『적천수(세운)』에서는 이 행운을 다음과 같이 말한다.

부귀는 비록 격국에서 정해지나, 되고 안 되고는 사실상 운에 매여 있다. 그래서 명 좋은 것이 운 좋은 것만 못하다는 것이다. 일주는 나의 몸과 같고, 사주 중의 희용신은 내가 쓰는 사람과 같고, 운로는 내가 임하는 땅과 같다.

이는 부귀는 격국으로 정해지나, 되고 안 되고는 운에 달려 있다는 것이다. 비유하자면 일주는 나이고, 희용신은 내가 필요로 하는 사람이고, 운은 내가 있는 땅이라는 것이다. 『자평진전평주』에서는 행운을 다음과 같이 말한다.

명命이란 종자와 같고, 운運은 꽃피는 계절과 같다. 명이 좋고 운이 나쁘다면 기화요초琪花瑤草라도 꽃피는 계절을 만나지 못해서 온실에서나 길러져야 하고, 세상에 나와서 귀중하게 쓰이지 못하는 것과 같다. 명도 나쁘고 운도 나쁘다면, 길가의 잡초가 발길에 짓밟히는 것과 같다.

이러한 행운과 사주를 비유하여 일주는 나와 같고, 팔자의 구성은 자동차와 같고, 대운은 내 차가 달리는 도로와 같고, 세운은 만나는 사람과 같다고도 한다. 그래서 부귀빈천 등은 팔자에 있으나, 그것이 되거나 안 되는 것은 행운에 달려 있다는 것이다. 그래서 "팔자 좋은 것은 운 좋은 것만 못하다."라는 말을 많이 한다.

아래 두 여성의 사주가 좋은 예다.

己 乙 丙 甲
卯 卯 寅 午
時 日 月 年

庚 辛 壬 癸 甲 乙
申 酉 戌 亥 子 丑

己 乙 壬 丁
卯 卯 寅 未
時 日 月 年

戊 丁 丙 乙 甲 癸
申 未 午 巳 辰 卯

두 여성 모두 乙木으로 신왕하여 火가 용신이다. 첫 번째 사주는 丙寅월에 午火와 합이 되어 용신이 강력하고, 용신을 극하는 水가 없어서 대단히 좋은 사주다. 그러나 대운이 용신을 극하는 水金으로 흘러 중년에 일찍 죽고 말았다. 반면에 두 번째 사주는 용신 丁火가 壬水와 합하여 木으로 化하여 용신이 미약하다. 그래서 앞의 사주보다는 격이 떨어진다. 그런데 대운이 남방화지로 흘러서 부유하고, 자손도 많고, 장수하였다. 이처럼 행운에 의해서 운명이 완전히 달라질 수도 있기 때문에 사주를 간명할 때는 반드시 행운을 참작해야 한다.

한 대운은 10년이다. 대운은 계절을 나타내는 월의 간지로

부터 추출하는 것이다. 이 때문에 대운은 계절의 변화를 나타내는 월지가 중심 역할을 한다. 그래서 10년 동안은 지지에 바탕을 두고 판단해야 하나, 천간의 힘을 완전히 무시할 수는 없다. 그래서 전반기 5년은 천간의 역할이 50% 정도 작용한다고 보고, 후반기 5년은 지지의 역할만으로 판단해야 한다. 반면에 매년 바뀌는 세운과 매일 바뀌는 일운은 천간의 역할이 크기 때문에, 천간을 중심으로 한다. 반면에 계절이 바뀌면서 일어나는 변화인 월운은 지지의 역할이 크기 때문에, 지지를 중심으로 한다.

그러나 대운 또는 세운의 간지가 개두되거나 절각이 되면 상황은 달라진다. 개두蓋頭란 머리를 덮는다는 의미인데, 이는 천간이 지지를 극하는 것을 말한다. 즉 운에서 지지가 희용신인데, 천간이 지지를 극하는 경우다. 예를 들면 甲戌대운에서 戌土가 희용신인데, 천간 甲木이 지지 戌土를 극하여 戌土의 기운이 줄어든다. 이를 개두라 한다. 그래서 개두되면 복이 감소한다.

절각截脚이란 다리가 잘렸다는 의미인데, 이는 지지가 천간을 극하는 것을 말한다. 예를 들면 甲申대운에서 갑이 희용신인데, 지지申金이 천간甲木을 극하여 甲木의 기운이 줄어든다. 이를 절각이라 한다. 그래서 절각되면 복이 감소한다. 그러나 기구신이 절각이나 개두가 되면 나쁜 운이 감소된다.

『적천수(세운)』에서는 "개두는 지지를 기뻐하는 것으로, 운은 지지가 중하니 길흉이 반감될 것이고, 절각은 천간을 기뻐하는 것이니, 지지가 싣지 않아 10년이 다 좋지 않다."라고 한다. 이 말은 지지에 희용신이 있는데 개두되면, 그 길함이 반으로 감소한다는 것이다. 반면에 희용신이 천간에 있는데 절각되면, 그 길한 작용을 못한다는 것이다. 기구신 또한 마찬가지다.

이상과 같이 행운에 의해서 운명의 변화를 판단할 수 있다. 이러한 행운의 판단에서 의외의 역할을 하는 것이 한신이다. 한신이란 한가한 신, 또는 일하지 않는 신, 아무 작용을 하지 않는 신이다. 즉 희용신도 아니고 기구신도 아니다. 사주 원국에서는 아무런 역할을 하지 않는다. 그러나 행운에서 합과 충 등으로 희용신이 될 수도 있고, 기구신이 될 수도 있다. 이에 대해 『적천수(한신)』에서는 이렇게 말한다.

> 한신은 쓰이지 않으나 행운이 격을 깨고 용신을 손상할 때, 희신이 격을 돕고 용신을 보호하지 못할 때, 긴요하게 쓰이는 경우가 있다. 한신이 행운에서 오는 흉신과 기신을 제어하여 격국을 도우면, 기쁘게 쓰이는 것이다. 때로는 한신이 행운의 신과 합하여 희신이나 용신으로 되어서 격을 돕고 용신을 보호하면, 나와 한 가족이 되는 것이다.

다음 사주는 한신이 희용신 작용을 한다.

丙 甲 戊 庚
寅 寅 子 寅
時 日 月 年

甲木이 수왕절에 태어나고, 木 또한 왕성하여 丙火가 용신이다. 지지 寅木이 희신이고, 子水가 기신이고, 庚金이 구신이고, 戊土가 한신이다. 그런데 이 사주에서 한신인 戊土는 왕성한 子水를 제어하고, 壬辰대운과 癸巳대운에서 水를 제어하여 벼슬길이 평탄하였다. 여기서 한신은 희신 역할을 한다. 이처럼 한신은 사주에 따라서 또는 행운에 의해서 희신이나 기구신으로 바뀔 수 있다.

11

간명의 종류

10장 「간명 순서」에 따라 사주를 간명하여, 도출해야 하는 가장 중요한 것은 역시 명命이다. 왜 이러한 명이 이 사주의 주인공에게 주어졌는가는 종교나 철학에 따라 다를 수 있다. 사주가 발생한 중국 문화권이라면 이는 물론 하늘(天)이다. 불교의 발생지인 인도 문화권에서는 이는 당사자가 전생에 지은 업業(karma)이다. 기독교의 발생지인 아랍 문화권에서는 이는 하나님이 나에게 부여한 소명召命이다.

사주의 청탁고저 등은 모두가 이러한 명에 의해서 결정된 것이다. 물론 거절할 수 없는 명령이다. 이러한 명으로 알 수 있는 것은 성격 건강 귀천 빈부 직업 인간관계 배우자 적의 유무 등이다.

1

성격

　『적천수(성정)』에서는 "오행이 어그러지지 않으면 성품이 중화를 이루고, 혼탁하고 편고偏枯하면 성품이 괴곽하다."라고 하였다. 사주가 중화되고 유통이 원만하면, 성품도 중화를 이루고 원만하다는 것이다. 맞는 말이기는 하나, 사주 오행의 조화로 성품을 판단하기는 거의 불가능하다.

　분명한 것은 성격은 사주팔자에서 나를 상징하는 일간의 속성을 근본으로 한다. 이것은 한 생명에게 결정된 영원히 변함없는 속성이다. 단지 사주가 청하면 긍정적인 성향이 주로 드러나고, 사주가 탁하면 부정적인 성향이 드러난다.

일간에 따른 성격

　일간에 따른 성격은 3장의 〈십천간의 속성〉에서 밝힌 바가 있다. 중복되는 점은 있으나 성격에 관해서만 다시 살펴본다.

甲木은 인자하고, 직선적으로 앞으로만 나아가는 성향이 있다.

장점은 대체로 추진력이 있고, 지조가 있고, 포부가 크고, 희망적이고, 미래 지향적이고, 적극적이고, 일등을 좋아하고, 우두머리가 되고 싶어 하고, 변심하지 않고, 순수하고, 자존심이 세다.

단점은 다른 사람의 도움이 절대적으로 필요하고, 시작은 잘하나 마무리를 잘 못하고, 실속이 없고, 자기중심적이고, 남에 대한 배려가 부족하고, 유연성이 부족하고, 한번 좌절하면 재기하기가 어렵다.

乙木은 인자하고, 어떠한 환경에서도 잘 적응하는 끈질긴 생명력이 있다.

장점은 융통성이 있고, 유연하고, 친근하고, 애교가 있고, 학문적이고, 호소력이 강하고, 생활력이 강하고, 순진한 이미지로 처세를 잘한다.

단점은 너무 현실적이고, 사치스럽고, 이해타산이 빠르고, 실속을 너무 챙기고, 인색하고, 신약하면 의타심이 많고, 줏대가 없다.

丙火는 예의 바르고, 이상이 크고 정열적이다.

장점은 자신만만하고, 혁명적이고, 공명정대하고, 자기주장이 강하고, 화려하고, 단순하고, 숨기지 못하고, 다양한 사람을 사귀고, 봉사 정신이 강하다.

단점은 앞장서기를 좋아하고, 권위와 명성을 좋아하고, 허세가 심하여 실속이 없고, 간섭받기 싫어하면서 남을 간섭하고, 항상 돌아다니고, 급한 성격으로 실수를 잘하고, 말이 많고, 큰소리치고, 화를 잘 내나 뒤끝은 없다.

丁火는 예의 바르고, 따뜻하고 헌신적이다.

장점은 정이 많고, 섬세하고, 성실하고, 한번 사귀면 오래가고, 남에게 베풀고, 봉사와 희생정신이 강하고, 외유내강형으로 집념이 강하고, 실속이 있고, 머리 회전이 빠르고, 언변이 뛰어나다.

단점은 소극적이고, 마음을 드러내지 않고, 남의 입장을 너무 고려하여 거절을 못하고, 기회를 놓치는 경우가 많다. 때로는 화를 내면 무섭고, 신약하면 아부형이고, 대단히 인색한 경우도 있다.

戊土는 신의가 있고, 안정감이 있고 변함이 없다.

장점은 언행이 진중하고, 표정의 변화나 말이 없고, 나서지 않고, 중립적이나 주관이 뚜렷하고, 관대하고, 포용력이 있고, 중재를 잘하고, 잘 어울린다.

단점은 자기주장이 너무 강하고, 보수적이고, 욕심이 많고, 고지식하고, 움직이지 않고, 답답하고, 우유부단하고, 남을 간섭하거나 간섭받기를 싫어하고, 고독하다. 화가 나면 한꺼번에 쏟아내기 때문에 무섭다.

己土는 신의가 있고, 어머니 같은 포용력이 있고 너그럽다.

장점은 자신을 앞세우지 않고, 중립적이고, 남의 심정을 잘 이해하고, 남에게 잘 베풀고, 남을 잘 가르치고, 안정적이고, 종합 처리하는 지각력이 뛰어나고, 모든 사람을 좋아한다.

단점은 변화를 싫어하고, 우유부단하여 결정을 잘 못하고, 보수적이고, 남을 먼저 생각하여 실속이 없고, 남에게 잘 속아서 이용당할 수도 있다. 그러나 己土도 土이기 때문에, 의외의 고집이 있고, 화가 나면 무섭다.

庚金은 의리가 있고, 단단하고 강직하다.

장점은 우직하고, 변함이 없고, 결단력이 있고, 과감하고, 믿음직하고, 사심이 없고, 정의롭고, 의협심이 강하고, 냉정하고, 순수하고, 성실하다.

단점은 세련미가 없고, 승부욕이 강하고, 고집이 세고, 자기주장을 포기하지 않고, 보수적이고, 새로운 변화를 싫어하여 세상일에 어둡다. 숙살의 기상이 있어서 남의 잘못을 들추어내고, 불의를 참지 못한다.

辛金은 의리가 있고, 날카롭고 냉철하다.

장점은 깔끔하고, 단호하고, 치밀하고, 머리가 좋고, 이성적이고, 화려하고, 내실이 견고한 외유내강형이다. 자질구레한 일을 싫어한다.

단점은 냉정하고, 호불호가 강하고, 자기중심적이고, 속으로 잘난 체하여 사람들의 관심을 끌려고 하고, 자존심에 상처를 입으면 기억하였다가 복수를 한다. 신약하면 음흉하고, 위선자가 많다.

壬水는 지혜롭고, 침착하다.

장점은 표정이 없고, 변함이 없고, 동작이 느리고, 냉정하고, 머리가 좋고, 기획력이 뛰어나고, 사색을 많이 한다.

단점은 무뚝뚝하고, 애교가 없고, 지나치게 현실적이고, 이기적이고, 물질적인 손해를 보지 않고, 비밀을 잘 지키나 음흉하여 속을 알 수 없다.

癸水는 지혜롭고, 주도면밀하다.

장점은 온순하고, 조용하고, 이성적이고, 기억력이 좋고, 침착하고, 끈기 있고, 부지런하고, 사교적이고, 환경에 잘 적응하고, 발랄하고, 말하기를 좋아한다.

단점은 감정변화가 너무 심하고, 다방면에 관심이 많아서 한 분야를 깊이 들어가지 못하고, 내면을 감추고, 이중성이 있고, 목적 달성을 위하여 모사를 꾸미는 음흉함도 있다.

십신에 따른 성격

성격을 결정하는 다음 요소는 용신에 의한 십신이다. 용신이란 내가 살기 위해 꼭 필요한 오행이다. 즉 무엇을 하고 싶고, 무엇이 필요한가는 이 용신으로 나타난다. 이 용신은 십신으로 표현된다. 그래서 성격을 결정하는 둘째 요소는 용신에 의한 십신이다.

십신에 따른 성격은 6장의 〈십신의 성향〉에서 밝힌 바가 있다. 중복되는 점이 있으나 여기서는 이 십신이 용신일 때의 심리적인 장단점을 요약한다.

① 비견이 용신이면 온건하고 화평하다.

장점은 의지가 있고, 자존심이 강하고, 독립심이 강하다. 형제나 친구를 좋아한다.

단점은 지기 싫어하고, 비사교적이고, 자기만이 옳다고 주장하고, 고집이 세고, 독불장군이고, 융통성이 없고, 파당을 잘 만들기도 한다.

② 겁재가 용신이면 솔직하고 꾸밈이 없다.

장점은 적극적이고, 경쟁의식이 강하고, 자만심이 강하다. 형제나 친구를 좋아한다.

단점은 자기중심적이고, 지나치게 앞장서려고 하고, 투쟁적이고, 이기적이고, 교만하고, 겉과 속이 다르고, 졸렬하다. 양인살일 경우에 더욱 심하다.

③ 식신이 용신이면 온후하고, 명랑하다.

장점은 공경심이 있고, 너그럽고, 내성적이고, 낙천적이고, 탐구하는 학자적인 성향이 있다. 자식이나 아랫사람을 좋아한다.

단점은 너무 이론적이고, 융통성이 없고, 분발심이 없고, 사회성이 없고, 미식과 가무를 즐긴다.

④ 상관이 용신이면 다재다능하고 영리하다.

장점은 다방면에 재능이 있고, 말을 잘하고, 자신을 잘 드러낸다. 자식이나 아랫사람을 좋아한다.

단점은 자신을 너무 드러내려 하고, 즉흥적이고, 말이 많고, 비밀을 지키지 못하고, 잘난 체하고, 승부욕이 강하고, 교만하고, 사람을 얕보고, 계교가 많다.

⑤ 편재가 용신이면 매사에 민첩하고 기교가 있다.

장점은 빈틈이 없고, 활동적이고, 요령이 있고, 다정다감하고, 남을 잘 도와준다. 남자는 여자, 여자는 아버지 그리고 아랫사람을 좋아한다.

단점은 안일에 빠지고, 투기나 요행을 바라고, 재물에 너무 집착하고, 자기 마음대로 하는 성향이 강하고, 남의 일에 참견을 잘하고, 주색을 좋아한다.

⑥ 정재가 용신이면 정직하고 성실하다.

장점은 조심성이 있고, 정의롭고, 부지런하고, 근검절약하고, 계산이 정확하다. 남자는 부인, 아랫사람을 좋아한다.

단점은 재물에 대한 집착이 지나치게 강하고, 인색하고, 결단력이 없고, 게으르고, 식도락과 같은 취미가 있다.

⑦ 편관이 용신이면 총명하고 의협심이 강하다.

장점은 그릇이 크고, 체면과 명예를 중시하고, 희생정신이 있고, 과단성이 있고, 자신에게 엄격하다. 남자는 자식, 여자는 남편을 좋아한다.

단점은 자신이 세운 원칙만을 지나치게 고수하고, 융통성이 없고, 독선적이고, 권력 지향적이고, 모험심이 많고, 흉포할 수도 있다.

⑧ 정관이 용신이면 책임감이 강하고 합리적이다.

장점은 정직하고, 이타적이고, 준법정신이 강하고, 매사에 지성이고, 인자하고, 순수하고, 관대하다. 여자는 남편, 남자는 자식을 좋아한다.

단점은 너무 원칙만 고수하고 공익만을 우선으로 하기 때문에, 융통성이 없고, 의지가 약하다.

⑨ 편인이 용신이면 성격이 활발하고 종횡무진하는 재능이 있다. 장점은 직관이 뛰어나고, 임기응변이 강하고, 깊이 몰입하고, 사색하기 때문에, 남과 다른 특수한 기예가 있다. 부모나

스승을 좋아한다.

　단점은 지나치게 신비적이고, 내향적으로만 탐구하기 때문에, 고독하고, 폐쇄적이고, 회의적이고, 권태가 심하여 용두사미가 되기도 한다.

　⑩ 정인이 용신이면 총명하고 인자하다.

　장점은 너그럽고, 합리적이고, 단정하다. 부모나 스승을 좋아한다.

　단점은 윗사람의 뜻을 무비판적으로 받아들이고, 보수적이고, 지나치게 수동적이고, 재물에 대한 관심이 없고, 게으르다.

2

건강

　『적천수(하지장)』에서는 "그 사람이 장수할 것을 어떻게 아는가. 성性이 정定하고 원신元神이 두텁다."라고 하였다. 적천수의 원주에서 "성이 정하다."라고 한 것은 사주가 충이나 합 등으로 결함이 없이 안정되었다는 의미다. "원신이 두텁다."라는 것은 사주가 유통이 잘되어 용신이 유력하고, 일주가 약하지 않다는 의미다. 이상의 의미는 사주가 청하다는 것이다.
　또 『적천수(질병)』에서는 "오행이 조화로우면 일생에 질병이 없다."라고 하였다. 이는 사주가 중화되면 질병이 없다는 것이다. 즉 중화와 유통이 잘 된 사주가 질병이 없고, 장수한다는 것이다. 반면에 "그 사람이 일찍 죽을 것을 어떻게 아는가. 기氣가 탁하고 신神이 메말랐다."라고 한다. 이는 장수자와 반대로 사주가 탁하고, 일주가 태약한 것을 말한다.

이『적천수』에서 말하는 장수 요절이나 질병은 사주의 조화 유통 청탁 등으로 결정된다는 것이다. 맞는 것 같으나 조금은 막연하다. 분명하게 알 수 있는 것은 건강과 질병과 죽음에 이르는 과정은 용신과 일주에 의해서 결정된다는 것이다. 특히 심리적인 건강은 자신이 타고난 일주의 속성이 바르게 드러날 때다. 심리적인 건강에 관해서는 앞에 있는 '일간에 따른 성격'을 반드시 참고 해야 한다.

여기서는 질병에 대해서만 살펴본다. 먼저 건강한 사람은 자기 일간에 해당하는 장부가 건강하다. 자기 용신이나 일간에 해당되는 장부에 질병이 올 때 심각해진다. 대부분 죽음에 이를 때는 먼저 용신에 해당하는 장부에 병이 들고, 이것이 일간에 해당하는 장부로 전이되어 죽는다. 따라서 건강 관리는 일간에 따른 장부의 건강 관리에 중점을 두어야 한다. 그 다음은 용신이다. 이 분야는 필자가 40여 년간 지켜본 것이기 때문에, 확신한다.

일간에 따른 오장육부와 질병은 다음과 같다.

甲木의 장부는 담이고 그 짝은 간이다. 건강한 甲木은 간담이 튼튼하고, 인자하고, 시력이 좋고, 근육이 발달하고, 힘이 좋고, 자세가 반듯하다. 화를 많이 내거나 일등을 해야 한다는 강박관념이 있으면 병이 나기 쉽다. 낮은 지대의 좁은 집에 사는 것이 안 좋다.

乙木의 장부는 간이고 그 짝은 담이다. 건강한 乙木은 간담이 튼튼하고, 인자하고, 시력이 좋고, 몸이 유연하고, 춤을 잘

춘다. 화를 많이 내거나 알맞게 운동을 안 하면 병이 나기 쉽다. 성형 등의 수술을 하면 부작용이 있을 수 있다.

丙火의 장부는 소장이고 그 짝은 심장이다. 건강한 丙火는 심장과 소장이 튼튼하고, 예의 바르고, 명랑하고, 음성이 크고 명확하고, 혈색이 좋다. 근심을 많이 하면 병이 나기 쉽다. 폐쇄공포증이 있을 수 있기 때문에, 낮은 지대의 저층에 살거나 밀폐된 공간에서 오래 근무하는 것은 안 좋다.

丁火의 장부는 심장이고 그 짝은 소장이다. 건강한 丁火는 심장과 소장이 튼튼하고, 예의 바르고, 명랑하고, 혈색이 좋다. 근심을 많이 하면 병이 나기 쉽다. 신약하면 꿈이 많고 두려움이 많은데, 춥게 있거나 찬 음식을 많이 먹거나 목욕을 자주 하는 것은 안 좋다.

戊土의 장부는 위장이고 그 짝은 비장(췌장)이다. 건강한 戊土는 비위가 튼튼하고, 신의가 있고, 음식을 잘 먹고, 알맞게 살이 쪘다. 지나치게 생각을 많이 하거나, 부절제하게 먹으면 병이 나기 쉽다. 지대가 낮은 곳에 사는 것은 안 좋다.

己土의 장부는 비장이고 그 짝은 위장이다. 건강한 己土는 비위가 튼튼하고, 신의가 있고, 음식을 잘 먹고, 알맞게 살이 쪘다. 지나치게 생각을 많이 하거나, 부절제하게 먹으면 병이 나기 쉽다. 외롭게 혼자 지내는 것은 안 좋다.

庚金의 장부는 대장이고 그 짝은 폐다. 건강한 庚金은 폐 대장이 튼튼하고, 의리가 있고, 피부가 깨끗하고, 대변이 시원하고, 목소리가 좋다. 지나치게 슬퍼하면 병이 나기 쉽다. 경쟁을 하거나, 불의를 참지 못하는 것은 안 좋다.

辛金의 장부는 폐고 그 짝은 대장이다. 건강한 辛金은 폐 대장이 튼튼하고, 의리가 있고, 피부가 깨끗하고, 목소리가 좋다. 지나치게 슬퍼하면 병이 나기 쉽다. 과거의 억울한 일을 잊지 못하는 것은 안 좋다.

壬水의 장부는 방광이고 그 짝은 신장이다. 건강한 壬水는 신장과 방광이 튼튼하고, 지혜가 있고, 뼈가 튼튼하고, 정력이 좋다. 지나치게 두려워하면 병이 나기 쉽다. 고소 공포증이 있을 수 있기 때문에 높은 곳에서 사는 것은 안 좋다.

癸水의 장부는 신장이고 그 짝은 방광이다. 건강한 癸水는 신장과 방광이 튼튼하고, 지혜가 있고, 뼈가 튼튼하고, 정력이 좋다. 지나치게 두려워하면 병이 나기 쉽다. 넓은 방에서 혼자 자는 것은 안 좋다.

이상과 같이 일간과 질병의 관계를 살펴보았다. 여기서 반드시 알아 두어야 할 것은 사주명리에서 부귀빈천은 잘 적중되나, 수요장단壽夭長短은 잘 적중되지 않는다는 점이다. 이는 적선을 하면 수명이 연장되고, 적악을 하면 수명이 감소하기 때문이다. 착하면 장수한다는 공자의 인자수仁者壽 이론을 잊지 말아야 한다.

다음 사주로 용신과 질병의 관계를 알 수 있다.

己 戊 乙 癸
未 申 丑 丑
時 日 月 年

20년 정도 친분이 있던 73년생 여성이다. 戊土가 丑월 未시에 태어나 신강하다. 신강하여 일지 申金을 식신으로 용신으로 할 듯도 한데, 살아온 바를 보니 木이 용신이다. 그래서 미약하나마 乙木관성을 용신으로 할 수 밖에 없다. 그런데 庚午대운에 乙庚합하여 남편이 사업한다고 나가고, 그것으로 인한 스트레스로 乙木인 간이 손상되고, 戊土에 해당하는 위암으로 전이되어 고생하다가 辛未대운에 들어서자마자 辛金이 용신을 충하고, 未丑충하여 50세에 사망하였다.

3
귀천과 빈부

귀천

인간이 왜 사는가를 묻는다면 다양한 답변이 있을 수 있다. 예를 들면 돈을 벌기 위해, 출세하기 위해, 사랑하기 위해, 가족을 위해, 즐기기 위해, 천국 가기 위해 산다는 등등이 있을 수 있다. 이렇게 다양한 답변이 있으나 그것을 한마디로 요약하면 '행복하게 사는 것'이다.

어떤 팔자가 가장 행복한 팔자인가? 위와 같은 모든 요건들이 갖추어진 팔자라고 할 수 있다. 그러나 이러한 요건들은 너무 세속적이다. 여기에 하늘을 우러러 부끄럽지 않고, 사람들에게 존경받는 이라면 더욱 행복한 팔자일 것이다. 이러한 팔자가 진정으로 귀貴한 팔자다. 이러한 팔자의 사주 구조는 앞에서 살펴본 바와 같이 청한 사주다. 이 청한 사주에 관해서는 앞에서 언급하였기 때문에, 여기서는 재론하지 않는다. 물론 귀한 사주와 반대되는 천賤한 사주는 탁한 사주다. 즉 사주의 귀천은 사주의 청탁에 해당된다.

그런데『적천수(하지장)』에서는 "그 사람이 귀한 것을 어떻게 아는가. 관성이 이치에 맞게 있기 때문이다."라고 하고, "그 사람이 천한 것을 어떻게 아는가. 관성이 보이지 않기 때문이다."라고 하였다. 즉 귀천은 관성이 있느냐 없느냐에 따라 결정된다는 것이다. 이렇게 관성을 '귀貴'의 기준으로 보는 것은 옳을 수 있다. 왜냐하면『적천수』가 성립될 당시에는 출세할 수 있는 방법은 오직 벼슬 즉 관官에 있었기 때문이다. 또한 관살은 자식에 해당되기 때문에, 자식이 대를 이어 노후에 자식에게 의지하는 것이 최고의 복이 될 수도 있다. 그러나 현대에는 공무원과 같은 관직이 최고의 직업이 아니며, 노후에 자식에게 의지하는 삶 또한 반드시 바람직스러운 것이 아니다. 따라서 이러한 관의 유무로 귀천이 결정되는 것은 아니다.

오히려『적천수(하지장)』에서 길흉을 논하는 것이 귀천을 판단하는데 도움이 된다. 여기서 "그 사람이 길함을 어떻게 아는가. 희신이 보필함이다." 또 "그 사람이 흉한 것을 어떻게 아는가. 기신이 돌아가며 공격하는 것이다."라고 하였다. 이는 위에서 살펴본 용신의 진가, 용신의 유무정, 용신의 유무력과 관계가 있다. 즉 용신이 진신이고, 유정하고, 유력하면 길하고, 그 반대면 흉하다는 것이다. 결국은 사주의 귀천 판단은 청탁의 판단과 크게 다르지 않다.

다음 사주는 귀하다.

辛 己 丙 甲
未 亥 寅 子
時 日 月 年

己土가 寅월에 태어났고, 재와 관이 왕성하여 위태로운 듯하다. 그러나 인성이 장생 위에 있고, 재성들이 관성을 생하고 관성이 인성을 생하니 인성이 왕하다. 더욱이 子水서부터 수생금 금생화 화생토 토생금으로 생화유정生化有情하니 매우 청한 사주다. 평생 관직에 머물며 귀하게 살았다.

빈부

부자로 사는지 가난하게 사는지도 사주명리로 알 수 있다. 『적천수(하지장)』에서는 "그 사람이 부자인가를 어떻게 아는가. 재기財氣가 문으로 들어왔다."라고 하고 "그 사람이 가난한 것을 어떻게 아는가. 재신財神이 참되지 않았다."라고 한다. 여기서 재기나 재신이란 재가 희용신이라는 의미다. 그래서 부자는 재가 희용신으로 잘 들어 있고, 빈자는 재가 희용신이 아니라는 것이다.

부자 사주의 필수 요건은 재가 용신이거나 희신이어야 한다. 재가 희용신으로 쓰기 위해서는 신강해야 함은 물론이다. 더욱 좋은 것은 식상이 재를 생하고, 재는 다시 관살을 생하는 상생의 유통 구조다. 그 밖에 형충 등으로 재가 손상되지 않는 구조다. 대부분 큰 부자는 사주가 잘 유통되는 구조이고, 재가 희용신으로 큰 역할을 한다. 또한 일주가 甲丙戊庚壬인 양일주인 경우가 많고, 고정된 수입으로 들어오는 정재보다는 의외의 돈이 들어오는 편재가 용신인 경우가 많다.

다음은 부자의 사주다.

辛 壬 丙 甲
亥 寅 子 申
時 日 月 年

壬水가 양인 수왕절에 태어나고, 申子반합에 亥시라서 신왕하다. 亥水에 甲木이 투출하여 丙火를 생하고 있어서 丙火를 용신으로 한다. 소위 재기가 문에 들어온 사주다. 양일간에 편재로 남방 대운에 거부가 되었다.

가난한 자의 사주는 부자의 사주와는 반대라고 보면 된다. 그래서 가난한 자의 사주는 첫째가 재가 기신이거나 구신이다. 다음은 신약한데 재가 지나치게 왕성하여 재를 감당할 수 없는 재다신약인 경우다. 다음은 지나치게 신강한데 재가 지나치게 약한 경우다. 특히 비겁이 많아서 신왕한데 식상이 없고 약한 재성이 있는 경우다. 이때에는 비겁들이 식상으로 재를 생조하지 않고, 작은 재를 취하려고 쟁탈전을 벌린다. 이를 군겁쟁재격이라 한다. 매우 가난한 경우가 많다.

다음은 재다신약으로 가난한 자의 사주다.

乙 丁 乙 庚
巳 丑 酉 辰
時 日 月 年

지지가 巳酉丑삼합하고 천간 乙庚합금하여 천지가 재로 가득한 재다신약이다. 己丑대운에 土가 金을 생하여 손재를 거듭하다 굶어 죽었다.

4
직업

　한 생명이 주어졌으면 이 삶 속에서 반드시 해야 할 일이다. 즉 직업이다. 한자의 직업職業이란 나에게 맡겨진 일(業)이라는 의미다. 하늘이 나에게 맡긴 일이기 때문에 천직天職이라고도 한다. 불교적으로 전생에 행한 업業에 따라 현생에 행해야 하는 업이다. 영어로 천직이라는 의미의 직업은 vocation과 calling이다. 물론 이 내면에는 하나님의 명령이나 부르심이라는 의미가 포함되어 있다. 사주명리에서 이것을 찾는 것이 대단히 중요하다.

　사주명리가 완성될 당시의 직업은 사농공상士農工商에 불과했다. 그중에서 '사'에 해당하는 관료는 모든 사람에게 최고의 희망이었다. 그래서 사주에서 관살이 귀천을 결정하는 가장 중요한 요소로 보았다. 그러나 현대에는 직업이 아주 다양해졌고

귀천이 없어졌기 때문에, 과거의 논리대로 사주를 간명해서는 안 된다. 사실 현대의 다양한 직업을 고려한다면, 사주만 보고 직업이 무엇이라고 단정하기가 매우 어렵다. 그래서 이 장에서는 직업의 방향을 찾는 방법 정도만 제시한다.

일주에 의한 방법

일주는 사주 당사자의 성향이기 때문에, 일주에 부합되는 직업을 선택해야 한다. 그래서 앞에서 설명한 '일간에 따른 성격'을 잘 참작해야 한다. 간단히 살펴보면 다음과 같다.

甲木일주는 여러 사람 앞에 나서서 하는 업종은 좋다. 그렇지 않으면 자격증 등을 가지고 개인 사업을 하는 것이 좋다. 반면에 종업원으로 일하지 못하고, 남에 대한 배려가 부족하기 때문에, 서비스업 등은 맞지 않는다.

乙木일주는 모든 방면에 잘 적응을 하는 편이다. 그 중에서도 교육이나 서비스 업종처럼 나를 내세워 남을 기쁘게 하는 업종이 좋다. 신약하면 개인 사업보다 동업이나 직원으로 일하는 것이 좋다.

丙火일주는 여러 사람 앞에서 큰소리치며, 자신을 드러내는 업종은 좋다. 그렇지 않으면 교통과 관련되어 많이 돌아다니는 업종이 좋다. 반면에 밀폐된 공간에서 움직이지 않고 근무하는 일은 맞지 않는다.

丁火일주는 남에게 베풀고 헌신적으로 하는 업종은 좋다. 사람을 직접 상대하는 업종이 좋으며 동업도 좋다. 신약하면 위험 부담이 있는 큰 사업이나 투기업은 맞지 않는다.

戊土일주는 많은 것을 수용하고 장악하는 업종은 좋다. 그렇지 않으면 많은 사람들을 중재하는 업종이 좋으나, 의외로 고독하게 혼자 하는 업종도 좋다. 다만 운수업처럼 이동하는 활동적인 일은 맞지 않는다.

己土일주는 많은 사람을 모아서 베풀고 가르치는 업종이 좋다. 그렇지 않으면 많은 사람들을 직접 만나서 포용하는 업종이 좋다. 반면에 외롭게 혼자 하는 일은 맞지 않는다.

庚金일주는 경쟁하고 극기해야 성취할 수 있는 업종이 좋다. 그렇지 않으면 개인 사업이 좋다. 반면에 숙살의 기상이 있어서 불의를 참지 못하기 때문에, 여러 사람을 포용해야 하는 일은 맞지 않는다.

辛金일주는 한 분야를 깊이 파고들어 성취하는 업종이 좋다. 그렇지 않으면 자신만의 능력을 인정받을 수 있는 특수한 업종이 좋다. 반면에 자질구레하게 여러 가지를 취급하는 일은 맞지 않는다.

壬水일주는 사색을 많이 해야 하는 업종이 좋다. 그렇지 않으면 현장보다는 사무실에서 기획 등을 하는 업종이 좋다. 반면에 말을 많이 하는 사교적인 일은 맞지 않는다.

癸水일주는 변화무쌍하여 모든 분야에 잘 적응한다. 특히 일인자의 뒤에서 참모 역할을 매우 잘한다. 반면에 여러 사람 앞에서 자신을 돋보이게 드러내는 일은 맞지 않는다.

십신에 의한 판단

십신은 가족관계를 나타내는 말이다. 그러나 여기서 말하는 십신은 용신으로서 십신을 말한다. 그 십신으로 어느 직업에 적성이 맞는가를 알아보고자 하는 것이다. 왜냐하면 용신이란, 사주 당사자가 평생 추구해야 할 대상이고 가야 할 길이기 때문이다.

① 비견과 겁재가 용신이면 신약하므로 함께 살아야 한다. 그래서 개인 사업보다 동업이나 직장 생활을 하는 것이 좋다. 특수한 기술이나 자격이 있으면 독립해서 활동하는 직업도 좋다. 겁재가 용신이면 투기업을 좋아하나, 매우 조심해야 한다.

② 식신과 상관이 용신이면 신강하므로 내가 가지고 있는 것을 내주어야 한다. 내어주는 것은 정신과 물질이 있다. 식신이 용신이면 교육 등의 정신으로 내주거나, 음식 등의 물질로 내주어야 한다. 그래서 교육이나 요식업이 좋다. 상관이 용신이면 외향적으로 내주어야 하기 때문에, 교육 언론 예술과 같은 것으로 자신이 자랑할 만한 능력을 내주어야 한다.

③ 편재와 정재가 용신이면 신강하므로 재물을 취해야 한다. 편재가 용신이면 자기 마음대로 하는 성향이 있기 때문에 개인 사업이 좋고, 투기나 요행을 바라는 성향이 있기 때문에 상업이나 투기업 등이 좋다. 반면에 정재가 용신이면 노력한 대가만큼만 얻는 수입이 좋고, 금융계나 고정적인 수입인 봉급 생활자도 좋다.

④ 편관과 정관이 용신이면 신강하므로 벼슬을 해야 한다.

편관이 용신이면, 체면과 명예를 중시하고 희생정신이 있고 권력지향적이기 때문에, 군인 경찰 법조계 등이 좋다. 반면에 정관이 용신이면 공평정대하고 책임감이 강하고 준법정신이 강해서 정직함을 요구하는 모든 직업이 좋은데 특히 공무원이 적합하다.

⑤ 편인과 정인이 용신이면 신약하므로 도움을 받아야 한다. 도움을 받는 것은 학문과 음식이다. 편인이 용신이면 종교 철학 의학 예술 등과 같은 특수한 분야의 학문을 하는 것이 좋고, 비생산적인 직업이 좋다. 반면에 정인이 용신이면 합리적으로 지식을 탐구하는 교육계가 좋으며 음식 등과 같은 요식업도 좋다.

용신의 오행에 의한 판단

용신은 평생 추구하며 살아야 할 대상이다. 용신은 10개 천간 가운데 하나인데, 이 천간은 구체적인 사물의 형상으로 표현된다. 따라서 용신이 제시하는 그러한 사물을 추구하며 사는 것도 맞는 직업이 될 수도 있다. 그러나 이 구체적인 사물은 누구에게나 직접적인 직업의 대상이 아니다. 왜냐하면 직업은 이러한 물질에 의한 것만은 아니기 때문이다. 참고만 하면 된다.

甲木은 소나무나 참나무처럼 크게 자라는 나무를 상징한다. 甲木이 용신이면, 나무를 키우는 임업이나 과수원, 나무를 이용하는 목재나 가구, 나무를 원료로 가공하는 섬유나 제지, 나무로 상징되는 플라스틱이나 건축 자재 등과 인연이 있다.

乙木은 잡초나 인간이 키운 곡식 같은 초목을 상징한다. 乙木이 용신이면, 이러한 초목이나 곡식을 키우는 농업이나 원예, 이것을 이용하는 농산물 가공이나 식품 제조, 乙木으로 상징되는 바이오 산업이나 미생물 분야 등과 인연이 있다.

丙火는 태양과 같은 불을 상징한다. 丙火가 용신이면, 태양을 직접 이용하는 태양광 에너지 산업, 태양이 절대적으로 필요한 농업, 태양을 이용하는 사진이나 그림 등과 인연이 있다.

丁火는 모닥불이나 전등처럼 인간이 만든 불을 상징한다. 丁火가 용신이면, 불을 직접 활용하는 조명이나 보일러, 불의 에너지인 전기나 전자 산업, 불의 원료라고 할 수 있는 석유 화학 등과 인연이 있다.

戊土는 태산과 같은 높은 산이나 넓은 광야와 같은 땅을 상징한다. 한국에서 戊土는 광야보다는 임야에 해당된다. 戊土가 용신이면, 임야를 개발하는 광산이나 골프장, 여기서 얻어지는 목재나 임산물, 이것을 중개하는 중개업 등과 인연이 있다.

己土는 논밭 또는 도로나 대지와 같은 인간이 개발한 땅을 상징한다. 己土가 용신이면, 논이나 밭을 이용한 농업, 이것들에 관한 토목 공사, 여기에 세우는 건축 공사, 이러한 부동산의 임대업이나 중개업 등과 인연이 있다.

庚金은 바위나 가공하지 않은 무쇠를 상징한다. 庚金이 용신이면, 이것을 얻는 채석이나 채광, 이것으로 만들어진 철광석이나 고철, 이것을 이용하는 차량과 같은 큰 기계 등과 인연이 있다.

辛金은 보석이나 칼처럼 인간이 만든 쇠를 상징한다. 辛金이

용신이면, 이것을 제조하는 공업, 이것을 취급하는 귀금속 거래나 철물점, 이것을 이용하는 기술자 침구사 외과 의사 등과 인연이 있다.

　壬水는 바다나 호수나 강과 같은 물을 상징한다. 壬水가 용신이면, 이것을 직접 이용하는 어업 해운업 수력 발전 등과 인연이 있다. 壬水는 청수이기 때문에, 상수도와 관계된 사업이나 생수 사업과도 인연이 있다.

　癸水는 비나 도랑물 또는 인간이 만든 음료수와 같은 물을 상징한다. 癸水가 용신이면, 이것을 직접 이용하는 농업이나 공업에 사용하는 물, 인간이 사용하는 모든 물과 모든 음료수와 인연이 있다. 癸水는 탁수이기 때문에, 하수도나 그와 관계된 배관업 등과도 인연이 있다.

5
인간관계

　인간人間이라는 한자는 사람과 사람 사이라는 의미다. 인간이 산다는 것은 이 한자의 의미처럼, 관계의 연속이라고 할 수 있다. 그래서 살아가면서 사람들과 좋은 관계를 맺기 위해서는 인간관계의 이치도 알아야 한다. 여기서 주의할 것은 이러한 이치를 통해서 나에게 유리한 관계만을 맺으려고 해서는 안 된다. 사주명리를 이렇게 작은 이익만을 위해서 이용한다면, 이 또한 죄가 될 것이다. 특히 이미 맺어진 인연이라면, 결코 인위적으로 거부해서는 안 된다. 모든 관계는 내가 좋아하는 사람, 내가 미워하는 사람, 나를 좋아하는 사람, 나를 미워하는 사람들이 어우러진 한판이라는 것을 알아야 한다.

연지로 판단하는 법

인간관계에서 좋고 나쁜 관계를 가장 쉽게 알 수 있는 방법은 각자의 띠로 판단하는 방법이다. 띠 즉 연지年支는 인간의 가장 외부로 드러난 성향이기 때문에, 연지끼리 관계를 통해서 피상적인 인간관계를 알 수 있다. 특히 연지끼리의 관계는 부부처럼 아주 밀접한 관계가 아닐 경우에, 표면적으로 드러난 인간관계를 쉽게 알 수 있는 방법이다.

① 삼합으로 좋은 관계

일반적으로 좋은 관계의 대표적인 것은 연지가 같은 경우 즉 띠가 같은 경우다. 동갑이면 더욱 좋고, 12살이나 24살의 나이 차이가 나도 좋다.

다음으로 좋은 관계는 연지끼리 삼합이 드는 경우다. 삼합三合은 부모와 나와 자식과 같은 밀접한 관계다. 이 삼합의 관계는 자기 나이의 4의 배수로 차이가 나는 관계다. 즉 4살, 8살, 12살, 16살, 20살 …… 이 중에서 12살 차이는 같은 띠다. 이 삼합의 관계는 쉽게 친해질 뿐만이 아니라, 오랫동안 좋은 관계를 유지한다. 삼합은 다음과 같다.

亥卯未합: 돼지띠, 토끼띠, 양띠
寅午戌합: 호랑이띠, 말띠, 개띠
巳酉丑합: 뱀띠, 닭띠, 소띠
申子辰합: 원숭이띠, 쥐띠, 용띠

② 상충으로 나쁜 관계

일반적으로 나쁜 관계는 연지가 서로 충하는 관계다. 이 충의 관계는 십이지지에서 정반대에 해당하는 띠를 말한다. 이를 상충살相沖殺이라고도 한다. 서로 충돌하는 안 좋은 관계다. 상충 관계는 다음과 같다.

子午충: 쥐띠와 말띠
卯酉충: 토끼띠와 닭띠
寅申충: 호랑이띠와 원숭이띠
巳亥충: 뱀띠와 돼지띠
辰戌충: 용띠와 개띠
丑未충: 소띠와 양띠

③ 원진으로 나쁜 관계

상충만큼 나쁜 관계는 원진 관계다. 원진怨嗔이란 원망하고 성낸다는 의미다. 십이지지에서 충을 하는 앞뒤 지지가 원진이다. 이를 원진살怨嗔殺이라고도 한다.

子未원진: 쥐띠와 양띠
丑午원진: 소띠와 말띠
寅酉원진: 호랑이띠와 닭띠
卯申원진: 토끼띠와 원숭이띠
辰亥원진: 용띠와 돼지띠
巳戌원진: 뱀띠와 개띠

이 원진살은 사주 내에서는 거의 작용하지 않고, 인간관계에서만 그 작용이 잘 나타난다. 이 원진은 오랫동안 관계가 유지되는 부모 형제 배우자 친구 동료와 같은 관계에서 나타난다. 지장간을 보면 충은 서로 치고받고 싸워서 서로 깨지는 관계인 반면에 원진은 암합을 할 듯 말 듯하고, 생도 하고, 극도 하는 관계다. 그래서 크게 싸우지도 않고, 헤어지지도 못하고, 서로 미워하는 피곤한 관계다.

일간으로 판단하는 법
인간관계를 띠로만 판단하는 것은 겉으로 드러난 관계다. 그러나 인간관계가 깊어지면 겉으로만 관계가 유지되지 않고 보다 깊은 내면의 관계가 일어난다. 그래서 보다 내밀한 관계를 알려면 한 인간의 주체를 상징하는 일간의 관계로 판단해야 한다.

① 천간합으로 좋은 관계
내면적으로 좋은 관계는 일간끼리 천간합이 되는 경우다. 천간합天干合이란 부부와 같이 좋은 관계라는 것이다. 천간합은 다음과 같다.

甲己합: 甲일생과 己일생
乙庚합: 乙일생과 庚일생
丙辛합: 丙일생과 辛일생
丁壬합: 丁일생과 壬일생

戊癸합: 戊일생과 癸일생

이 경우에도 윗사람이 양이 되면 더욱 좋다. 윗사람이란 부모 남편 상사 스승 등이며, 양이란 합하는 천간이 甲庚丙壬戊를 말한다.

② 천간충으로 안 좋은 관계
내면적으로 안 좋은 관계는 서로 충하는 관계다. 이를 천간충天干沖이라 하는데 서로 깨질 때까지 싸우는 안 좋은 관계다. 천간충은 다음과 같다.

甲庚충: 甲일주와 庚일주
乙辛충: 乙일주와 辛일주
丙壬충: 丙일주와 壬일주
丁癸충: 丁일주와 癸일주

이 충하는 관계를 살펴보면 편관과 편재의 관계다. 이렇게 편관과 편재의 관계가 되는 천간은 다음과 같이 또 있다. 이 관계는 충처럼 서로 싸우는 것이 아니라 한쪽에서 일방적으로 억제하는 관계다. 이러한 관계를 극(剋, 또는 克)의 관계라고 한다. 극의 관계는 다음과 같다.

甲戊剋, 乙己剋, 丙庚剋, 丁辛剋, 戊壬剋, 己癸剋

극하는 일주가 남편이거나 직장 상사면 그래도 조금 나은 편이다. 반면에 다른 관계면 대부분 한쪽이 일방적으로 당하는 나쁜 관계다.

십신에 의한 판단법

사주에서 인간관계를 알 수 있는 방법은 몇 가지가 있다. 그중에서 상대와 내밀한 관계를 자세히 알 수 있는 가장 뛰어난 방법은 일주끼리의 관계를 통해서다. 이렇게 표출된 관계의 사람을 전통적으로 육친六親이라 한다. 그러나 일주끼리의 관계로 나타나는 인간 유형은 10종류이기 때문에 십신十神이라고도 한다. 이렇게 일주끼리의 관계로 판단하는 방법은 다음과 같다. 이 방법으로 알 수 있는 것은 가장 좋은 관계와 가장 나쁜 관계에 관한 것이다. 나머지 인간관계는 이에 준해서 유추해야 한다.

① 비견겁재 관계

나와 오행이 같은 관계다. 내가 木이고 친구도 木일 경우다. 이때 나이가 많은 사람이 양이면 더욱 좋다. 즉 형이 甲木이고 동생이 乙木일 때다. 이러한 인간관계에서는 형제 친구 동업자면 좋다.

② 식신상관 관계

내가 생하는 관계다. 내가 木이고 자식이 火일 경우다. 인간관계에서는 남녀 모두 자식 또는 제자나 아랫사람이면 좋다.

이와 반대로 자식이 木이고 부모가 火면 안 좋은 관계다.

③ 정재편재 관계
내가 극하는 관계다. 내가 木이고 종업원이 土일 경우다. 인간관계에서는 부인 부하 종업원 내가 통제하는 사람이면 좋다. 이와 반대로 사장이 木이고 종업원이 金이면 안 좋은 관계다.
명리학에서 편재는 남녀 모두 아버지에 해당되고, 여자에게는 시어머니에 해당된다. 그러나 이것은 사주 안에서 육친의 관계를 말하는 것이다. 실제의 인간관계에서 아버지나 시어머니가 내가 극하는 편재면, 그 관계는 좋은 관계가 아니다. 즉 자식의 일주가 甲木이고 아버지의 일주가 戊土로 자식이 아버지를 극하면, 이 부자지간은 좋은 관계가 아니다.

④ 정관편관 관계
나를 극하는 관계다. 내가 木이고 상사가 金일 경우다. 인간관계에서는 남편 직장의 사장 나를 통제하는 사람이면 좋다. 이와 반대로 종업원이 金이고 사장이 木이면 안 좋은 관계다.

⑤ 정인편인 관계
나를 생하는 관계다. 내가 木이고 스승이 水일 경우다. 인간관계는 어머니 스승 나에게 도움을 주는 윗사람이면 좋다. 이와 반대로 선생이 木이고 제자가 水면 안 좋은 관계다.

6

궁합과 배우자 덕

　남녀가 만나서 결혼하고 가정을 꾸리고 행복하게 살기 위해서는 부부가 궁합이 맞아야 한다. 궁합은 다음과 같이 음양오행의 원리에 따라야 한다.
　음양오행의 원리에 근거하지 않는 甲子 乙丑 亥中金 하는 납음오행 등으로 궁합을 보아서는 안 된다. 또한 과거에는 여자 사주는 남자 사주와 달리 보았다. 그러나 현대에는 남녀를 차별해서 사주명리를 보아서는 안 된다. 이에 대해서는 「12장 사주명리의 문제들」에서 거론한다.

지지로 판단하는 법
　지지로 궁합을 판단하는 것은 두 사람의 뿌리가 서로 연결이 되었는가 아닌가를 판단하는 것이다.

① 삼합이 많은 좋은 궁합
좋은 궁합의 제일 요건은 지지의 삼합이다. 먼저 연지끼리 삼합이 되면 쉽게 친해질 수 있다. 다음에는 월일시끼리 삼합이 많을수록 좋다. 이 삼합의 이론은 앞의 인간관계와 같다.

② 원진과 충이 많은 나쁜 궁합
일반적으로 나쁜 궁합은 두 사람의 연지가 원진 관계다. 원진은 크게 싸우지도 않고, 헤어지지도 못하고, 서로 미워하는 피곤한 관계이기 때문이다.
다음은 연월일시 각각의 지지끼리 충이 많은 관계다. 특히 일지끼리 충을 하면 성관계가 원만하지 않을 수도 있다. 비록 천간이 합의 관계로 좋아도, 지지가 서로 충이 많으면 내면적으로 가까워질 수 없는 나쁜 궁합이다.

일간으로 판단하는 법
부부관계를 지지로 판단하는 것은 땅속의 뿌리를 보는 것이다. 반면에 한 인간의 주체가 되는 일간의 관계는 지상에서 드러난 관계뿐만이 아니라, 두 사람의 운명적인 관계를 판단하는 것이다.

① 천간합으로 좋은 궁합
좋은 궁합은 일간끼리 천간 합이 되는 경우다. 이 경우에도 남편이 양간이 되면 더욱 좋다. 양간은 甲庚丙壬戊이다. 반면에 여자가 양간이면 합이기는 해도 남녀의 역할이 바뀐 음양이

전도된 부부라고 보아야 한다.

② 천간끼리의 충이나 극으로 안 좋은 궁합

안 좋은 궁합은 천간이 서로 충하는 관계다. 이 천간사충은 서로 깨질 때까지 싸우는 안 좋은 관계라고 할 수 있다.

충처럼 서로 싸우는 것이 아니라 한쪽에서 일방적으로 때리는 관계가 있다. 이러한 관계는 앞에서 본 바와 같은 극의 관계다. 그러나 극하는 일주가 남편이면 나쁘지는 않으나 그 반대로 부인이면 좋은 부부관계가 되기 어렵다.

③ 십신에 의한 판단법

두 사람의 일간끼리 관계다. 비견겁재의 관계는 형제와 같은 관계다. 서로 경쟁하듯이 싸우기도 하나, 없으면 서로 찾고 의지하는 좋은 궁합이다. 이 경우에 남편이 양이면 더욱 좋다.

식신상관과 정인편인의 관계는 부모와 자식의 관계와 같다. 남편 입장에서 부인이 식상에 해당되면 아버지와 딸의 관계와 같다. 부인 입장에서 남편이 식상에 해당되면 엄마와 아들의 관계와 같다. 대부분의 부모와 자식의 관계처럼 처음에는 뗄 수 없는 아주 애틋한 관계이나 성장하면 소원해지는 관계가 된다. 부부도 이와 같아서 처음에는 좋으나 시간이 흐를수록 정이 멀어지는 관계가 될 수도 있다.

정재편재와 정관편관의 관계는 진정한 남편과 부인의 관계다. 즉 남편 입장에서 부인이 정재나 편재가 된다면 부인의 입장에서 남편은 정관이나 편관이 된다. 이러한 관계는 가장 바람직한 부부의 관계라고 할 수 있다. 그러나 이와 반대로 부인 입장에서 남편이 정재나 편재가 되면 남편 입장에서 부인이 정관이나 편관이 된다. 이는 부부의 역할이 바뀐 것이기 때문에, 가장 안 좋은 궁합이다.

용신으로 판단하는 법

용신이란 사주 당사자가 평생 찾아서 맞이해야 하는 것이다. 이러한 용신 원리는 평생 함께해야 할 배우자에게도 적용된다. 어찌 보면 한생에서 선택할 수 있는 가장 중요한 것이라고 할 수 있다. 이러한 용신법을 궁합에 적용하는 법은 간단하다. 즉 내 사주에 甲木이 용신이면 상대의 사주에 甲木이 많고, 甲木일주면 나에게 많은 도움이 되는 궁합이다. 꼭 용신이 아니라도 희신이면 나에게 도움이 되는 배우자라고 할 수 있다. 물론 상대의 사주에 나의 기구신이 가득하면 좋은 궁합이라고 할 수는 없다.

용신과 유사한 원리의 좋은 궁합은 한난조습의 중화이다. 즉 내가 겨울에 태어나서 추운 사주면 배우자가 여름에 태어났거나 따뜻하면 서로 좋은 궁합이 된다. 또한 내가 너무 건조한 사주면 상대가 습한 사주면 좋은 궁합이 된다.

배우자 덕의 유무

나와 결혼한 부인 또는 남편으로부터 도움을 얼마나 받느냐는 궁합만으로 판단할 수 없다. 내가 배우자의 덕이 있는가 없는가는 내 사주에 배우자가 희용신이냐 기구신이냐에 달려 있다. 『적천수(부처, 자녀)』에서는 "부부의 인연은 전생에서부터 온 것이다. (재가) 희신의 역할을 한다면 처복은 타고난 것이다."라고 하였다. 즉 남자에게는 재가 희용신이어야 하고, 여자에게는 관이 희용신이어야 한다.

그런데 사주명리에서 남자는 부인과 재물이 같은 재이고, 여자에게는 남편과 직위가 같은 관이다. 그래서 처복과 재복, 남편복과 직위 등을 구분하기 어렵다. 일각에서는 일지를 배우자 자리라고 하는 근묘화실의 이론으로 판단하기도 한다. 그러나 이것은 근거가 불확실하다. 이에 대해서는 12장 「사주명리의 문제점들」에서 거론한다. 조금 더 구체적으로 구분한 것이 다음과 같은 것이다.

재가 용신인데 식상이 없고 재성이 관을 생조하면 재복은 없고 처복만 있다.
재가 용신인데 식상이 재를 생조하고 관을 생조하지 못하면 재복만 있고 처복은 없다.
재가 용신인데 식상이 재를 생조하고 재가 다시 관을 생조하면 재복과 처복이 다 있다.

이렇게 처복 재복의 구분은 재가 관 즉 자식을 생하는가 아닌가에 달려 있다는 것이다. 이와 같은 방법으로 남편복과 직위를 유추할 수 있을 것이다. 이러한 이론은 그럴듯하나 100% 적중되지 않는다. 막연하기는 하나 재가 용신인데 사주가 청하면 처복이 있고, 사주가 탁하면 재복이 있다는 옛사람들의 견해에는 어느 정도 일 리가 있다.

배우자 덕이 없는 사주는 배우자가 기구신이다. 때로는 사주 원국에서 배우자가 기구신인데 합이 많아 궁합이 좋은 경우가 있다. 이러한 경우에는 둘은 뜻이 맞고 부부관계도 잘되는 듯하다. 그러나 이 경우에는 자식이 우매하거나 재산이나 건강 또는 명예 등을 잃는 경우가 많다. 따라서 배우자의 덕을 보려고 억지로 좋은 궁합을 찾아서는 안 된다. 남녀의 인연은 자연스럽게 이루어져야 한다.

남자가 종교나 학문에 큰 뜻을 두었다면, 너무 훌륭한 부인을 기대해서는 안 된다. 남자에게 재는 부인에 해당하는데, 재는 인성을 파극하기 때문에 진리를 추구할 수 없다. 소크라테스나 붓다 또는 공자와 같은 고대의 성현은 물론이고, 퇴계 이황을 비롯한 과거 한국의 많은 성현들의 부인들은 훌륭한 편이 아니었다.

여자의 직업이 공무원이거나, 명예나 인기가 높거나, 훌륭한 자식을 갖고자 한다면, 너무 훌륭한 남편을 기대해서는 안 된다. 여자에게 관官은 남편에 해당하며 동시에 직장이나 명예 등도 관에 해당되기 때문이다. 또한 훌륭한 자식은 식상으로 관을 파극하기 때문이다. 따라서 억지로 좋은 배우자를 찾아서는 안 된다. 억지로 하나를 얻으면 반드시 그에 상응하는 하나를 잃는 것이 세상의 이치다. 대부분 남자가 자기 사주의 그릇보다 돈이 많으면 처덕이 없고, 너무 여자를 밝히면 돈이 없다. 반면에 여자가 직위나 명예가 높으면 남편덕이 없다.

다음은 처덕이 있는 사주다.

癸 丁 乙 丁
卯 酉 巳 未
時 日 月 年

丁火가 인성과 비겁이 많아서 신강하다. 따라서 시간 癸水가 편관으로 용신인데 매우 약하다. 다행히 일지 편재인 酉金이 금생수하고 있다. 그래서 처로 인해서 재물과 귀함을 얻었다. 즉 재가 희용신이다.

다음은 처덕이 없는 사주다.

甲 辛 己 丙
寅 卯 亥 子
時 日 月 年

辛金이 亥월에 태어났는데 亥卯반합과 甲寅시로 재가 왕하다. 辛金이 뿌리도 없는 월간 己土에 의지하고자 하나 극왕한 재인 木이 극하고 있다. 재가 기신으로 전형적인 재다신약이다. 이 사람은 처가 불량하고 표독하여 자살하였다.

12

사주명리의 문제점들

사주명리는 천년이라는 세월이 지나며 많은 발전을 하였다. 이러한 과정에서 잘못된 이론도 있고, 사주명리가 아닌 이론이 첨가되기도 하였다. 현대에 출판되는 서적들 대부분도 과거의 잘못된 이론들을 그대로 답습하고 있다. 더욱이 새로운 이론을 만들기까지 하여 사주명리의 이론은 매우 혼란스럽다.

　그래서 필자는 이 장을 설정하여 사주명리의 잘못된 문제점들을 거론한다. 이러한 문제점들의 일부를 지적한 학자들도 있다. 또는 잘못된 이론이라고 알면서도 그냥 지나치는 학자도 있었을 것이다. 아마도 너무나 오래되고 뿌리가 깊어서 버리기 어렵다거나, 잘잘못을 구별할 수 있는 명확한 잣대가 없어서 그럴 수도 있다.

　사주명리가 철학을 바탕으로 성립된 것이라면 냉철한 이성으로 판단判斷해야 한다. 이 판단이라는 글자의 의미는 '칼(刀)과 도끼(斤)로 쪼개고 자른다'는 것이다. 이 말은 바르지 않은 것 즉 진리가 아닌 것을 잘라 버려야 한다는 것이다. 사주명리에서 이 칼과 도끼에 해당하는 것이 음양과 오행의 원리다. 이 원리에 부합하지 않는 어떠한 이론도 사주명리에 적용해서는 안 된다.

　이 장에서는 이 기준으로 기존의 사주명리를 거론하고자 한다. 사주명리의 역사가 너무 길어서 문제점들이 너무 많다. 그 중에서 당사주唐四柱나 납음오행納音五行과 같은 것은 이미 거론할 가치가 없기 때문에 제외했다. 또한 현대에 와서 자기만이 알거나 개발했다고 하는 이론도 배제했다. 여기서 거론하는 내용은 현재 가장 보편적으로 문제가 되는 것들이다.

1
사주명리 적중률의 문제

사주명리는 인간의 운명을 알 수 있는 여러 방법 중에서 가장 뛰어난 방법이라고 하였다. 특히 인생 전체를 조망하는 점에서는 그 어느 방법보다 훌륭하다. 그럼에도 불구하고 다음과 같은 한계가 있어서 100% 적중할 수가 없다.

입태 사주

사주는 출생할 때의 연월일시를 보고 판단하는 것이다. 그러나 한 생명의 진정한 탄생은 부모의 정자와 난자가 만나는 입태의 순간이다. 생명의 탄생 관점에서 본다면 입태 순간의 연월일시가 진정한 사주가 되어야 한다. 그러나 불행하게도 인간은 입태 순간을 알 수 없다. 설령 부부관계를 한 날이나 시간을 안다고 해도 정자와 난자가 만나는 시간은 몇 시간이 경과한 뒤일 경우가 많다.

일각에서는 출생 사주 간지의 합과 충 등으로 입태 사주를 추산하기도 한다. 그러나 이론적으로도 맞지 않을 뿐만이 아니라 실증적으로도 맞지 않았다. 더욱이 현대 병원에서 인공 분만을 하는 상황 등을 고려하면 입태 사주를 추산하기는 더욱 어렵다. 이러한 점에서 출생 순간만 보고 판단하는 사주에는 한계가 있을 수밖에 없다.

시대의 변천

육십갑자로 구성되는 사주팔자는 60년을 주기로 반복된다. 그래서 현재 살아 있는 사람과 60년, 120년, 180년, 240년…… 전의 사람과 같은 사주를 가진 사람은 대단히 많았을 것이다. 그렇다면 사주가 같은 그 옛사람과 현재 살아 있는 사람의 운명은 같아야 한다.

지금 현재로는 그 옛사람이 어떻게 살았는지는 정확하게 알 수 없다. 그러나 그 옛사람과 현대인의 운명은 피상적으로도 많은 차이가 있다. 우선은 현대인들은 옛사람들보다 수명이 길고, 직업이 다양하고, 결혼이 늦고, 자손이 적다는 등의 차이가 있다. 이렇게 시대에 따라 다르기 때문에, 사주만으로 인간의 모든 것을 단정할 수는 없다.

태어난 장소

사주는 출생할 당시의 연월일시를 육십갑자로 표현한 것이다. 그래서 경도가 같은 시간에 출생했다면, 그 사람들의 육십갑자로 된 사주는 동일하다. 그렇다면 거의 같은 경도에 있는 남한의 대전과 북한의 원산과 러시아의 하얼빈에서 같은 시간에 태어난 사람이 있다면, 그 사람들은 운명이 같아야 한다. 물론 비슷한 점이 있겠지만, 그 나라 정치나 경제 상황 등에 따라 많은 차이가 있을 것이다.

현재 우리가 사용하는 사주 이론은 중국을 중심으로 만들어진 것이다. 그래서 남반구는 현재의 육십갑자 이론을 적용할 수 없다. 북반구가 여름이면 남반구는 겨울이기 때문이다. 그러나 중국만 보더라도 위도에 따라 더위와 추위 등의 기후 차이가 많이 난다. 사주는 태어날 때의 기후와 연관된 기를 보는 것인데, 동일하게 육십갑자를 적용할 수 있는지는 의문이다. 한 걸음 더 나아가, 북반구인 유럽이나 북아메리카나 북아프리카 등에도 똑같이 적용할 수 있는가는 회의적이다.

기타의 영향

많은 명리학자들이 공통적으로 말하는 것은 사주는 다 맞지 않는다는 것이다. 그 까닭은 조상 묘의 길흉, 부모의 영향, 출생지와 거주지, 이름, 자신의 노력 등에 따라서 달라지기 때문이라고 한다. 사주명리의 최고 고전이라고 할 수 있는『적천수징의(생시)』에서는 사주명리의 한계를 다음과 같이 말한다.

사람마다 태어난 산천의 정기가 다르고, 조상의 음덕이 다르다. 이러한 차이때문에 발복에도 두터움과 얇음이 있고, 재앙에도 심함과 가벼움이 있다. 심지어 그 사람의 인품이 단정한지 간사한

지에 따라서도 재앙과 복이 뒤바뀐다. 이러한 것들은 명리 이외의 요인들이라 명리학으로는 풀어낼 수 있는 것들이 아니다.

이상과 같이 살펴본 바에 따르면, 사주명리로 모든 것을 다 알 수 없다는 것이다. 그렇다고 전혀 맞지 않는다는 것은 아니다. 아마도 50% 이상은 맞지 않을까? 물론 분야별로 차이가 있다. 직업과 육친과 결혼은 이보다 높고, 빈부와 귀천은 이보다 더 높고, 수요장단은 가장 적중률이 낮다. 가장 적중률이 높은 것은 성격과 삶의 방향일 것이다. 또한 어릴 때는 적중률이 매우 높으나, 나이가 들수록 적중률이 떨어진다. 이는 노력 등에 의해서 운명은 바뀌기 때문이다.

중요한 것은 개인의 노력에 의해서 운명이 바뀔 수 있다는 점이다. 필자가 이 졸저에서 강조하고 싶은 것도 '운명은 노력에 의해서 바꿀 수 있다'는 점이다. 이에 관해서는 부록「운명을 바꾸는 방법」에서 밝힌다.

2
천기누설의 문제

천기누설의 두려움

나는 사주명리를 공부하고 여기서 발견한 천명을 일상의 삶 속에서 실현하려는 사람이다. 그럼에도 불구하고 나는 운명을 판단하는 이러한 분야에 관해서는 아주 부정적인 시각을 갖고 있다. 이 까닭은 너무 어린 시절부터 이 분야를 잘 알고 있기 때문이다.

나는 중학교 3학년 때부터 이미 단시점斷時占 등을 배웠고, 고등학교 1학년 때에는 학교를 중퇴하고 도를 배운다고 입산하였고, 대학은 철학과를 다니며 동서의 점성술을 엿보았고, 40대에는 의역醫易의 대가인 백양白陽 조규식趙奎植 선생으로부터 주역과 복서학卜筮學을 배웠고, 현재까지도 사주명리에 관심을 갖고 공부했다. 이렇게 일찍 그리고 오랫동안 이러한 분야에 관심이 있었기 때문에, 이 분야의 속내를 잘 안다.

내가 지금까지 본 바에 따르면, 천기누설天機漏洩을 하는 직업을 가진 대부분이 불행하게 살았다. 예를 들면 조선시대의 남사고南師古를 비롯한 음택풍수가, 동서양의 샤먼 즉 무당, 모든 복서卜筮 즉 점을 치는 사람들, 대부분의 사주명리가가 이에 해당한다. 그래서 이 장을 설정하여 천기누설의 위험을 말하고자 한다.

한마디로 천기를 함부로 누설하지 말라는 것이다. 여기서 천기天機란 하늘의 기밀 즉 우주가 감추고 있는 비밀이라는 의미다. 그렇다고 우주가 인간에게 특별히 감춰야 할 비밀이 있는 것은 아니다. 그러나 천기란 우주의 법칙 중에서 인간이 굳이 알지 않아도 되는 법칙을 말한다.

인간은 우주로부터 창조된 우주의 극히 일부에 지나지 않는다. 그래서 자신에게 주어진 우주의 섭리만 따라야 한다. 이 섭리에 따르는 가장 보편적인 방식은 인간으로서 각자의 삶에 충실하는 것이다. 섭리에 어긋나는 삶이란 천기를 엿보아서 사사로운 이익을 취하는 것이다. 그래서 천기를 누설하면 반드시 그에 상응하는 대가를 치른다.

영매나 점의 위험

사주명리가 발달하기 이전에 운명을 알기 위한 가장 보편적인 방법은 영매와 점이다. 이 둘은 천기누설을 많이 할 뿐만이 아니라, 그 위험 또한 크다. 이 중에서 영매靈媒에 의한 방법이 먼저 발생했을 것이다. 영매란 신과 접신하여, 그 신을 통해 하늘의 뜻 또는 미래를 아는 방법이다. 그리스 신전의 신탁이나 티베트 밀교의 신탁, 그리고 거의 모든 민족에게서 전승되고 있는 샤머니즘 등이 이에 해당한다.

샤먼들은 대부분 불행하게 한생을 산다. 아마도 접신된 신 이외의 대상과는 살지 못하게 하는 까닭인 듯하다. 또는 접신된 신에 의지해서 얻은 보수의 대가인 듯하다. 인간은 인간답게, 그리고 인간과 사랑하면서 살아야 한다. 인간은 인간과 차원이 다른 신의 힘을 이용하는 것은 바람직한 것이 아니다. 공자가 "귀신은 공경하되 멀리하라(敬鬼神而遠之)."라고 한 말을 반드시 염두에 두어야 할 것이다.

인간의 운명을 예측할 수 있는 가장 보편적인 방법은 점술이다. 한 움큼의 콩을 쥐고 이것이 홀수냐 짝수냐를 보고 판단하는 간단한 방법에서부터 아주 복잡한 주역 복서법卜筮法에 이르기까지 매우 다양하다. 이 원리는 묻고 싶은 내용을 자신이 사용하는 주술적인 도구나 기호에 나타나도록 기원하고, 그 도구나 기호를 해석하는 것이다.

이 방법 역시 하늘의 뜻을 묻는 천기누설이다. 반드시 정당한 것만을 물어야 하고, 사사로운 것을 묻기 위해 점을 쳐서는 안 된다. 사사로운 이익을 위해서 점을 치면, 종국에는 그에 상응하는 화禍가 미치게 된다. 더욱이 이를 통해서 돈을 벌어서는 안 된다. 그러면 반드시 대가를 치른다.

사주명리의 공덕

앞에서 말한 바와 같이 천기누설을 해서는 안 된다. 특히 영매나 점에 의한 방법은 함부로 이용해서는 절대로 안 된다. 반면에 기철학에 근거한 지리학으로서 양택풍수, 의학으로서 관상 즉 망진법望診法, 운명학으로서 사주명리는 인간의 순수한 이성에 의한 방법이다. 이러한 점에서 이것들은 천지의 법도를 훔쳐보거나 이용하지 않는 바른길처럼 보인다. 그럼에도 불구하고 이것을 통해 사사로운 이익을 추구해서는 안 된다. 이 또한 천기누설에 해당된다.

왜냐하면 풍수지리나 사주명리를 통해 인간의 빈부와 귀천과 수요장단을 바꿀 수 있다. 즉 운명을 바꿀 수 있다는 것이다. 이는 하늘이 각 개인에게 부여한 운명이라는 것이 있는데, 이것을 훔쳐보고 바꾸는 것이다. 이것도 죄가 된다.

이러한 이유 때문에, 사주명리는 함부로 공부하는 학문이 아니다. 더욱이 일반인이 흥미 삼아 배워서는 안 된다. 그 까닭은 이 학문은 심오해서 완전히 알기 어렵고, 바르게 알기 어렵고, 바르게 쓰기 어렵기 때문이다. 대부분 중도에 포기하거나 잘못 알거나 조금 안 것으로 죄업만 짓고 만다.

이 사주명리를 공부하거나 업으로 하는 사람이 반드시 알아야 할 것이 있다. 한 인간의 운명을 족집게처럼 알아맞히는 것이 아니라, 그 사람이 이 삶 속에서 무엇을 하는 것이 가장 바람직한가를 알아맞혀야 한다. 즉 그 사람의 천명이 무엇인가를 알려 주는 것이다. 그리고 천명에 따라 바르게 사는 방법만을 알려 주어야 한다. 이는 어두운 밤길에서 길을 찾지 못하는 자에게 등불을 밝혀 주는 것과 같다. 이렇게 사주명리로 천명을 알리고 그것을 실현하게 한다면, 이보다 더한 공덕은 없다. 아마도 최고의 선행이라고 할 수 있다.

　일반인은 자기의 천명을 알면, 다른 작은 운명을 알려고 해서는 안 된다. 이미 천명을 알고 그 명에 따른다면, 자신이 이 삶 속에서 할 수 있는 최선의 길을 가는 것이다. 이 길은 하늘의 뜻이기 때문에, 귀신도 두려워할 필요가 없다. 그러나 천명을 따르지 않고 선행하지 않으며 미래를 엿보고, 재앙은 교묘히 피하고 자신의 이익만을 추구한다면, 반드시 그에 상응하는 대가를 치른다. 인간이 가는 최선의 길은 자신에게 주어진 천명을 따르는 길임을 반드시 알아야 한다.

3

야자시 조자시의 문제

    하루를 시작하는 시간에 대한 문제다. 이 문제는 서양 문명이 들어오고 나서 발생한 문제다. 즉 밤의 한가운데인 자정(子시의 중간)을 하루의 시작으로 해야 한다는 이론이다. 그 이전까지는 아무런 이의 없이 亥시가 끝나고, 子시가 시작되는 밤 11시(현재 한국 시간으로 11시 30분)를 하루의 시작으로 받아들였다. 예를 들면 한국에서 오늘 일진이 甲子일이라 한다면, 어제 밤 11시 30분부터 오늘 밤 11시 30분까지가 甲子일인 것이다. 따라서 어제 밤 11시 30분부터 오늘 새벽 1시 30분까지는 甲子일 甲子시다.

    그런데 야자시夜子時 조자시朝子時 이론은 자시를 둘로 나눈다. 甲子일을 예를 들어 보자. 어제 밤 11시 30분부터 오늘 0시 30분까지는 어제 일진을 적용하여 癸亥일이고, 시간은 오늘 시간인 甲子시고, 오늘 0시 30분부터 1시 30분까지는 오늘 일진을 적용하여 甲子일이고, 시간도 오늘 시간인 甲子시고, 오늘 11시 30분부터 내일 0시 30분까지는 일진은 오늘 일진을 적용하여 甲子일이고, 시간은 내일의 일진을 적용하여 丙子시라는 것이다.

하루의 시작을 자정부터라 생각하는 것은 그럴 듯하다. 그러나 이는 천지 기의 흐름을 이해하지 못해서 일어나는 착각이다. 중국 역사에서 연월일시의 시작을 언제부터로 봤는가를 보면 알 수 있다.

한 해의 시작을 해가 가장 짧은 동지부터라고 한 적은 없다. 동지 45일 전쯤인 입동부터라고 한 적도 있고, 15일 전인 대설부터라고 한 적도 있었고, 한나라 때부터는 동지 후 45일 정도 지난 입춘부터라고 하였다. 한 계절의 시작을 보면, 겨울은 동지 45일 전부터이고, 봄은 춘분 45일 전부터이고, 여름과 겨울 또한 이와 같다. 매달의 시작도 동지나 하지 또는 춘분이나 추분과 같은 절기부터가 아니라, 그 15일 전부터 시작한다.

마찬가지로 매시간도 자정이나 정오부터가 아니라, 그 한 시간이 전부터 시작된다고 보았다. 매일의 기는 자정이 아니라, 정확하게 한 시간 전인 子시 초부터 바뀌기 시작한다. 즉 연월일시의 시작은 동지 하지 춘분 추분이나 子午卯酉와 같은 사정四正에서 시작하지 않았다. 물론 하루의 시작도 자정子正에서부터 시작하지 않는다.

이러한 자연법칙을 인체에 적용한 것이 한의학이다. 한의학의 근간이 되는 이론은 인간은 우주의 질서를 그대로 간직한 소우주라는 것이다. 이 이론은 『황제내경』에서부터 시작된 아주 오래된 이론이다. 여기에 따르면 子時를 둘로 나누는 이론은 없다. 인체에 기가 도는 자오유주子午流注의 이론에 따르면, 子時(23시-01시)에는 甲木에 해당하는 담경으로 기가 돌고, 丑시(01시-03시)에는 乙木인 간경으로 기가 돈다. 하루의 시작은 寅시(03시-05시)부터이며, 이때 천기가 열리고 인체에는 종기宗氣인 폐기가 활동한다고 본다. 따라서 의학의 관점에서도 子時는 둘로 나누지 않았다.

이상에 본 바처럼 子時는 둘로 나누어지지 않는다. 따라서 하루의 시작은 子時 초(밤 11시 30분)부터다. 만약 甲子일에 甲子시와 丙子시가 있다는 것은 육십갑자의 순환 법칙에 위배된다. 모든 간지는 불변의 법칙이 있다. 예를 들면 연의 천간이 정해지면 월의 간지는 필연으로 정해지는 것이며, 일의 천간이 정해지면 시의 간지는 필연으로 정해지는 것이다. 이러한 법칙에 따르면 甲子일 甲子시는 맞으나 甲子일 丙子시는 존재할 수 없다. 하루에 두 가지 子시가 있다는 것은 소가 송아지를 낳기도 하고 망아지를 낳기도 한다는 것이다.

4
지장간의 문제

　76페이지에서 제시한 【지장간표】를 자세히 살펴보면, 일정한 규칙이 있다. 그런데 이러한 규칙에서 약간 벗어난 듯한 것이 午에 들어 있는 중기 己土다. 子卯酉의 다른 왕지에는 중기가 없는데, 午에는 중기가 들어 있다. 또한 土는 다른 지지의 중기에 없는 천간이다. 또 다른 이론 중의 하나는 申에 천간 戊土와 己土가 있다는 것이다. 寅申巳亥 생지의 여기는 戊土뿐인데 申에는 己土가 들어 있다. 더욱이 『연해자평정해』 등의 문헌에는 己土가 7일 戊土는 3일이라고 한 곳도 있다. 그리고 丁火가 다른 오행에 비해서 매우 적다.
　이렇게 午월과 申월에 土를 집어넣은 까닭을 밝힌 문헌은 없다. 단지 필자의 견해로는 지상의 사계절을 천상의 오행으로 적용하여 오계절로 보려는 이론이다. 이러한 이론의 근거는

『황제내경』의 오운육기五運六氣 이론이다. 이 이론에 따르면 천기의 오행인 오운은 대한부터 시작하여 木火土金水로 일 년을 순행한다. 그래서 한 운은 약 73일 정도다. 봄인 木운은 1월 20일부터, 여름인 火운은 4월 2일부터, 장하長夏인 土운은 6월 17일부터, 가을인 金운은 8월 30일부터, 겨울인 水운은 11월 11일부터다.

이 이론에 따른 장하 土운은 6월 17일부터 시작하여 8월 29일까지다. 이 운에 해당하는 지지가 午未申월이다. 그래서 土가 없는 午월과 申월에 己土를 첨가했을 것이다. 이 의미는 하늘의 오행처럼 지상에서도 오행으로 계절이 이루어졌다는 이론이다. 이 이론은 허공에서 운행하는 하늘의 오행을 평면의 지상에다 적용한 것이다. 그러나 앞에서 밝힌 바처럼 하늘은 둥글어서 오행이 적용되고 오계절이나, 땅은 평면으로 사방이 있고 사계절이다. 그래서 오운은 지상의 기운인 십이지지 이론에서는 맞지 않다.

午월과 申월에 土를 첨가한 이론을 이해하기 위해서는 십이운성의 이론도 고찰해 볼 필요가 있다. 십이운성은 10개의 천간이 12개의 지지에서 받는 영향을 고찰하는 이론이다. 木火金水는 춘하추동에 배당하여 십이지지에 적용하였다. 그러나 土는 여기에 적용할 수 없다. 지상의 계절은 사계절이라 土의 계절이 없기 때문이다. 이 이론의 근본 문제점은 사계절에 맞춘 십이지지를 오행으로 이해하려는 것이다. 그래서 이것을 억지로 적용하기 위해서 土를 火의 계절과 같다고 만든 것이 십이운성의 이론이다. 즉 戊土는 丙火와 같고 己土는 丁火와 같다는 이론인데 이러한 점에서 논리에 맞지 않는다.

 이상과 같이 午 중에 己土와 申 중에 己土를 넣는 지장간의 이론은 천원지방이라는 간지의 근본 이론에 부합하지 않는다. 그 뿐만이 아니라 지장간의 생왕고지의 규칙적인 이론에도 맞지 않는다. 따라서 午 중 己土는 다른 왕지처럼 丁火여야 한다. 그러면 午의 지장간은 丙火가 10.3이고 丁火가 20.6이다. 또한 申金에 己土는 들어 있지 않다. 이러할 때 지장간의 이론이 논리적으로 맞다.

5
지지 육합과 육해의 문제

육합의 문제

　천간에는 부부의 합과 같은 오합이 있다. 이와 마찬가지로 지지에도 부부와 같은 합이 있을 것으로 유추할 수도 있다. 예를 들면 천간 甲은 그 정반대인 己와 정재정관의 관계로 합이 되듯이, 지지 子는 그 정반대인 午와 합이 될 것처럼 보인다. 그러나 그 지장간을 보면 서로 충이 되는 관계다. 더욱이 지지는 천간처럼 순일하지 않아서 항상 2개 이상의 천간이 포함되어 있다. 그래서 지지는 부부처럼 합을 하려고 해도, 항상 그 사이에는 부모 형제 자식 등이 끼어 있어서 천간의 부부처럼 단둘이서 합을 할 수 없다. 그럼에도 불구하고 지지에도 음양이 다른 2개가 합을 한다고 한다. 이를 지합支合 또는 육합六合이라 한다.

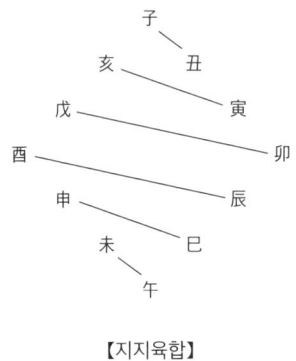

자축합토 子丑合土
해인합목 亥寅合木
묘술합화 卯戌合火
진유합금 辰酉合金
사신합수 巳申合水
오미합화 午未合火

【지지육합】

 이 육합을 음양오행 원리로 보면 다음과 같은 모순이 발생한다.
 子와 丑의 지장간에서 합하는 것이 없다. 여기는 비겁의 관계로 水를 강하게 한다. 丑의 정기 己土는 子의 정기 癸水를 극하기 때문에, 상극의 관계다.
 亥와 寅의 지장간에서 합하는 것이 없다. 여기 戊土는 비견이고, 중기 亥 중 甲木은 寅 중 丙火를 편인으로 생하고, 亥의 정기 壬水가 寅의 정기 甲木을 편인으로 생하기 때문에, 상생의 관계다.
 卯와 戌의 지장간에서 합은 없다. 戌의 여기 辛金이 卯의 여기 甲木을 극하고, 卯의 정기 乙木이 戌의 정기 戊土를 극하기 때문에, 상극의 관계다.
 辰과 酉의 지장간에서는 여기의 합이 있다. 辰의 여기 乙木(9)이 酉의 여기 庚金(10)과 합이 된다. 그러나 지장간의 크기가 다르기 때문에, 완전한 합은 아니다. 또한 辰의 정기 戊土는 酉의 정기 辛金을 생한다.

　巳와 申의 지장간에서 합은 없다. 여기 戊土끼리 비견이고, 巳 중 중기 庚金은 申 중 중기 壬水를 생한다. 그러나 巳 중 정기 丙火는 申 중 정기 庚金을 극하기 때문에 상극의 관계고, 형刑의 관계다.

　午와 未의 지장간에서 합은 없다. 午의 여기 丙火는 未의 여기 丁과 겁재의 관계고, 午의 정기 丁火는 未의 정기 己土를 생하기 때문에, 상생의 관계다.

　이상과 같이 지장간을 살펴보면 육합은 합이 될 수 있는 것이 하나도 없다. 이러한 모순이 있음에도 불구하고, 이 이론을 아직도 믿고 있는 이유는 있다. 지구가 기울어진 상태로 자전을 하기 때문에, 같은 위도끼리의 합을 한다는 것이다. 즉 子午를 축으로 하지 않고 子와 丑 그리고 午와 未 사이를 축으로 해서 자전을 하기 때문에, 위와 같은 위도의 합이 일어난다는 것이다.

　그러나 지구가 기울어진 것은 태양을 중심으로 했을 때 기울어진 것이지, 지구 자체만으로 보면 전혀 기울어진 것이 아니다. 지구의 자전은 子午를 축으로 하는 것이다. 그래서 지구의 자전으로 합이 이루어진다면 丑亥 寅戌 卯酉 辰申 巳未가 합이 된다. 이렇게 잘못된 이론에 근거한 것이 이 육합 이론이다. 따라서 육합은 합의 이론에서 배제되어야 한다. 이밖에 육합 이론에 몇 가지 설이 있으나 모두가 음양오행의 생극제화의 원리에서 벗어난 것이다.

사주명리의 문제점들

육해의 문제

이 육합과 더불어 발생하는 잘못된 이론이 육해다. 이 해(害)는 육합을 방해한다는 의미다. 예를 들어 子와 丑이 합을 하려는데, 未가 와서 丑을 충하여 子丑이 합을 못한다는 것이다. 그래서 子에게 未가 해가 된다. 이러한 관계의 해는 여섯이다. 그래서 육해라고도 한다.

子未해, 丑午해, 寅巳해, 卯辰해, 申亥해, 酉戌해

이 육해의 이론은 지지 육합을 방해한다는 것인데, 육합 이론 자체가 잘못된 것이다. 따라서 육해 이론 또한 근거가 전혀 없다.

6
암합의 문제

암합暗合은 밖으로 드러난 명합明合과 달리, 드러나지 않은 은밀한 합을 말한다. 이 합은 은밀한 작용을 하며 화化는 일어나지 않는다고 한다. 이러한 합에는 지지와 지지, 천간과 지지의 암합이 있다.

지지와 지지의 암합은 다섯 가지다.

戌子: 두 지지의 정기 戊癸가 합을 한다.
寅丑: 두 지지의 정기 甲己가 합을 한다.
卯申: 두 지지의 정기 乙庚이 합을 한다.
午亥: 두 지지의 정기 丁壬이 합을 한다.
寅未: 두 지지의 정기 甲己가 합을 한다.

천간과 지지가 암합하는 간지는 네 가지다.

丁亥: 천간 丁火는 지지 亥水의 정기 壬과 丁壬합을 한다.
戊子: 천간 戊土는 지지 子水의 정기 癸와 戊癸합을 한다.
辛巳: 천간 辛金은 지지 巳火의 정기 丙과 丙辛합을 한다.
壬午: 천간 壬水는 지지 午火의 정기 丁과 丁壬합을 한다.

이러한 암합은 천간합이나 지지삼합이 있으면, 명합을 우선으로 하기 때문에 이루어지지 않는다고 한다. 이 암합의 작용은 남녀 간의 밀애와 같은 관계이기 때문에, 주로 남몰래 하는 일이나, 남녀의 애정 문제의 흉작용이 나타난다고 한다.

이 암합에는 다음과 같은 문제가 있다.
우선, 4장의 〈합과 충의 바른 이해〉에서 밝힌 바처럼 합과 충은 두 기운이 똑같아야 한다. 즉 합이 되어 부부가 되기 위해서는 나이나 체력 등이 똑같아야 한다. 그런데 위의 지지끼리의 암합을 보면 고지와 왕지, 생지와 고지, 왕지와 생지와의 결합이다. 비유하자면 戊子는 늙은 할아버지와 중년 여인, 寅丑과 寅未는 어린 소년과 늙은 할머니, 卯申과 午亥는 어린 소년과 중년 여인과의 합이다. 이는 논리적으로 맞지 않다. 더욱이 합을 한다는 정기의 지장간을 보면 힘의 크기가 다르다. 그래서 합을 할 수 없다.
다음은 천간과 지지가 암합을 한다는 지지는 생지와 왕지다. 지지끼리의 암합에서 밝힌 바처럼, 천간의 기운은 이 지지의 정기의 기운과 같지 않다. 그래서 합을 할 수 없다. 더욱이 왜 이 간지만이 숨어 있던 지장간이 몰래 나와 천간과 합을 하는가? 만약 지장간이 몰래 나와 합을 하는 것이라면, 정기는 물론이고 여기나 중기도 몰래 나와 합을 해야 한다. 그렇다면 사주팔자는 모두가 암합 투성이라고 할 수 있다. 더욱이 이러한 암합이 있다면 반드시 암충暗沖도 있어야 한다. 만약 암충도 있다면 사주팔자라는 것이 음흉한 것들의 집단이 될 것이다. 다행히 암충을 논한 경우가 없는 것을 보니, 암합도 없는 것이 맞다.

　암합은 그럴듯한 이론이기는 하나, 음양오행의 생극제화에 부합되지 않는다. 적용하지 말아야 한다. 더욱이 이 암합이 맞더라도 사주 전체에 큰 영향을 주는 것이 아니다. 사주를 바르게 판단하려면 이러한 자잘한 것은 무시하는 것이 좋다. 더욱이 모든 인간에는 감추고 싶은 부분이 있는 것인데 사주가 이러한 치부恥部나 들추어내는 학문이라면, 군자가 해야 할 학문이 아니다. 또한 대가들의 간명에서 암합을 논한 경우가 없기에 무시하는 것이 옳다.

7

신살의 문제

    신살神殺이란 길신을 의미하는 신과 흉살을 의미하는 살이 결합된 말이다. 이는 사주에 있는 특정한 간지의 길흉 작용을 말한다. 이것들의 구성을 보면 다음과 같은 종류로 대별할 수 있다.

1) 일간을 기준으로 지지를 보고 판단하는 방법이다. 예를 들면 甲일주가 未나 丑이 있으면 천을귀인이라는 신살이다. 이렇게 판단한 신살이 천을귀인 태극귀인 복성귀인 천주귀인 천복귀인 천관귀인 문창귀인 절도귀인 관록 암록 금여록 명위록 양인 비인 시록 홍염 협록 등이다.
2) 월지를 기준으로 어느 천간이 오는가에 따라 판단하는 방법이다. 예를 들면 寅월생이 천간에 丙이 있으면 월덕귀인이

다. 이렇게 판단한 신살이 천덕귀인 월덕귀인 천덕합 월덕합 등이다.
3) 연지나 일지를 기준으로 어느 지지가 오는가에 따라 판단하는 방법이다. 예를 들면 子일이나 子년생이 寅을 만나면 역마살이다. 이렇게 판단한 살이 역마 함지 월살 망신 장성 반안 천살 지살 재살 겁살 상문 조객 혈인 화개 고신 과숙 원진 등이다. 이 중에서 십이신살은 모든 사주의 지지가 신살에 해당된다.
4) 어느 간지인가에 따라 판단하는 방법이다. 예를 들면 壬辰일간이면 괴강살이다. 이러한 살이 괴강살 백호대살 탕화살 십악대패일 등이다.
5) 일주에 따른 육십갑자에서 판단하는 공망살이다.

이러한 신살은 200개 정도라고 한다. 현대에 출판되는 대부분의 명리 서적에도 이 신살을 적용하고 있는데 많은 경우에는 50개 정도를 거론한다. 그런데 사주명리의 입장에서 보면 이 신살에는 몇 가지 수긍하기 어려운 점이 있다.
첫째, 사주명리는 음양오행의 원리를 근본으로 하는 것이다. 그러나 이 신살의 이론은 음양오행을 근본 바탕으로 하지 않은 것들이 대부분이다. 아마도 당사주나 육임 같은 이론에서 슬그머니 들어와서 끼어든 듯하다. 그래서 음양오행의 원리에 부합되지 않는다.
둘째, 사주명리는 일주 천간을 중심으로 생극제화로 판단하는 것이다. 그러나 신살의 대부분은 일주 천간이 아니라 연지나 월지나 일지 또는 일주와는 아무런 관계없는 간지가 살이 되기도 한다. 그래서 자평명리라고 할 수 있는 사주명리에 부합하지 않는다.

셋째, 사주명리의 운명 판단은 일간을 중심으로 한 사주의 구조와 용신에 있다. 그래서 사주 구조가 좋으면 나쁜 흉살도 흉으로 작용하지 않고, 사주 구조가 나쁘면 좋은 길신도 길하게 나타나지 않는다. 더욱이 길흉의 판단은 용신에 있다. 따라서 흉살이라도 희용신이면 길하고 흉한 작용은 나타나지 않으며, 반대로 길신이라도 기구신이면 흉하고 길한 작용은 나타나지 않는다. 따라서 길흉은 음양오행의 생극제화에 있지, 신살에 있지 않다.

넷째, 대부분의 신살은 부정적인 의미를 갖는다. 일각에서는 신살의 70% 이상이 부정적 의미라고 한다. 더욱이 아무리 좋은 사주라도 20개 이상의 신살이 있다고 한다. 그렇다면 모든 사주팔자는 살로만 가득 찬 나쁜 운명으로만 판단할 수밖에 없다. 더욱이 이러한 신살을 다 짜맞추어 보면 너무나 혼동이 와서 도저히 운명을 알 수가 없다.

이상과 같은 관점에서 본다면, 신살은 맞지 않거나 운명에 크게 작용하지 않는다. 따라서 신살은 사주명리에 적용해서는 안 된다. 사주명리의 근본은 전체 구조와 용신이다. 만약 용신도 찾지 못하고 신살을 먼저 본다면, 이는 산은 보지 못하고 나무만 보는 어리석음을 범할 것이다.

더욱이 신살로 길흉을 조금 알아맞혔다고 좋아할 것이 아니다. 바둑에서 "바둑 한 판에 묘수를 세 번 두면 진다."라는 격언이 있다. 언뜻 보면 묘수는 대단히 좋아 보이나, 이러한 묘수로만 바둑을 이길 수 없다. 반드시 정석에 따른 바른 수를 두어야 한다. 이와 마찬가지로 사주명리에서도 신살과 같은 묘수를 찾아서는 안 된다. 반드시 음양오행에 부합되는 철학적 원리에 따라야 한다.

일각에서는 신살이 매우 잘 맞는다고 주장한다. 물론 맞는 말이다. 내가 중학교 2-3학년 때부터 당사주를 보았는데 매우 영험하게 잘 맞추었다(?). 왜냐하면 그 해석이 이현령비현령이기 때문이다. 지금 이 신살을 보아도 당사주와 조금도 다를 바가 없다. 신살을 공부하려면 반드시 음양오행의 철학적 원리를 알고서 해야 한다. 또는 신살을 완전히 무시해도 좋다. 실제로 많은 대가들의 간명에서 신살을 아예 배제하는 경우도 많다.

『자평진전』에서는 신살에 대해 다음과 같이 말한다. 여기서 성진星辰은 신살을 의미한다.

> 성진은 마치 시체와 같아서 생하고 극하는 작용을 못하는데, 어떻게 격국의 성패에 영향을 줄 수 있겠는가. …… 격국이 성격成格이라면 고신팔살孤辰八煞이 사주에 가득해도 그 귀貴를 어찌 손상하겠는가. 격국이 파격이 되었다면 설사 사주에 천덕귀인이 가득하다고 한들 무슨 공로가 있겠는가.

8

공망의 문제

　신살 중에서 마지막에 언급한 공망살空亡殺은 신살 중의 하나이기 때문에, 따로 거론할 내용은 아니다. 그러나 이 살은 다른 살과 다른 점도 있고, 중요한 신살로 취급되기도 하여 따로 특별히 다룬다. 다른 대부분의 신살들은 운명에 어떠한 작용을 한다는 것인데 반해, 이 공망살은 작용을 안 하거나 없는 것과 같다거나 허망하다는 것이다. 그래서 비고 허망하다는 의미의 공망空亡 또는 공망살이라고 한다. 또는 천중살天中殺이라고도 한다. 일각에서는 대단히 중요한 신살로 취급한다.
　그런데 이 신살의 구조를 보면 육십갑자를 다음과 같이 천간 중심으로 배열할 때 짝이 없는 2개의 지지가 공망이라는 것이다. 즉 甲子의 줄에서는 戌과 亥가 공망이다. 짝이 없기 때문에 외롭고 힘이 없다는 것이다. 그럴 듯하다.

【공망 조견표】

六十甲子	甲子	甲戌	甲申	甲午	甲辰	甲寅
	乙丑	乙亥	乙酉	乙未	乙巳	乙卯
	丙寅	丙子	丙戌	丙申	丙午	丙辰
	丁卯	丁丑	丁亥	丁酉	丁未	丁巳
	戊辰	戊寅	戊子	戊戌	戊申	戊午
	己巳	己卯	己丑	己亥	己酉	己未
	庚午	庚辰	庚寅	庚子	庚戌	庚申
	辛未	辛巳	辛卯	辛丑	辛亥	辛酉
	壬申	壬午	壬辰	壬寅	壬子	壬戌
	癸酉	癸未	癸巳	癸卯	癸丑	癸亥
空亡	戌亥	申酉	午未	辰巳	寅卯	子丑

【지지 중심 육십갑자】

六十甲子	甲子	丙子	戊子	庚子	壬子
	乙丑	丁丑	己丑	辛丑	癸丑
	丙寅	戊寅	庚寅	壬寅	甲寅
	丁卯	己卯	辛卯	癸卯	乙卯
	戊辰	庚辰	壬辰	甲辰	丙辰
	己巳	辛巳	癸巳	乙巳	丁巳
	庚午	壬午	甲午	丙午	戊午
	辛未	癸未	乙未	丁未	己未
	壬申	甲申	丙申	戊申	庚申
	癸酉	乙酉	丁酉	己酉	辛酉
	甲戌	丙戌	戊戌	庚戌	壬戌
	乙亥	丁亥	己亥	辛亥	癸亥
중복 천간	甲乙	丙丁	戊己	庚辛	壬癸

사주명리의 문제점들

그런데 육십갑자를 천간 중심이 아니고, 앞에서와 같이 지지 중심으로 배열할 수도 있다. 왜냐하면 월과 시의 간지가 다음과 같은 지지 중심의 육십갑자이기 때문이다. 그러면 甲子의 줄에는 천간에 甲과 乙이 두 번 나온다. 이 甲과 乙은 다른 천간과 달리 두 번씩이나 나오기 때문에 매우 특별한 것이다. 이러할 때는 공망과는 반대 이론이 나올 것이다.

육십갑자는 광대무변한 우주에 가득한 시간과 공간의 기를 음양오행으로 상징화한 부호다. 이러한 육십갑자를 평면에 천간 중심으로 줄을 맞춰 그려 놓고 공망이라는 것이다. 육십갑자는 입체적이지 평면 위에서 그려지는 도형이 아니다. 이렇게 평면에 줄을 긋고 공망을 논한다는 것을 비유하자면, 어린애들이 땅바닥에 선을 긋고 우리 줄에서 짝이 없는 너희 둘은 우리 편이 아니라는 것과 같다. 즉 甲子일주의 줄에는 戌亥가 공망이기 때문에, 이 줄 즉 이 동네의 개와 돼지는 나가라는 것이다. 이 어찌 합당하다고 하겠는가.

9

육친의 문제

    사주에서 육친은 오행의 생극 관계로 표출한 것이기 때문에 상당히 논리적인 듯하다. 그러나 내가 극하는 재가 아버지가 되고, 나를 극하는 관이 자식이라는 것에는 쉽게 이해하기 어렵다. 특히, 유교적 관점으로 보면 말도 안 되는 소리다. 여기에 분노한 유명한 명리학자가 청나라 때 『명리약언命理約言』을 지은 진소암陳素菴이다. 그의 주장은 이렇다. 아버지는 나를 낳은 분이기에 반드시 부모에 해당한다. 그래서 어머니가 정인이고 아버지는 편인이다. 물론 자식은 식상에 해당한다.

    이러한 논리는 지당한 듯하다. 그러나 사주명리학은 윤리가 아니라 냉엄한 철학이다. 음양오행에서는 음양이 먼저이고 오행은 그 다음이다. 즉 부부가 먼저이고 자식은 부부가 있고 난 다음에 생긴다는 이론이다. 만약 진소암 선생의 이론에 따라

어머니가 정인이고 아버지가 편인이라면, 어머니와 아버지는 같은 오행이기 때문에 형제와 같다. 이는 형제가 결합하여 자식을 낳는다는 논리가 성립된다. 부부는 상극 관계이어야 하는 것이 우주의 법도다. 그래서 이 또한 합당한 이론이 아니다.

따라서 아버지는 어머니의 관, 즉 어머니를 극하는 오행이 아버지다. 예를 들면 일간이 양인 甲木이라면 이 甲木의 어머니인 정인은 음수인 癸水다. 이 癸水를 정관으로 극하며 합하는 양인 戊土는 어머니의 남편이다. 甲木의 입장에서 戊土는 甲木이 극하는 편재다. 그래서 편재가 아버지가 되는 것이다.

또한 남자는 자식을 낳을 수 없다. 남자의 자식은 아내가 낳은 자식이다. 일간이 甲木이라면 甲木의 아내는 己土다. 己土가 생하는 金이 아내의 자식인데, 음양이 같은 음금은 딸이고, 음양이 다른 양금은 아들이다. 甲木의 입장에서 양금인 아들은 편관이고, 음금인 딸은 정관이다. 그래서 관이 자식이 되는 것이다.

이상과 같은 오행의 원리에 따른 것이, 편재가 아버지고, 관이 자식이다. 매우 합리적인 원리에 따른 것이다. 그럼에도 불구하고 쉽게 납득이 안 간다면, 다음과 같이 이해해도 될 듯하다.

정인 어머니는 태중에서는 물론이고, 유아기의 모유 수유부터 성인이 될 때까지 나를 먹여 살린다. 반면에 아버지는 나에게 직접적인 도움을 주는 것이 아니라, 가족을 먹여 살리기 위해서 경제 활동을 한다. 그런데 이 돈이나 재산이나 유산 같은 것은 내가 노력하여 얻은 것이 아니기 때문에, 나에게는 정재가 아니라 편재에 해당한다. 그래서 아버지는 편재다.

　나를 극하는 관이 자식인데, 음양이 다른 정관인 딸과는 유정한 관계다. 대부분의 부녀지간은 유정하다. 반면에 아들에 해당하는 편관은 무정하게 아버지를 극하는 관계다. 이는 매우 불합리한 듯하나 동물의 세계를 보면, 어느 정도 수긍이 간다. 동물 세계에서 대부분 왕좌는 아버지뻘 되는 수컷이 차지한다. 그런데 이 자리는 언젠가는 자식뻘 되는 수컷에게 빼앗긴다. 인간이 진화했다는 진화론을 믿는다면, 이는 명백하게 맞는 이론이다. 현대인에게는 이를 무조건 맞는다고는 할 수 없다. 그러나 심리학에서 말하는 무의식 세계에서는 아버지에게 아들은 편관에 해당한다는 것은 분명하다.

10
사길신 사흉신의 문제

　전통적으로 십신 중에는 사길신이 있고 사흉신이 있다고 한다. 사길신四吉神은 재관인식인데, 재는 정편재, 관은 정관, 인은 정인, 식은 식신이다. 재성은 내가 살기 위한 경제 활동이다. 정관은 나를 바르게 인도한다. 정인은 내가 의지하는 것이다. 식신은 타고난 소질을 발휘하는 것이다. 이들은 대부분 나를 중심으로 서로 협력하는 성향이 있다. 보편적으로 내향적이고 합리적이고 안정적이고 지속적이고 부드럽다.
　사흉신四凶神은 살상효인데, 살은 칠살 즉 편관으로 나를 불합리하게 괴롭힌다는 의미다. 상은 상관으로 정관을 극한다는 의미다. 효는 효신 즉 편인으로 식신을 극한다는 의미다. 인은 양인陽刃 즉 겁재로 내 재물을 탈취하고, 정재를 극한다는 의미다. 이들은 대부분 타인을 중심으로 서로 경쟁하려는 성향이 있다. 보편적으로 외향적이고 모험적이고 순간적이고 강하고 변화가 많다.

이러한 반대되는 성향 때문에 과거 전통 사회에서는 사길신과 사흉신으로 나누었다. 그러나『적천수천미』에서는 "명리의 지극한 이치는 오직 용신에 있기 때문에, 재정관 정인 비견 겁재 식신 상관 효신 편관 등의 명칭에 구애됨이 없이 용신으로 쓸 수 있다."라고 하였다. 더욱이 현대에는 보수적인 과거의 삶과 다르기 때문에, 사흉신이 더욱 좋은 경우도 많다. 그래서 대부분의 현대 사주명리에서는 받아들이지 않는다. 근본은 사주 전체의 구조이고, 용신에 달려 있다. 때로는 사흉신이 사길신보다 좋은 경우가 많다. 이러한 예는 7장「일간 희기론」을 보면 잘 알 수 있다.

11

고전 격국의 문제

　적천수 이전에는 모든 사주를 몇 가지의 격국으로 분류하였다.『연해자평』에는 55개,『명리정종』에는 47개의 격국이 소개되어 있다. 이러한 격국들이 사주명리의 원리인 음양오행을 근간으로 한다면, 문제가 되지 않는다. 그러나 대부분 원리에 어긋나는 것들이다.『적천수(팔격)』에서는 임기용배격王騎龍背格이니 서귀격鼠貴格 등의 모순을 지적하면서 "오행의 생극제화의 원리가 아닌 것은 다 폐지해야 한다."라고 한다. 이 책에서도 그러한 격국들에 관해서는 일고의 가치가 없기 때문에 언급하지 않는다.

　그러나 이러한 고전 격국 이론 중에서 계절의 영향을 고려한 격국 이론과 오행의 기세에 따른 격국 이론은 음양오행의 원리에 완전히 벗어난 것은 아니다. 또한 현대에도 많은 학자들이 이 이론을 따르고 있다. 이러한 격국들은 크게 정격과 변격으로 구분한다. 정격은 계절에 따른 분류이다. 반면에 변격은 오행이 한쪽으로 치우쳐져 계절에 따르기에는 부자연스러운 구조다.

정격은 계절의 근간이 되는 월지를 중심으로 결정한다. 이러한 격국 이론은 『자평진전』에 잘 나타나 있다. 그러나 이 격국 이론에는 다음과 같은 몇 가지 다른 견해들도 있다.

첫째, 월지의 정기를 그대로 격국으로 삼는 이론이다. 甲일주가 丑월이면 그대로 정재격이 된다. 丑월의 지장간은 癸水9, 辛金3, 己土18일이기 때문이다.

둘째, 월지의 지장간 중에 투간한 것을 격국으로 삼는 이론이다. 甲일주가 丑월에 태어났는데, 정기 己土가 투간했으면 정재격, 중기 辛金이 투간했으면 정관격, 여기 癸水가 투간했으면 정인격이 된다. 이것들이 동시에 투간했으면 정기가 우선이고 중기, 여기 순이다.

셋째, 태어난 날이 월지의 어느 지장간이 활동하는 시기인가에 따라 격국을 삼는 이론이다. 甲일주가 丑월 초 9일 이전에 태어났으면 정인격, 9일에서 13일 사이에 태어났으면 정관격, 13일 이후에 태어났으면 정재격이 된다.

이상의 격국론은 일간과 월지를 중심으로 육친 관계로 격국을 정하는 방식이다. 그러면 열 가지의 육친 관계 즉 십신이 성립한다. 이 십신을 격국으로 삼는 것이 내격이다. 그런데 이 내격에서 일간과 오행이 같은 비견격과 겁재격은 이 정격에 포함시키지 않는다. 이 둘은 건록격建祿格과 양인격羊刃格이라고 하여 특수격으로 취급한다.

이상과 같은 정격은 일견 매우 합리적인 이론인 듯하다. 왜냐하면 격국의 이름만으로도 사주 전체의 구조를 알 수도 있기 때문이다. 그래서 이러한 격국론을 많이 이용한다. 그런데 이 격국론에는 한 가지 아쉬운 점이 있다. 그것은 격국만으로는 사주에서 진정으로 필요한 용신이나 희신이 무엇인지는 알 수 없다는 것이다. 즉 이 격국 이론은 용신을 찾는 데에는 직접적인 도움이 되지 않는다는 것이다. 『적천수(팔격)』에서는 여러 고전 격국을 논하고서 그 결론을 다음과 같이 말한다.

> 이상과 같이 여러 사주를 살펴본 바처럼, 격국 하나에만 집착해서 사주를 논해서는 안 된다. 재관격이나 인수격 등의 격일지라도 일주와 나누어서 추리해서는 안 된다. 왕하면 마땅히 억제해야 하고, 쇠하면 마땅히 도와줘야 한다.
> 대체로 격국이 진실하고 순수한 것은 백에 하나둘도 되지 않고, 파괴되고 혼잡스러운 것이 열에 여덟아홉이다. 사주의 격으로 취할 수 없는 것도 매우 많고, 용신을 찾을 수 없는 것도 적지 않다.

이 말은 사주를 간명할 때에는 어떠한 격국인가는 중요하지 않으며, 오직 용신에 달려 있다는 것이다.

이상과 같이 월지를 중심으로 격국을 정하는 것이 정격이다. 대부분 정격인데 월지만으로는 도저히 격국을 정할 수 없는 경우가 있다. 이를 잡격 또는 외격이라고 하는데, 이에 대해서는 뒤에 나오는 〈전왕용신의 문제〉에서 거론한다.

12

왕상휴수사의 문제

　용신을 찾기 위해서 일주의 강약을 판단하는 가장 쉬운 방법은 왕상휴수사旺相休囚死 이론이다. 이 이론은 기본적으로 일간의 오행이 어느 계절을 만나는가에 따라 강약을 판단하는 방법이다. 세부적으로는 월지만이 아니라 나머지 지지와의 관계를 통해서도 강약을 판단한다.

　다음 도표에서 춘春은 寅卯월의 목기, 하夏는 巳午월의 화기, 사계四季는 辰戌丑未월의 토기, 추秋는 申酉월의 금기, 동冬은 亥子월의 수기를 이르는 것이다.

　여기서 나와 같은 오행의 계절을 만나면 왕旺이라 한다. 왕은 왕王처럼 나의 힘이 가장 강하다는 의미다. 나를 생하는 오행의 계절을 만나면 상相이라 한다. 상은 재상宰相처럼 나에게 힘을 준다는 의미다. 내가 생하는 오행의 계절을 만나면 휴休

[오행의 왕상휴수사]

日柱	木	火	土	金	水	왕상휴수사
季節	春	夏	四季	秋	冬	나와 같다(旺)
	冬	春	夏	四季	秋	나를 생한다(相)
	夏	四季	秋	冬	春	내가 생한다(休)
	四季	秋	冬	春	夏	내가 극한다(囚)
	秋	冬	春	夏	四季	나를 극한다(死)

라 한다. 휴는 내가 생하느라 기운이 빠져 휴식을 한다는 의미다. 내가 극하는 오행의 계절을 만나면 수囚라 한다. 수는 내가 극하느라 감옥에 갇힌 것처럼 움직일 수도 없는 상태라는 의미다. 나를 극하는 오행의 계절을 만나면 사死라 한다. 사는 나를 극하여 죽음과 같이 쇠약해진 상태라는 의미다.

 이 이론은 일주의 강약을 판단하는 매우 간단한 방법이고, 매우 합리적인 이론인 것처럼 보인다. 그러나 자세히 살펴보면 몇 가지 문제점이 있다. 예를 들면 木에게 겨울 亥子월은 나를 생하는 상이나, 子월은 지나치게 추워서 亥월만큼 木을 생조하지 못하고, 오히려 불이 필요한 경우가 대부분이다. 또한 木에게 辰戌丑未월은 내가 극하느라 약해지는 수이다. 그러나 辰월은 봄이고 辰 중에는 乙木과 癸水가 있고, 申子辰합수하여 인수로 될 수 있다. 未 중에는 乙木이 있고 亥卯未합목을 할 수 있다. 그래서 辰과 未에는 木이 뿌리를 내려 강해질 수 있는 상에 가까운 계절이다.

 특히 辰戌丑未 사계는 단순히 판단하기에는 문제가 많다.

지장간을 본다면 火일주에게 未土와 戌土는 왕이나 상에 가깝고, 辰土나 丑土는 사에 가깝고, 金일주에게 未土와 戌土는 상이 아니라 사에 가깝고, 水일주에게 辰土와 丑土는 사가 아니라 상에 가깝다. 이러한 모순점들이 있기 때문에, 일주의 강약 판단을 하는 정확한 이론이라고 할 수는 없다.

13

지장간 통근의 문제

일주의 강약을 판단하는 방법의 하나로 통근 조견표를 만들기도 한다.

【통근 조견표】

순위	1	2	3	4	5	6	7	8	9	10	11	12
木	卯	子	亥	寅	辰	丑	未	申	午	巳	戌	酉
火	午	卯	寅	巳	未	辰	戌	亥	酉	丑	申	辰
土	卯	未	巳	戌	辰	丑	寅	申	亥	酉	子	卯
金	酉	申	丑	戌	未	辰	巳	寅	亥	午	子	卯
水	子	酉	申	亥	丑	巳	戌	辰	卯	寅	午	未

이렇게 지장간을 고려하여 통근의 정도를 순서로 정했기 때문에, 이에 따른 강약 판단은 매우 합리적이다. 그런데 위 조건

표에서 어디까지가 통근하는 것인지는 분명하지 않다. 아마도 1부터 6까지는 통근한 것이고, 7부터 12까지는 통근할 수 없는 것인 듯하다. 그러나 각 지지에서 어느 정도 힘을 얻는지는 명확하지 않다.

이러한 점을 보완한 것이 오행의 지지 통근표다. 이 도표는 대만의 하건충何建忠 선생이 만든 것을 국내의 유명한 선생이 수정하여 제시한 것이다.

【오행의 지지 통근표】

순위	子	丑	寅	卯	辰	巳	午	未	申	酉	戌	亥
木	1.0	0.2	0.7	1.0	0.5	0.0	0.0	0.3	0.3	0.0	0.0	1.0
火	0.0	0.0	1.0	1.0	0.2	0.7	1.0	0.5	0.0	0.0	0.3	0.3
土	0.0	0.5	0.3	0.0	0.5	0.7	1.0	0.7	0.0	0.0	0.8	0.0
金	0.0	0.8	0.0	0.0	0.5	0.3	0.0	0.5	0.7	1.0	0.7	0.0
水	1.0	0.5	0.0	0.0	0.3	0.3	0.0	0.0	1.0	1.0	0.2	0.7

위의 두 이론은 12달의 지장간을 참고하여 일주의 강약을 판단한 것이다. 그래서 매우 합리적인 이론인 듯하나 이 두 이론도 자세히 살펴보면 몇 가지 문제점이 있다. 木을 예를 들어 살펴보자.

첫째, 두 이론 모두가 木은 인수만 있는 지지 子에 잘 통근한 다고 최고 점수를 주었다. 그러나 통근이란 뿌리가 내렸다는 것이기 때문에, 인수만 있다고 힘을 얻지는 못한다. 예를 들면 木은 乙木이 있는 辰에는 뿌리를 내려서 癸水를 흡수할 수 있으나, 겨울 子水에는 차가운 물만 있으므로 그 물을 흡수한다고 단정할 수는 없다.

둘째, 통근 이론에 근거하여 보면, 未에는 조토이나 乙木이 있어서 통근할 수 있다. 그러나 丑土는 癸水가 있어도 辛金이 극하고 한토이기 때문에, 未土보다는 통근하기가 매우 어렵다. 더욱이 申金에 壬水가 있다고 통근한다고 하였으나, 庚金이 왕하여 오히려 목근을 잘라 버린다고 할 수 있다.

셋째, 木은 丑申午巳戌酉에 통근할 수 없다. 그뿐만이 아니라 통근을 방해하고 오히려 木을 극하는 요소가 많다. 그래서 통근의 정도를 영점을 줄 것이 아니라 마이너스로 계산해야 맞을 듯하다.

이러한 문제점은 다른 오행에도 동일하다. 더욱이 일주 천간의 음양을 고려하지 않은 이러한 이론들은 정밀성이 부족하다.

14
십이운성의 문제

    십이운성十二運星이란 십이지지의 흐름에 따라 출생에서 죽음에 이르기까지의 변화를 설명한 이론이다. 각 운성이 의미하는 것은 다음과 같다.

    장생長生: 세상에 태어난다.
    목욕沐浴: 성장한다.
    관대冠帶: 성인이 된다.
    건록健祿: 사회에 진출한다.
    제왕帝王: 정상에 오른다.
    쇠衰: 정상에서 물러난다.
    병病: 병든다.
    사死: 죽는다.

묘墓: 묘지에 묻힌다.

절絶: 영혼이 몸을 떠난다.

태胎: 뱃속에 잉태된다.

양養: 뱃속에서 길러진다.

【십이운성 조견표】

運星 \ 日干	甲	乙	丙	丁	戊	己	庚	辛	壬	癸
長生	亥	午	寅	酉	寅	酉	巳	子	申	卯
沐浴	子	巳	卯	申	卯	申	午	亥	酉	寅
冠帶	丑	辰	辰	未	辰	未	未	戌	戌	丑
建祿	寅	卯	巳	午	巳	午	申	酉	亥	子
帝王	卯	寅	午	巳	午	巳	酉	申	子	亥
衰	辰	丑	未	辰	未	辰	戌	未	丑	戌
病	巳	子	申	卯	申	卯	亥	午	寅	酉
死	午	亥	酉	寅	酉	寅	子	巳	卯	申
墓	未	戌	戌	丑	戌	丑	丑	辰	辰	未
絶	申	酉	亥	子	亥	子	寅	卯	巳	午
胎	酉	申	子	亥	子	亥	卯	寅	午	巳
養	戌	未	丑	戌	丑	戌	辰	丑	未	辰

이 십이운성의 이론은 일간을 기준으로 12개의 지지를 대조하여 일간의 강약 등을 판단하는 것이다. 이 이론은 일간을 음양으로 나누고, 계절의 변화를 나타내는 십이지지에 따른 것이기 때문에, 상당히 합리적인 듯하다. 더욱이 사후와 출생 전 임신 중의 문제까지 거론하고 있기 때문에, 매우 획기적이고 합리

적인 이론이라고 할 수 있다. 중국 철학에서는 출생 이전이나 사후 문제를 논하지 않기 때문에, 중국 철학에 없는 이 이론은 불교의 십이연기설十二緣起說의 영향을 받았거나 모방했을 것으로 추측하기도 한다. 그래서인지 십이운성 이론을 명리학에 적용하면 다음과 같은 문제가 있다.

예를 들면 甲木이 亥에서 丙火가 寅에서 壬水가 申에서 장생한다는 것은 매우 합당하다. 모두가 나를 생하는 인수가 정기이기 때문이다. 그런데 戊土가 寅에서 庚金이 巳에서 장생한다고 한다는 것은 이해하기 어렵다. 寅의 정기는 甲木이고 巳의 정기는 丙火이기 때문에, 戊土와 庚金은 나를 극하는 관성에서 장생할 수 없다. 억지를 쓰면 寅의 중기에 丙火가 있고 巳의 여기에 戊土가 있어서 조금이나마 인성 역할을 한다고는 할 수는 있다.

그러나 더욱 문제가 되는 것은 음일간의 장생설이다. 음일간인 乙木은 午에, 丁火와 己土는 酉에, 辛金은 子에, 癸水는 卯에서 장생한다. 이것들의 관계를 보면, 丁火는 내가 극하는 재성에서 장생하고, 나머지 乙木 己土 辛金 癸水는 모두가 내가 생하는 식상에서 장생을 한다. 양일간과 달리 음일간이 장생하는 지장간에는 인수가 하나도 없다. 따라서 이는 음양오행설과는 상반된 이론이다.

이 때문에 십이운성은 오양五陽의 장생을 말했을 뿐이지 오음五陰의 장생은 말하지 않았다고 한다. 반면에 『자평진전평주』에서 서락오는 "생왕묘절이란 오행의 생왕묘절이지 십천간의 생왕묘절은 아니다."라고 하였다. 이 말은 이 십이운성은 천간의 음양을 구분하지 않고 木火土金水를 양간처럼 적용한 이론이라는 것이다. 그렇다면 어느 정도 수긍할 수는 있다.

그러나 여전히 남는 문제는 土가 왜 火의 십이운성과 같아야 하는가이다. 이 문제를 거론한 문헌은 없었다. 이 문제를 이해하기 위해서는 필자가 앞에서 잠시 언급했던 천원지방의 이론을 알아야 한다. 천원지방이란 지상에 펼쳐지는 십이지지는 넷으로 구분되는 사계절이나 사방의 기다. 즉 사각형이다. 반면에 원형으로 돌아가는 천상의 오행이나 십천간은 둥근 원이다. 그래서 원을 사각에 맞게 적용할 수 없다. 그래서 부득이 戊土나 己土를 火에 적용시킨 것이다. 이와 유사한 모순은 앞의 지장간의 문제에서도 거론했다. 이러한 억지가 午의 지장간에 己土를 넣은 것이다. 물론 이것은 억지 이론이다.

이상과 같은 여러 모순을 고려해 본다면 십이운성은 음양오행의 이론에 부합하지 않는다. 일주의 강약 등을 논한다면 지지의 지장간 이론만으로도 충분할 듯하다.

15

무오양인의 문제

양인살羊刃殺은 다음과 같다.

甲일간 양인 卯
丙일간 양인 午
戊일간 양인 午
庚일간 양인 酉
壬일간 양인 子

여기서 甲丙庚壬일간의 양인은 같은 오행의 왕지 卯午酉子다. 이 양인의 관계는 양간 일주에 음간 왕지다. 그러나 土는 왕지가 따로 없기 때문에, 굳이 양토 戊의 양인을 찾는다면 음토인 未나 丑이어야 한다. 그런데 위의 양인 이론에 따르면 戊土

가 丙火와 같은 午火를 양인으로 한다. 그래서 午火는 두 양간의 양인이 된다. 이것은 십이운성에 따른 이론이다. 그런데 앞에서 지적한 바대로 이 십이운성 이론은 잘못된 이론이다. 그래서 戊일간에 午火는 양인이 아니다.

더욱이 戊土는 중정中正의 기품이 있는 중앙의 土다. 이것이 인성인 午火가 온다고 다른 양인과 같은 강폭한 성격으로 바뀌지 않는다. 戊土가 양인과 같은 강렬한 성향이 되는 것은 지지에 다시 戊土가 오는 戊辰과 戊戌이어야 한다. 즉 戊土가 중첩된 태산 또는 광야와 같아야 한다. 이러한 土의 성질은 백호살이거나 괴강살이다. 따라서 굳이 戊土 양인을 午라고 설정하지 않아도 될 듯하다.

16
전왕용신의 문제

전왕용신專旺用神은 종용신從用神이라고도 한다. 이 용신격은 다음과 같은 네 가지다.

첫째, 종격從格이다. 일간에서 볼 때, 어느 한 육친이 지나치게 강해서 일간이 그 기운을 쫓아갈 수밖에 없는 경우다. 비견이 많은 종왕격, 인수가 많은 종강격, 식상이 많은 종아격, 재성이 많은 종재격, 관성이 많은 종살격이 있다.

둘째, 일행득기격一行得氣格이다. 일간을 포함하여 한 가지 오행으로 이루어진 사주다. 독상獨象이라고도 한다. 木으로만 이루어진 곡직격, 火로만 이루어진 염상격, 土로만 이루어진 가색격, 金으로만 이루어진 종혁격, 水로만 이루어진 윤하격이 있다.

셋째, 화기격化氣格이다. 일간이 간합하여 변화한 오행으로 이루어진 사주다. 甲己가 합한 화토격, 乙庚이 합한 화금격, 丙辛이 합한 화수격, 丁壬이 합한 화목격, 戊癸가 합한 화화격이 있다.

 넷째, 양신성상격兩神成象格이다. 오행상의 간지가 2개로 이루어져 있는데, 그 둘이 상생의 관계로 이루어진 사주다. 木과 火로 구성된 木火상생격, 火와 土로 구성된 火土상생격, 土와 金으로 구성된 土金상생격, 金과 水로 구성된 金水상생격, 水와 木으로 구성된 水木상생격이 있다.

 이상의 네 격은 모두가 강한 것을 따라가야 하는 용신이기 때문에, 모두가 종격으로 보아도 무방하다. 『적천수』에서는 이와 같은 전왕용신격 즉 종격의 사주를 대단히 많이 소개하고 있다.

 필자는 『적천수』를 공부하면서 두 번 놀랐다. 처음 놀란 것은 이렇게 훌륭한 사주명리서가 있었다는 점이다. 사실 사주명리의 정도正道를 보여 준 최고의 고전이라는 것은 누구도 부정하지 못한다. 두 번째로 놀란 것은 『적천수』 이론에 따른 종격 사주를 발견하지 못했다는 것이다. 『적천수』에서 설명하는 종격의 이론은 매우 명확하다. 그리고 실제 간명한 사람의 삶도 이 이론에 부합되게 살았다고 하기 때문에, 부정할 수는 없다.

 그러나 『적천수』를 주석한 현대인들의 대부분은 『적천수』의 종격의 일부는 정격 특히 억부법으로 보아야 한다는 것이 일반적인 견해다. 일부의 명리학자의 견해에 따르면, 현대에는 과거에 비해 종격이 많지 않다고 한다. 그러한 까닭은 삶의 환경이 바뀌었기 때문이라고 한다. 과거의 고착된 사회에서는 자기 주관대로 살 수 없고, 주위 환경을 따라 갈 수밖에 없었기 때문에, 자신을 버리고 강한 것을 따라갔다(종從)는 것이다. 그러나 현대에는 개방적이고 자유롭기 때문에, 무조건 강한 것을 따르지 않는다는 것이다. 그래도 먹고 살 수 있고, 자신의 개인의 능력을 발휘할 수 있기 때문에, 현대에는 전왕용신격이 많지 않다는 것이다.

그러나 필자는 『적천수』에서 제시한 종격을 아예 발견하지 못했다. 정확히 말하면 그러한 종격 사주를 발견하지 못한 것이 아니라, 종격으로 간명하면 맞지 않는다는 것이다. 그래서 이러한 종격 또는 전왕용신격은 현대에는 없다는 것이 필자의 견해이다.

다음에 제시하는 사주는 『적천수』의 이론대로라면 반드시 종격에 해당되나, 실제의 삶은 정격으로 간명한 삶과 일치한다. 여기에 제시된 명조들은 필자와 20년 이상 알고 지낸 지인들이다.

乙 癸 戊 乙
卯 卯 寅 未
時 日 月 年

壬 癸 甲 乙 丙 丁
申 酉 戌 亥 子 丑

癸일주가 인성이나 비겁이 전혀 없고, 일간이 생하는 식상이 매우 많아서 식상을 쫓을 수밖에 없는 종아격이다. 혹자는

寅월의 戊土가 투간했기 때문에, 종살격이라고 할 수도 있다. 문제는 종아든 종살이든 종격은 분명한데 실제의 삶은 그러지 않았다는 것이다.

이 사주의 주인공은 큰 도시 시장을 역임했다. 20여 년 알고 지냈기 때문에, 속내를 잘 안다. 분명한 것은 극신약하여 金水 인겁이 용신이며, 실제로 金운에 시장이 되었다.

丙 甲 壬 乙
寅 午 午 巳
時 日 月 年

甲 丁 壬 乙
辰 未 午 巳
時 日 月 年

甲 乙 丙 丁 戊 己 庚 辛
戌 亥 子 丑 寅 卯 辰 巳

둘 다 오래 알고 지낸 65년생 남성들이다. 甲午일생은 월간에 壬水가 있기는 하나 뿌리가 전혀 없고, 사방이 불바다와 같다. 그래서 종아할 수밖에 없는 사주다. 그런데 실제의 삶은 편인 壬水를 용신으로 하였다. 실제로 모친의 사랑이 극진했고, 유산이 있었고, 북방 水운에서 조금 발했다. 동대문 상가에서 일하고 있다.

丁未일생도 월간에 壬水가 있기는 하나 뿌리가 전혀 없고, 巳午未방합을 하였고 甲乙木이 투간하여 종왕격이다. 태어난 시간이 卯시일지도 모른다고 하나, 설령 卯시라도 종왕격은 마찬가지다. 그런데 실제의 삶은 정관 壬水를 용신으로 하였다. 북방 水운에 국립대 정교수가 되었고, 2025년 현재도 재직 중이다.

17

여자 사주의 문제

사주명리가 성립되고 완성될 당시는 남존여비 사상이 팽배한 봉건시대였다. 당시에는 여자 사주를 다음과 같이 판단했다.

첫째, 여자 사주는 신약해야 하며, 신강하면 하천하다.

둘째, 여자 사주는 남편을 의미하는 관성과 자식을 의미하는 식상으로 운명을 판단한다.

셋째, 여자 사주는 관성이 없을 때는 용신을 남편으로 본다.

넷째, 여자 사주에는 도화살 역마살 과숙살寡宿殺 등이 없어야 한다.

대개 이상과 같이 여자 사주는 남자 사주와 달리 보았다. 이러한 까닭은 당시는 여자가 남자에게 예속되어 있었기 때문이다. 그래서 여자는 약간 약하여 남편에게 순종해야 하며, 자식이 있어야 하고, 도화와 같은 어떠한 끼도 있어서는 안 된다는 것이다.

그러나 현대에는 남녀가 평등하고, 남녀 구별 없이 사회생활을 하기 때문에, 과거 봉건 시대와는 다르다. 그래서 여자 사주라고 달리 보아서는 안 된다. 예를 들면 여자도 직장생활을 하기 때문에, 여자에게서 관성을 무조건 남편으로 볼 수 없는 경우가 많다. 때로는 관성이 용신인 여자가 관성을 남편으로 쓰지 않고, 훌륭한 직장으로 쓰는 경우도 많다. 그래서 현대 여성에게 관성은 남편이 아닌 경우도 많다.

식상도 마찬가지다. 과거의 식상은 자식이었다. 그러나 현대 여성에게 식상은 반드시 자식이라고 할 수 없다. 식상이 있어도 자식이 없는 경우도 많은 것을 보면, 과거의 잣대로 여자 사주를 평가해서는 안 된다. 더욱이 도화살이나 역마살과 같은 신살 한두 개로 길흉을 판단해서는 더욱 안 된다. 때로는 이러한 살들이 현대 사회의 일부 직종에서는 뛰어난 역할을 하기 때문이다.

18
근묘화실의 문제

　육친의 판단에 많이 언급되는 것이 근묘화실根苗花實이라는 이론이다. 뿌리에서 싹, 싹에서 꽃, 꽃에서 열매가 나오듯이, 사주도 연주에서 월주, 월주에서 일주, 일주에서 시주가 나온다는 것이다. 그렇기 때문에, 연주는 조상, 월주는 부모 또는 형제, 일주는 나와 부인 또는 나와 남편, 시주는 자식이라고 판단한다. 이를 조상궁, 부모형제궁, 부부궁, 자식궁이라하여 궁성이론宮城理論이라고도 한다. 따라서 어느 육친이 어떠했느냐, 있느냐 없느냐, 그 덕이 많은가 적은가 등의 판단은 그 육친에 해당하는 궁을 보고 알 수 있다는 이론이다.

　이 이론은 대단히 그럴듯하게 보인다. 우선은 연간이 정해지면 연간에 따라 월간이 자동으로 결정되고, 일간이 결정되면 일간에 따라 시간이 자동으로 결정되기 때문이다. 그러나 정작 사주의 주인공이라고 하는 일간은 조상을 의미하는 연주나 부모를 의미하는 월주와는 아무런 논리적인 필연성이 없이 정해지는 것이다. 그래서 연주나 월주와는 필연적인 인과 관계가 없다.

다음은 한 사람의 운명을 판단하고 결정하는 것이 용신이다. 그런데 이 용신과 관계없이 조상이나 부모 또는 처자식의 운명이 연월일시주의 간지에 의해서 결정된다는 것은 모순이다.

예를 들면 나와 가장 밀접한 관계인 처덕의 유무를 판단하는 근묘화실의 이론은 일지다. 그래서 일지가 희신이면 처덕이 있고, 기신이면 처덕이 없다고 판단한다. 그러나 사주에서 처덕의 유무는 재가 희신이냐 기신이냐에 따라 판단하는 것이 원칙이다. 따라서 일주가 희신이라도 재가 기신이면 처덕이 없고, 일주가 기신이라도 재가 희신이면 처덕이 있다고 판단해야 한다.

더욱이 연월일시에 따라서 초년, 청년, 장년, 말년의 운을 본다는 것은 더욱 불합리한 이론이다. 살아가면서 변하는 운세는 행운에 따르는 것이다. 즉 연주가 아무리 좋아도 초년 대운이 좋지 않으면 흉하다. 따라서 근묘화실이라는 이러한 이론은 사주명리에 적용할 수 없는 이론이다.

13

적천수 원문과 해설

사주명리의 최고 고전은 『적천수滴天髓』이다. 저자는 14세기경 원나라 말기에서 명나라 초기에 이르는 정치가이고 유학자인 유기劉基라고 한다. 자字가 백온伯溫이라서 유백온 선생이라 한다. 그러나 적천수의 저자에 관해서는 이설이 분분하여 누가 지었는지는 정확하지 않다.

　여기에 증주한 것이 『적천수징의滴天水徵義』다. 이것을 저술한 사람이 임철초任鐵樵라고 하나, 이 또한 연대나 인물에 대해서 알려진 바가 거의 없다. 대략 1773년경에 출생했을 것으로 유추한다. 이분이 사주명리의 근간을 확립했다고 할 수 있다.

　이 『적천수징의』를 편집하고, 그 이름대로 출판한 사람이 청나라 말기인 1886년에 태어난 서락오徐樂吾다. 이 『적천수징의』를 다른 방법으로 편집하여 『적천수천미滴天水闡微』라고 출판한 사람이 원수산袁樹珊이다. 내용은 대동소이하다.

　다음은 『적천수』 원문과 해석, 그에 대한 간단한 해설이다.

1
통신송通神頌

천도天道
欲識三元萬法宗 先觀帝載與神功
만법의 근본인 삼원을 알려면 먼저 제재와 신공을 보아라.
삼원三元이란 천지인天地人이다. 사주에서는 천간을 천원, 지지를 지원, 지장간에 들어있는 것을 인원이라 한다. 음양이 본래 태극太極인데 이를 제재帝載라 하고, 이것이 오행으로 사계절에 펼쳐지니 이를 신공神功이라 한다.

지도地道
坤元合德機緘通 五氣偏全定吉凶
곤원이 천덕과 합하여 기밀機密과 통하므로 오기의 편전으로 길흉이 정해진다.

곤원이란 땅의 도고 천덕이란 하늘의 도다. 지도와 천도가 합하여 그 기밀이 인간에게 부여되었기 때문에, 오기의 조화로 길흉이 정해진다. 다시 말하면 우주의 근원은 음양이고, 이 음양은 오행으로 펼쳐진다. 이 오행은 하늘에서 십천간이 되고, 땅에서는 십이지지가 되는데, 지지에는 천간이 들어 있다. 이러한 지지와 천간이 합하여 인간이 되기 때문에, 이 오행의 조화로 인간의 길흉이 정해진다.

인도人道
戴天履地人爲貴 順則吉兮凶則悖
하늘을 이고 땅을 밟고 있는 것 중에 사람이 가장 존귀하다. 그 오행이 순리에 따르면 길하고 어그러지면 흉하다.
사람의 팔자에 오행이 순조롭게 상생하면 길하고, 상극하면 흉하다.

지명知命
要與人間開聾聵 順逆之機須理會
무지몽매한 자를 일깨우는 요체는 모름지기 순역의 기틀을 아는 것이다.
聾聵(농외)는 귀머거리, 어리석음, 무지몽매한 자를 이른다. 순역의 기틀이란 오행이 순리에 따랐느냐 어그러졌느냐의 구조다.

이기理氣
理承氣行豈有常 進兮退兮宜抑揚

이치에 따라 기가 흐르니 어찌 일정할 수 있겠는가. 나아가기도 하고 물러나기도 하기 때문에, 당연히 누르기도 하고 일으켜 세우기도 해야 한다.

운명은 음양오행의 기에 따라서 변하기 때문에, 일정하지 않다. 그래서 용신은 일간을 돕기도 하고 억제도 해야 한다. 이를 억부용신법抑扶用神法이라 한다.

배합配合

配合干支仔細詳 定人禍福與災祥

간지의 배합을 자세히 살펴보면 사람의 행불행과 길흉이 정해져 있다.

간지는 십천간과 십이지지다. 인간의 길흉화복은 사주의 간지 배합으로 알 수 있는 것이다. 그러므로 격국이나 신살 등에 얽매여서는 안 된다.

2

간지干支

천간天干

五陽皆陽丙爲最 五陰皆陰癸爲至
오양이 모두 양이나 丙이 최고의 양이고, 오음이 모두 음이나 癸가 가장 지극하다.
오양은 甲丙戊庚壬인데 이중에서 丙火가 가장 양의 정기를 품었고, 오음은 乙丁己辛癸인데 이 중에서 癸水가 가장 음의 정기를 품었다.

五陽從氣不從勢 五陰從勢無情義
오양은 기를 따르고 세를 따르지 않으며, 오음은 세를 따르니 의리가 없다.
대체로 양간의 성질은 강건하여 자기 오행의 기를 따른다. 반면에 음간의 성질은 유순하여 왕성한 세력을 따라간다. 그래서 여자의 마음과 같다. 그러나 오행이 바르면 세를 따르지 않을 뿐만이 아니라 의리도 저버리지 않는다.

甲木參天 脫胎要火 春不容金 秋不容土 火熾乘龍 水蕩騎虎 地潤天和 直立千古
甲木은 하늘을 찌르는 기세다. 이른 봄에 깨어날 때는 불이 필요하고, 봄에는 金을 쓰지 못하고, 가을에는 土를 쓰지 못한다. 火가 치열하면 용을 타야 하고, 물이 범람하면 호랑이를 타야 한다. 땅이 윤택하고 하늘이 화창하면 천년을 우뚝 서 있다.
이른 봄에는 조후로 불이 필요하고, 중춘 이후에는 왕한 목기를 설기하기 위해서 불이 필요하다. 봄에는 金, 가을에는 土가 도움이 안 되는 경우가 많으나 절대적인 것은 아니다. 火가 치열하면 용을 탄다는 화치승룡火熾乘龍이란, 지지에 寅午戌화국을 이루고 丙丁火가 많으면 辰土가 있어야 한다는 것이다. 辰土는 습토로 화기를 설하고 木을 배양하기 때문이다. 물이 범람하면 호랑이를 탄다는 수탕기호水蕩騎虎란 지지에 申子辰수국을 이루고 壬癸水가 많으면 寅木이 있어야 한다는 것이다. 寅木은 火土를 저장하였으며 수기를 흡수하기 때문이다.

乙木雖柔 刲羊解牛 懷丁抱丙 跨鳳乘猴 虛溼之地 騎馬亦憂 藤蘿繫甲 可春可秋
乙木은 비록 유약하나 양을 찌르고 소를 잡으며, 丁火나 丙火가 있으면 봉에 걸터앉고 원숭이도 탈 수 있다. 허하고 습한 땅에서는 말을 타고 있어도 근심스럽고, 甲木을 타고 오르면 봄도 좋고 가을도 좋다.

양을 찌르고 소를 잡는다는 규양해우 刲羊解牛란 未월이나 丑월 또는 未일이나 丑일에도 뿌리를 내릴 수 있다는 것이다. 丁火나 丙火가 있으면 봉에 걸터앉고 원숭이도 탈 수 있다는 회정포병 과 봉승우 懷丁抱丙 跨鳳乘猴란, 丙火나 丁火가 있으면 酉월이나 申월 또는 酉일도 두렵지 않다는 것이다. 허하고 습한 땅이란 亥子월에 태어나면 연지에 午火가 있어도 생기를 발하기 어렵고, 甲木이 있어 타고 오르는 등라계갑 藤蘿繫甲이면 어느 때고 좋다.

丙火猛烈 欺霜侮雪 能煅庚金 逢辛反怯 土衆成慈 水猖顯節 虎馬犬鄕 甲木成滅
丙火는 맹렬하여 서리나 눈을 깔보며, 庚金을 제련할 수 있으나 辛金을 만나면 오히려 겁을 낸다. 土가 많아도 자애를 베풀고, 水가 창궐해도 절개를 지킨다. 호랑이와 말과 개가 모이고 甲木이 오면 다 태운다.

서리와 눈은 가을과 겨울이고, 辛金을 만나면 丙辛합수가 되어 화평하게 되어 위세를 잃는다. 土가 많으면 그 맹렬함이 수그러들며, 水가 많아도 여간해서는 인성이 필요하거나 종하지 않는다. 호랑이 말 개는 寅午戌 화국을 이룬 것을 말한다.

丁火柔中 內性昭融 抱乙而孝 合壬而忠 旺而不烈 衰而不窮 如有嫡母 可秋可冬
丁火는 부드러우나 그 속성은 밝게 비추고 녹인다. 乙木을 감싸서 효도하고, 壬水와 합하여 충성한다. 왕하여도 치열하지 않고, 쇠하여도 궁하지 않다. 만약 적모가 있으면 가을도 좋고 겨울도 좋다.

乙木을 감싸서 효도한다는 것은 辛金이 丁火의 편인인 乙木을 극하지 못하게 한다는 것이다. 壬水와 합하여 충성한다는 것은 丁火의 군주인 壬水가 戊土의 극을 받을 때, 壬水와 합하여 木을 생하여 戊土가 壬水를 극하지 못하게 한다는 것이다. 적모嫡母는 丁火의 정인인 甲木을 말한다.

戊土固重 旣中且正 靜翕動闢 萬物司命 水潤物生 火燥物病 若在艮坤 怕沖宜靜

戊土는 단단하고 두터우며, 이미 중정의 기품이 있다. 고요히 닫기도 하고 움직여서 열기도 하여 만물을 주관한다. 水로 윤택하면 만물이 생하고, 火로 메마르면 만물이 병든다. 만약 간곤에 있으면 충을 두려워하고, 고요함을 좋아 한다.

봄여름에는 기를 열어서 만물을 생하고, 가을 겨울에는 기를 닫아서 만물을 수렴한다는 것이다. 간곤이란 寅과 申을 말한다. 戊일주가 寅월이나 申월 또는 寅일이나 申일이면, 이 지지가 충을 맞는 것을 두려워한다는 것이다. 충하여 뿌리가 움직이는 것은 대지의 지극한 도리가 아니기 때문이다. 마땅히 고요해야 한다.

己土卑濕 中正蓄藏 不愁木盛 不畏水狂 火少火晦 金多金光 若要物旺 宜助宜幫

己土는 낮고 습하며, 중정하고 만물을 저장한다. 木이 왕해도 근심하지 않고, 물이 범람해도 두려워하지 않는다. 火가 적으면 火를 어둡게 하나, 金이 많으면 오히려 金을 빛나게 한다. 만물이 왕성해지려면 마땅히 도와줘야 한다.

습토인 己土는 丁火가 약할 때는 오히려 불을 어둡게 한다는 것이며, 金이 많으면 오히려 金을 빛나게 한다는 것은 己土는 辛金을 능히 생하고 빛나게 한다는 것이다. 己土가 약할 때는 丙火로 생하고 비겁으로 도와야 한다는 것이다.

庚金帶煞 剛健爲最 得水而淸 得火而銳 土潤則生 土乾則脆 能嬴甲兄 輸于乙妹

庚金은 숙살의 기가 있으며 가장 강건하다. 水를 얻으면 맑아지고, 火를 얻으면 예리해진다. 土가 윤택하면 생기를 얻고, 土가 건조하면 부스러진다. 甲木인 형은 부러뜨리나 동생인 乙木에게는 정성을 다한다.

庚金을 맑게 하는 水는 壬水며, 예리하게 하는 火는 丁火다. 습토는 丑辰이고 건토는 未戌이다. 甲木은 강하나 庚金이 극을 할 수 있고, 乙木은 약하나 乙庚합이 되어 유정하게 된다.

辛金軟弱 溫潤而淸 畏土之疊 樂水之盈 能扶社稷 能救生靈 熱則喜母 寒則喜丁

辛金은 연약하며 부드럽고 윤택하고 맑다. 土가 많은 것은 두려워하나 물이 많은 것은 좋아한다. 능히 사직을 받들고 생명을 구한다. 더울 때는 인성을 좋아하고, 추울 때는 丁火를 좋아한다.

辛金이 두려워하는 土는 戊土고, 좋아하는 물은 壬水고, 더울 때는 己土를 좋아하고 추울 때는 丁火를 좋아한다. 辛金의 군주는 丙火고 백성은 甲木이다. 丙火의 입장에서 甲木은 조상이 되기 때문에, 辛金의 사직이 된다. 그래서 辛金이 丙火와 합수가 되면 丙火가 甲木을 태우지 못하고 오히려 수생목하여 甲木을 보호한다. 그래서 사직社稷을 받들고 백성을 구한다는 것이다.

壬水通河 能洩金氣 剛中之德 周流不滯 通根透癸 沖天奔地 化則有情 從則相濟

壬水는 은하수에 통하며 강한 金氣를 설하니 강함에도 덕이 있고 두루 흘러서 막힘이 없다. 지지에 통근하고 癸水가 투출하면 하늘을 뚫고 땅을 휩쓰는 기세가 된다. 그러나 합화하면 유정하고 종을 하면 서로 돕는다.

壬水는 申金에 장생인데, 申은 천하天河(은하수)의 입구라는 곤방坤方이기 때문에, 은하수에 통한다는 것이다. 지지에 申子辰삼합이 있고 천간에 癸水가 투출하면 그 세력이 범람하여 막기 어렵다. 억지로 제지하기 보다는 그 세력에 순응하여 木으로 설기해야 한다. 丁火와 합목하면 다시 火를 생하니 유정하다는 것이다. 종을 하면 서로 돕는다. 여기서 종즉상제從則相濟에서 상제는 수화기제水火旣濟로 수승화강水昇火降이 되어 좋다는 의미다.

癸水至弱 達于天津 得龍而運 功化斯神 不愁火土 不論庚辛 合戊見火 化象斯眞

癸水는 지극히 약하나 천진까지 통한다. 용을 만나 운행하면 변화의 공력이 신묘하다. 火土를 근심하지 않으며, 庚辛金을 상관하지 않는다. 戊土와 합하여 합화하면, 그 합화는 참된 것이다.

癸水는 구름 안개 비 이슬 눈 샘물 음료수 등으로 다양한 변화를 한다. 그래서 하늘 끝(天津)까지 이르니 그 변화가 가히 신묘하다고 할 수 있다. 癸水는 火土가 왕하면 종을 잘하기 때문에, 火土를 두려워하지 않는다. 그러나 인성인 金을 만나면 金을 녹슬게 할 뿐만이 아니라 金이 많으면 癸水가 탁수가 된다. 그래서 庚辛金을 과히 좋아하지 않는다. 다른 합에 비해서 戊癸합화는 아주 잘 이루어진다.

여기서 용을 만나 운행한다는 득룡이운得龍而運의 의미가 명확하지 않다. 단지 변화무쌍한 용과 같은 기운을 만난다는 것인지, 辰에 이르러서 천간합이 투출한다는 것인지 확실하지 않다. 필자는 가장 다양한 변화를 할 수 있는 癸水의 특성상 전자라고 생각한다. 그런데 임철초 선생의 주석에는 후자라고 한다. 그러나 癸水뿐만이 아니라 모든 천간합은 辰에 이르러서 화신이 투출하기 때문에, 굳이 癸水만이 득룡했다고 할 수 없다. 이 이론은 『적천수천미』의 「육친론이」나 『적천수징의』 「화상化象」에 설명되어 있다.

지지地支

陽支動且强 速達顯災祥 陰支靜且專 否泰每經年
양지는 동적이고 강하며 좋고 나쁨이 빠르게 나타난다. 음지는 정적이고 전일專一하며 좋고 나쁨이 항상 늦게 나타난다.
양지는 子寅辰午申戌이고, 음지는 丑卯巳未酉亥다. 이 중에서 지장간의 본기를 보면 子와 午는 체體는 양이나 용用은 음이고, 巳와 壬은 체는 음이나 용은 양이다. 여기서 부태매경년否泰每經年은 막히고 통함 즉 재앙과 행운이 매번 해를 지나서 나타난다는 의미인데, 늦게 나타난다는 의미다.

天戰猶自可 地戰急如火
천간의 전쟁은 오히려 가능하나, 지지의 전쟁은 불같이 급하다.
본래 천간은 동하는 성향이고 지지는 정하는 성향이다. 천간끼리의 충은 지지가 잘 잡아 주면 문제가 없으나, 지지끼리 충하면 천간에서 말릴 방법이 없다. 반면에 辰戌丑未의 고지는 충해도 크게 동하지 않는다.

合有宜不宜 合多不爲奇
합하여 좋은 경우도 있고 나쁜 경우도 있으나, 합이 많은 것은 뛰어난 사주는 아니다.
합하여 좋은 경우는 흉신을 합하여 가 버리거나, 한신이나 흉신이 합하여 희용신이 되는 경우다. 반면에 나쁜 경우는 희용신을 합하여 작용을 못하게 하거나, 한신이나 희용신이 합하여 기구신이 되는 경우다. 합이 많으면 합에 묶여서 다른 작용을 못하기 때문에, 아주 좋은 사주는 아니다.

生方怕動庫宜開 敗地逢冲仔細推
생지는 동하는 것이 두렵고, 고지는 마땅히 열어야 하고, 패지의 충은 자세히 살펴야 한다.

생지인 寅申巳亥는 충하면, 여기 戊土는 남고 나머지는 양쪽이 모두가 손상된다. 양간의 충이기 때문에 매우 소란스럽다.

고지는 묘지라고도 하며 辰戌丑未를 이른다. 마치 창고나 묘지처럼 그 속에 木火金水가 묻혀 있기 때문에, 그것을 쓰기 위해서는 충하여 열어서 꺼내야 한다는 것이다. 그러나 辰戌이 충하면 辰 중 癸水와 戌 중 丁火가 충하고, 辰 중 乙木이 戌 중 辛金과 충하여 木火金水의 뿌리가 모두 뽑히게 된다. 未丑충도 마찬가지다. 그래서 임철조 선생은 충하여 열어야 한다는 것은 잘못된 이론이라 한다. 반면에 土를 용신으로 할 경우에는 고지의 충은 붕충으로 오히려 도움이 된다. 土는 충하면 동하기 때문이다.

패지는 왕지로 子午卯酉다. 子午충은 丙壬충과 丁癸충이고, 卯酉충은 甲庚충과 乙辛충이다. 양쪽 모두가 손상되어야 하나 왕지의 충이기 때문에, 하나가 죽어야 끝이 난다. 그래서 주변 상황이 어떠한지를 자세히 살펴서 승패를 판가름해야 한다는 것이다.

支神只以沖爲重 刑與穿兮動不動
지지는 다만 충이 중하고, 형이나 천은 동하기도 하고 동하지 않기도 한다.

천穿은 육해六害를 말한다. 임철조 선생은 육해는 일고의 가치도 없다고 한다. 또한 형조차도 오행의 생극으로 이해해야 한다고 주장한다.

暗沖暗會尤爲喜 彼沖我分皆沖起
암충이나 암회는 더욱 좋으며, 내가 충을 하던 저가 충을 하던 충이 일어난다.

여기서의 암충이나 암회는 원국이 아니라 대운이나 세운에서 충하거나 합하는 것을 의미한다. 이는 운에서 본국이 왕해서 넘치는 것은 충해서 덜어 내고 쇠약해서 부족한 것은 합해서 도와주면 좋다는 것이다. 여기서 나란 희용신을 말하고, 저란 기구신을 말한다. 가령 희용신이 午인데 子의 충을 만나면 이는 저쪽에서 나를 충한 것이다. 이때 寅戌이 午인 나와 화합하면 길하다. 반대로 희용신이 子인데 午의 충을 만나면 이는 내가 저쪽을 충한 것이다. 이때 寅戌이 저쪽인 午와 화합하면 흉하다.

旺者沖衰衰者拔 衰神沖旺旺神發
왕한 것이 쇠한 것을 충하면 쇠한 것은 뿌리가 뽑혀 버리고, 쇠한 것이 왕한 것을 충하면 왕한 것은 더욱 일어난다.

子午와 卯酉, 寅申과 巳亥의 충은 작용력이 크고, 辰戌과 丑未의 충은 비교적 가볍다. 가령 子午의 충은 子 중 癸水가 午 중 丁火를 충하는데, 午가 월령으로 왕하고 金이 없고 木이 있으면 午도 子를 충할 수 있다. 나머지도 이와 같다. 흉신을 충하면 이롭고 길신을 충하면 해롭다. 그러나 충하는 것이 힘이 없고 충을 받는 것이 힘이 있으면, 오히려 왕신이 격노하게 된다. 흉신이 격노하면 재앙이 발생하고, 길신이 격노하면 재앙은 일어나지 않을지라도 복은 아니다.

간지총론干支總論

陰陽順逆之說 洛書流行之用 其理信有之也 其法不可執一

음양순역지설은 낙서에서 시작되어 사용되었고 그 이치는 믿을 만하다. 그러나 그 방법을 하나만 고집해서는 안 된다.

음양이 순행하고 역행하는 이치는 낙서에서 나왔기 때문에 믿을 만하다. 그러나 십이운성에서 甲木이 午에서 사死하는 것은 맞으나, 乙木이 亥에서 사死한다는 것은 이치에 합당하지 않다. 즉 십이운성의 순역지설은 잘못되었다는 것을 말하는 것이다. 굳이 십이운성을 적용한다면 음간도 양간과 같이 적용해야, 어느 정도는 타당하다고 할 수 있다.

故天地順遂而精粹者昌 天地乖悖而混亂者亡 不論有根無根 俱要天覆地載

그러므로 천간과 지지가 상생으로 이어지고 순수하면 번창하고, 천간과 지지가 어그러지고 혼란하면 망한다. 뿌리가 있고 없고 보다는 하늘에서 덮어 주고 땅에서 실어 주어야 한다.

용신이 천간에 있을 때에는 지지가 뒷받침해야 좋고, 용신이 지지에 있을 경우에는 천간에서 보호해야 한다. 예를 들면, 용신이 甲乙木이라면 지지에 寅卯亥子가 있으면 좋고, 申酉金이 있으면 어그러진 것이다. 또 용신이 지지의 寅卯에 있다면 천간에 甲乙壬癸가 있으면 좋고 庚辛이 있으면 어그러진 것이다. 용신은 천간과 지지가 상생으로 이어져야 한다. 이를 천복지재天覆地載라 한다.

天全一氣 不可使地德莫之載
천간이 하나의 기로 모여 있어도 지지에서 실어 주지 않으면 안 된다.

예를 들면 천간 4개가 모두 甲木이나 乙木으로 되어 있으면 천전일기로 대단히 좋다. 그러나 지지가 申酉金으로 되어 있으면, 지지가 천간을 극하며 실어 주지 않는 것이다. 그래서 흉하다. 아무리 천전일기라도 하늘에서 덮어 주고 땅에서 실어 주지 않으면 안 된다.

地全三物 不可使天道莫之容
지지에 세 물건이 온전하더라도 천간에서 받아 주지 않으면 쓸 데가 없다.

지전삼물이란 寅卯辰 巳午未 申酉戌 亥子丑과 같은 방합이나, 亥卯未 寅午戌 巳酉丑 申子辰과 같은 삼합을 이룬 것을 말한다. 이 역시 천간에서 받아 주어야 한다. 즉 천간과 지지가 상생하며 어그러짐이 없어야 한다. 왕신이 월령인 지전삼물은 충이나 극보다는 식상으로 설기하는 것이 좋다.

陽乘陽位陽氣昌 最要行程安頓
양이 양을 타고 있으면 양의 기운이 창성하기 때문에, 운에서 안정되어야 한다.

양간의 일주가 양지인 子寅辰午申戌에 있으면, 음지인 丑卯巳未酉亥로 조화를 이루는 것이 좋다.

陰乘陰位陰氣昌 還須道路光亨
음이 음을 타고 있으면 음의 기운이 창성하기 때문에, 운에서는 도리어 양명한 곳으로 가야한다.
 음간의 일주가 음지에 있으면 양지로 조화를 이루는 것이 좋다.

地生天者 天衰怕沖
지지가 천간을 생하는 경우 천간이 쇠약하면 충을 두려워한다.
지지가 천간을 생한다는 것은 甲子 丙寅 丁卯 己巳 戊午 壬申 癸酉 乙亥 庚辰 辛丑이다. 이러한 일주가 신약하여 일지에 있는 인성을 용신으로 할 경우에, 그 인성이 되는 지지가 충을 맞으면 뿌리가 뽑혀 나가기 때문에 두려운 것이다.

天合地者 地旺宜靜
천간이 지지와 합할 때는 지지가 왕하고 안정되어야 한다.
戊子 壬午 辛巳 丁亥 간지는 천간이 지장간의 인원과 암합이 된다. 戊子 壬午는 정재의 관계고 辛巳 丁亥는 정관의 관계다. 이러한 일주는 戊子 壬午는 지지에 재가 왕해야 하고, 辛巳 丁亥는 관이 왕해야 한다. 또한 충극이 없고 생조하여 안정되어야 한다. 그러나 천간과 지지의 암합은 완전하게 합을 할 수 없다. 다른 간지보다 유정한 관계라고 보면 된다.

甲申戊寅 眞爲殺印相生 庚寅癸丑 也坐兩神興旺
甲申과 戊寅은 진정한 살인상생이고, 庚寅과 癸丑은 좌하의 양신이 흥왕하다.

甲申 戊寅 庚寅 癸丑 乙丑 辛未 壬戌 등은 앉은 자리에 살과 인수가 있다. 이러한 일주들은 살을 용신으로 할 경우에는 도와야 하나, 용신으로 쓰지 않을 때는 억제해야 한다.
이상의 세 문장 내용은 일주만을 문제로 삼은 것이다. 그러나 사주는 전체의 기세를 살피는 것이 더욱 중요하다,

上下貴乎情和
상하가 귀하게 여기는 것은 유정하여 화합하는 것이다.
천간과 지지가 상생이 아니라도 유정하여 배반하지 말아야 한다.

左右貴乎氣協
좌우가 귀하게 여기는 것은 기가 협력하는 것이다.
좌우가 서로 생하고 어지럽게 섞여 있지 말아야 한다.

始其所始 終其所終 福壽富貴 永乎無窮
시작할 곳에서 시작하고 끝날 곳에서 끝나면, 복과 수명과 부와 귀가 영원히 무궁하다.
간지가 서로 유통되고, 생하고 화함이 이어지고, 연월에서 시작하여 일시에서 마치고, 희용신이 돌아갈 곳이 있다면 복수부귀가 무궁하다.

3

형상격국形象格局

형상形象

兩氣合而成象 象不可破也
두 기만으로 상을 이루었다면 손상되어서는 안 된다.

이를 양기성상兩神成象 또는 양기성형兩氣成形이라고 한다. 2개의 기가 상생하는 경우는 土金 金水 水木 木火 火土고, 상극하는 경우는 木土 土水 水火 火金 金木이다. 상생하는 구조는 상생으로 돕거나 설기해야 하고, 상극하는 구조는 통관시키는 것이 좋다. 예를 들면 甲午년 丁卯월 甲午일 丁卯시와 같은 사주는 신강하기 때문에, 火로 설기시켜야 한다. 양신성상격은 양신을 충하거나 극해서는 안 된다.

五氣聚而成形 形不可害也
오기가 모여 형상을 이루면 그 형이 손상되지 않아야 한다.
사주는 오행이 조화를 이루어야 한다.

獨象喜行化地 而化神要昌
독상은 화지로 행함이 좋고, 화신은 창왕해야 한다.
독獨은 하나를 의미한다. 이러한 구조를 일행득기一行得氣라고도 한다. 독상은 木일주가 寅卯辰동방이나 亥卯未국을 이루고 金의 혼잡이 없으면 곡직격曲直格이고, 火일주가 巳午未남방이나 寅午戌국을 이루고 水의 혼잡이 없으면 염상격炎上格이고, 土일주가 辰戌丑未 사고四庫가 온전하고 木의 혼잡이 없으면 가색격稼穡格이고, 金일주가 申酉戌서방이나 巳酉丑국을 이루고 火의 혼잡이 없으면 종혁격從革格이고, 水일주가 亥子丑북방이나 申子辰국을 이루고 土의 혼잡이 없으면 윤하격潤下格이다. 독상은 반드시 월령을 장악해야 한다. 방의 힘은 국보다 강하다. 이러한 독상은 식상으로 화하는 것이 좋으며, 재성운을 좋아한다. 독상은 아름다우나 운로에서 관살이 와서 파국을 당하는 것을 크게 꺼린다.

全象喜行財地 而財神要旺
전상은 재지로 행하는 것이 좋은데 재신이 왕해야 한다.
전全이란 셋이 모두 있는 것이다. 여기서는 일주와 상관과 재성을 말한다. 일주가 왕하면 재가 왕함을 좋아한다는 것이다. 그러나 일반적으로 말하는 셋은 일주와 용신과 희신을 말한다. 그래서 상관생재격은 물론이고, 관인상생격이나 재관격 등이 모두

전상全象에 해당한다. 이 절은 궁극적으로 희용신을 구하는 이론이다.

形全者宜損其有餘 形缺者宜補其不足
형이 완전한 것은 남는 것을 덜어 내고, 형이 모자란 것은 부족한 것을 보태야 한다.
억부법抑扶法을 이르는 말이다. 왕하면 식상으로 설하거나 관살로 극해야 하고, 약하면 비겁으로 돕거나 인수로 도와야 한다. 일주가 왕하고 재관이 무력한데, 식상을 쓰면 관성이 손상되므로 관살을 쓴다. 일주가 왕하고 비겁이 많은데, 관살을 쓰면 왕신이 격노하므로 식상을 쓴다. 일주가 쇠약하고 재성이 많으면 인수는 힘이 없으므로 비겁을 쓴다. 일주가 쇠약하고 관살이 많은데, 비겁을 쓰면 관살의 극을 받아 무정하게 되므로 인성으로 살을 화하여 일간을 도와야 한다.

방국方局

是方兮局是局 方要得方莫混局
방은 방이어야 하고 국은 국이어야 한다. 방은 방만을 필요하고 국이 섞여서는 안 된다.
임철조 선생은 방과 국이 섞이면 안 된다는 이론은 잘못된 이론이라 한다.

局混方兮有純疵 行運喜南或喜北
국에 방이 섞이면 순수함에 흠이 된다. 운의 흐름이 남방이 좋기도 하고 북방이 좋기도 하다.

앞 절과 마찬가지로 국과 방이 섞여도 나쁜 것은 아니다. 예를 들면 木일주가 亥卯未목국을 이루고 있는데 운이 남방으로 흐르면 수기를 유행해서 좋고, 북방으로 흐르면 왕신을 생조하니 이 또한 허물이 없다. 亥卯未처럼 지지 셋이 붙어서 국을 이루면 완전하고, 둘이 모이면 반국이 된다. 반국은 왕지가 있어야 하고 왕지가 없으면 국세가 떨어진다. 왕지에 바짝 붙어서 왕지를 충을 하면 파국이 되고, 둘 사이에 다른 지지가 있으면 무력하나 천간에 삼합을 이루는 오행이 나타나면 회국으로 쓸 수 있다.

若然方局一齊來 須是干頭無反覆
만약 방과 국이 함께 온다면 모름지기 천간이 배반해서는 안 된다.

방국이 함께 온다는 것은 寅卯辰방에 亥나 未가 있거나 亥卯未국에 寅辰이 있는 경우다. 다른 방과 국도 마찬가지다. 이러할 경우에는 그 기세가 너무 왕성함으로 천간이 지지의 왕한 기세에 순응해야 아름답다. 木의 방국에는 火로 강한 기운을 설기하는 것이 가장 아름답고, 金으로 극을 하는 것은 순리에 어긋나게 배반하는 것으로 반복反覆이라 한다. 다른 방과 국도 마찬가지다.

成方干透一元神 生地庫地皆非福
지지에 방을 이루고 천간에 원신이 투출하면, 생지든 고지든 다 복이 되지 않는다.

寅卯辰방에 일간이 甲이나 乙이면 원신이 투출한 것이다. 이때 木

의 생지인 亥나 고지인 未가 오면 왕한 것을 더욱 강성하게 만들기 때문에 더욱 안 좋다. 그러나 이때는 식상이 있으면 대부분 좋으며, 종강격이 될 수도 있기 때문에 무조건 복이 되지 않는 것은 아니다.

成局干透一官星 左邊右邊空碌碌
국을 이룬 상태에서 천간에 관성이 하나 투출하면, 좌우에서 관성을 받쳐 주는 것이 없다면 쓸모가 없다.
예를 들어 亥卯未목국에 일주도 木인데 庚金이나 辛金이 투출하면 관살은 허탈무기하여 쓸모가 없다. 이때에는 지지에 申酉金이나 丑土가 있어야 한다.

팔격八格

財官印綬分偏正 兼論食傷八格定
재와 관과 인수는 정과 편으로 나누고, 식신과 상관을 더하여 팔격이라 한다.
팔격이란 정재 편재 정관 편관 정인 편인 식신 상관을 이른다. 실제의 간명에서는 이러한 격국이 반드시 도움이 되는 것은 아니기 때문에, 이에 얽매일 필요는 없다.

影響遙繫旣爲虛 雜氣財官不可拘
영향요계라는 것은 이미 헛된 것이고, 잡기재관 등에도 구애받지 말아야 한다.
영향요계란 비천녹마飛天祿馬니 암충이니 암합과 같은 격을 말한다. 잡기재관이란 월지의 지장간에 재관인이 있으면서 투출하지 않은 것을 말한다. 주로 辰戌丑未월에 해당한다. 이 절에서 말하고자 하는 것은 이러한 이상한 이름을 가진 수많은 격국에 얽매이지 말라는 것이다.

관살官殺

官煞相混宜細論 煞有可混不可混 一曰財滋弱殺格 二曰殺重用印格 三曰食神制殺格 四曰合官留殺格 五曰官殺混雜格 六曰制殺太過格

관살이 혼잡되면 자세히 분별해야 한다. 혼잡이 가능한 경우도 있고 불가능한 경우도 있다. 재자약살격 살중용인격 식신제살격 합관유살격 관살혼잡격 제살태과격이 있다.

관은 정관으로 긍정적인 의미를 갖고, 煞 또는 殺로 표기하는 살은 편관으로 부정적인 의미를 갖는다. 그러나 살도 관이 될 수 있고 관이 살로 될 수도 있다. 이 말의 의미는 신왕한 경우에는 부정적인 살로서 긍정적인 관으로 삼을 수 있고, 신약할 경우에는 긍정적인 관이라도 부정적인 살로 작용한다는 것이다. 또한 일주가 왕하면 관살혼잡이 좋을 수도 있으나 일주가 약하면 관살혼잡은 불가하며, 인수가 관살의 기를 잘 유통하면 관살혼잡을 대적할 수도 있다.

과거에는 벼슬을 의미하는 관이 대단히 중요했기 때문에, 이렇게 관살에 대해서 자세히 설명하는 것이다. 또한 과거에는 여자가 관살혼잡이면 무조건 흉하다고 보았으나, 현대에는 반드시 그러한 것은 아니다. 정관은 하나가 있는 것이 좋은 경우가 많다.

상관傷官

傷官見官最難辨 官有可見不可見 一日傷官用印格 二日傷官用財格 三日傷官用刦格 四日傷官用傷官格 五日傷官用官格 六日假傷官格

상관이 관을 보면 변별하기가 가장 어렵다. 관이 있어도 괜찮은 경우가 있고 안 좋은 경우도 있다. 상관용인격 상관용재격 상관용겁격 상관용상관격 상관용관격 가상관격이 있다.

상관이 있는데 관을 보면 재앙이 백 가지 발생한다는 말은 일주가 쇠약하여 비겁으로 일주를 도와야 할 경우다. 이때는 관에 의해서 비겁이 극을 받기 때문이다. 그러나 신약이라도 원국에 인수가 있는데 관이 나타나면 오히려 복이 되는 경우가 많다.

상관에 대하여 이렇게 많은 설명을 하는 것은 앞에서 관살을 길게 설명한 의도와 같다. 즉 과거에 관살을 최고의 길신으로 여겼는데 이 관살을 상해하는 상관은 최고의 흉신에 해당하기 때문이다. 그러나 현대에는 상관도 다른 육친과 동일한 역할을 한다고 보아야 한다. 그래서 그대로 적용하기에는 문제가 있다.

4
종화순역 從化順逆

종상從象
從得眞者只論從 從神又有吉和凶
종해서 참되면 단지 종격으로만 논한다. 종격에는 좋은 것도 있고 나쁜 것도 있다.
현대인에게는 종격은 없으므로 정격으로 보아야 한다.

화상化象
化得眞者只論化 化神還有幾般話
합해서 참되면 단지 화격으로만 논한다. 화격에는 도리어 여러 가지 설이 있다.
현대인에게는 화격은 없으므로 정격으로 보아야 한다.

가종假從

眞從之象有幾人 假從亦可發其身

진종의 상이 얼마나 되겠는가. 가종도 공명을 얻을 수 있다.

현대인에게 가종격은 정격으로 보아야 한다.

가화假化

假化之人亦多貴 異姓孤兒能出類

가화된 사람도 또한 귀하게 되는 사람이 많다. 성이 다른 고아도 출중하게 뛰어날 수 있다.

현대인에게 가종격은 정격으로 보아야 한다.

순국順局

一出門來只見兒 吾兒成氣構門閭 從兒不管身强弱 只要吾兒又遇兒

한 번 문을 나서 아이만 보이면 내 아이가 문전성시를 이루어야 한다. 종아격은 일주의 강약에 관계없이 내 아이가 또 아이 낳기만을 바랄 뿐이다.

여기서 '내 아이'는 식상을 말하며, '문전성시를 이룬다'는 것은 월령이 식상으로, 식상이 많아야 한다는 것이다. 종아격從兒格은 인수가 있으면 식상이 손상되기 때문에, 가장 안 좋다. '아이가 아이를 낳는다'는 것은 원국에 재성이 있어야 한다는 것이다. 그래야 기가 자연스럽게 흘러서 유통된다. 그러나 그 손자가 자식을 낳으면 나에게 관성이 되기 때문에, 오히려 내가 반드시 손상을 받는다. 그래서 종아격은 인수와 관성을 꺼린다.

반국反局

君賴臣生理最微

임금이 신하의 생에 의지하는 이치가 가장 미묘하다.

인수가 많을 때는 신하와 같은 재로 인수를 제압한다는 의미다. 일주가 木이면 土인 재는 신하다. 木일주가 水가 너무 많으면 木이 뜨기 때문에, 土를 용신으로 삼아서 水를 제압해야 한다. 재로 인수를 제압하기 때문에 반국이라 하는 것이다. 이러한 것을 인중용재격 또는 기인취재격이라고도 한다.

兒能生母洩天機

아이가 어머니를 능히 생한다는 것은 천기를 누설하는 것이다.

나를 극하는 관성이 많을 때는 자식과 같은 식상으로 관살을 제압한다는 의미다. 일주가 木이면 火는 자식이다. 木일주가 金이 많으면 火를 용신으로 삼아서 관살인 金을 제압해야 한다. 이를 식상제살격이라 한다.

母慈滅子關頭異

어머니의 사랑이 자식을 멸하는 것은 상황에 따라서 다르다.

모자母慈는 인수가 왕하다는 것이다. 앞에서 임금이 신하에 의지한다는 군뢰신생君賴臣生은 재로서 인수를 제압했다. 그러나 재가 인수를 제압할 수 없는 상황이면 자식이 멸한다. 이때는 인수를 따라야 한다. 즉 인수가 태왕한 종강격이 된다.

夫健何爲又怕妻
남편이 건강한데 어찌 처를 두려워하는가.

일간이 남편이고 재가 처다. 일간이 왕하면 재가 많아도 두렵지 않다. 그러나 일간이 왕해도 관이 있고 재가 관을 생하면 처를 두려워한다. 이를 부건파처夫健怕妻라 한다. 예를 들면 木이 남편이라면 土가 아내가 된다. 木이 왕하면 土가 많아도 겁낼 것이 없으나, 토생금하여 금극목을 하면 아내를 두려워한다.

군상君象

君不可抗也 貴乎損上以益下
임금에게는 대항할 수 없다. 귀함은 위를 덜어서 아래에 보태는 것이다.

일간은 임금이고 재는 신하다. 일간이 극왕할 때는 관으로 일간을 극제하는 것이 아니라 식상으로 설기해서 재를 도와야 한다. 『적천수』에서 임금은 관살을 의미하기도 하고, 일간을 의미하기도 한다.

신상臣象

臣不可過也 貴乎損下以益上
신하가 지나치면 불가하다. 귀함은 아래를 덜어서 위를 보태는 것이다.

여기서 신하는 일간이고 임금은 관살이다. 일주가 극왕하고 관살이 약하면 관으로 일간을 극해서는 안 된다. 식상으로 재를 생하고 재가 관으로 이어져야 한다.

모상母象

知慈母恤孤之道 始有瓜瓞無疆之慶

자애로운 어머니가 자식을 훌륭하게 키우는 이치를 알아야 비로소 자손이 번창하는 경사가 있다.

자애로운 어머니는 일간이고 자식은 식상이다. 일간이 왕하면 인성이나 관살을 보면 안 되며 반드시 식상으로 설기하고 재로 이어져야 한다.

자상子象

知孝子奉親之方 始剋諧大順之風

효자가 부모를 봉양하는 방법을 알아야 비로소 화목한 천리天理에 따르는 기풍이 있다.

일주가 자식이고 인수가 부모다. 일주가 왕한 종왕격은 식상이 가능한 경우와 불가능한 경우가 있다. 종왕격은 대부분 식상이 좋으나 인수가 있으면 식상은 불가능하다. 반면에 종왕격에 관살은 매우 안 좋으나, 인수가 있으면 관인상생하여 가능할 수도 있다.

5
체용정신 體用精神

체용 體用

道有體用 不可一端論也 要在扶之抑之得其宜

도에는 체와 용이 있는데 한 가지만으로 논하는 것은 불가하다. 돕거나 억제하는 것이 반드시 마땅해야 한다.

체란 형상과 격국을 말하며 용이란 용신을 말한다. 체에는 정격 종격 화기격처럼 다양하다. 그래서 약한 자를 돕고 강한 자를 억제하는 것이 기본이나, 격에 따라서는 강한 자를 돕거나 약한 자를 억제해야 할 때도 있다.

정신 精神

人有精神 不可以一偏求也 要在損之益之得其中

사람에게는 정과 신이 있는데 한쪽으로 치우쳐 구해서는 안 된다.

덜 것은 덜고 보탤 것은 보태서 반드시 중화를 이루어야 한다.
정이란 나를 돕는 인수이고, 기란 비겁이고, 신이란 나를 빼앗는 관살과 식신과 재다. 이 역시도 돕거나 억제하는 것과 마찬가지로 덜고 보태서 중화를 이루어야 한다.

월령月令

月令提綱之府 譬之宅也 人元爲用事之神 宅之定向也 不可以不卜
월령은 제강의 본부이기 때문에, 비유하면 사람이 사는 집과 같다. 어느 지장간을 쓰는 가는 집의 방향을 정하는 것과 같다. 잘 살피지 않으면 안 된다.
월령이란 태어난 달이다. 사주의 기상氣象 격국 용신이 모두 월지에 달려 있기 때문에, 제강의 본부이고, 사람이 사는 집과 같다. 그런데 태어난 날이 월지의 어느 지장간에 속하는가에 따라서도 다르기 때문에, 같은 집이라도 택향이 다른 것과 같다. 인원용사人元用事란 그 지장간의 사령신司令神을 말한다. 따라서 같은 달이라도 그 달의 지장간의 어느 사령신이 당령했는가에 따라 다르다. 더욱이 지장간 중에 어느 것이 천간에 투출했는가에 따라서도 다르다.

생시生時

生時歸宿之地 譬之墓也 人元爲用事之神 墓之穴方也 不可以不辨
생시는 돌아가서 잠을 자는 땅이니 비유하면 묘와 같다. 어느 지장간이 작용하는 가는 묘의 좌향과 같으므로 잘 변별해야 한다.
생시의 당령은 월령의 당령과 유사하다. 생시는 무덤과 같고 그 지장간은 좌향과 같다. 그러나 월령에 비할 바는 못 된다.

쇠왕衰旺

能知衰旺之眞機 其於三命之奧 思過半矣
쇠왕의 참 기틀을 능히 안다면 사주간명의 오묘한 이치의 반은 넘은 것이다.

월령을 얻으면 왕하고 실령하면 쇠약하다는 것은 지극한 이치이나 절대적인 것은 아니다. 연일시에 뿌리가 있는지를 살펴야 한다. 천간에 비견 하나를 얻은 것은 지지에서 묘고墓庫나 여기餘氣 하나를 얻은 것만 못하다. 묘고란 甲乙木은 未土고, 丙丁火는 戌土고, 庚辛金은 丑土고, 壬癸水는 辰土다. 여기는 甲乙이 辰이고, 丙丁이 未고, 庚辛이 戌이고, 壬癸가 丑이다. 천간에 비견 둘은 지지에 장생이나 녹왕을 하나 얻은 것만 못하다. 예를 들면, 甲乙 일주에는 亥寅卯다. 또한 전도顚倒의 이치도 있다. 크게 태왕하면 극해서는 안 되고 설해야 한다. 반면에 극왕하면 생해야 하고, 극쇠하면 오히려 극해야 한다. 이 전도의 이치는 종격에 적용된다.

중화中和

旣識中和之正理 而於五行之妙 有能全焉
이미 중화의 바른 이치를 알았다면 오행의 오묘한 이치도 완전히 알 수 있다.

명리의 바른 이치는 중화다.

원류源流

何處起根源 流到何方住 機括此中求 知來亦知去

어느 곳에서 근원이 시작되고 흘러가 멈춘 곳이 어디인가를 알아서 그 속에서 실마리를 찾으면 오는 것도 알고 가는 것도 안다.

근원은 사주에서 가장 왕성한 오행을 말한다. 이것이 시작점이 되어서 상생으로 유통되어 멈추는 곳의 상황을 판단하는 것이다. 가령 멈추는 곳이 관성이고 이것이 용신이면 귀貴로 이름을 얻고, 기신이면 관재로 고통을 받는다.

통관通關

關內有織女 關外有牛郞 此關若通也 相邀入洞房

관내에는 직녀가 있고 관외에는 견우가 있는데, 이 관을 통하게 하여야 합방할 수 있다.

상하의 간과 지가 유정하고, 좌우가 어그러지지 않으면 음양이 낳고 길러서 서로 통하게 된다. 원국에 통관하는 기가 없다면 운에서라도 합이나 충 등으로 통관해야 한다.

청기清氣

一清到底有精神 管取生平富貴眞 澄濁求清清得去 時來寒谷亦回春

하나의 청기가 밑에 깔려 있으면 정과 신이 있는 것이니 평생 부귀를 누린다. 탁한 것을 맑게 하여 청을 구해 얻으면 때가 되어 추운 골짜기에 봄이 오는 것 같다.

간명에서 가장 어려운 것 중의 하나가 청탁의 구별이다. 간단히 말하면, 희용신은 득지하고 생을 만나고 일주와 가까이 있고, 기구신은 실세하고 절지에 임하거나 일간과 멀리 떨어져 있으면 청하다고 한다.

탁기濁氣

滿盤濁氣令人苦 一局淸枯也苦人 半濁半淸猶是可 多成多敗度晨昏

탁기가 가득하면 고생이 많고, 사주가 청고하여도 고생스럽다. 반은 탁하고 반은 청한 것은 괜찮으나, 성공과 실패가 많으니 아침저녁으로 살펴야 한다.

탁이란 사주가 혼잡스러운 것이다. 희용신은 세력을 잃고 기구신이 권력을 잡거나, 월령이 파손되어 다른 곳에서 용신을 구하는 것은 탁한 것이다. 탁하면 고생이 많으나 운에서 탁이 제거되면 흥발할 수 있다. 반면에 고枯란 일주가 무근이거나 용신이 무기無氣한 것이다. 고란 약弱과는 다르다. 약한 것은 도와주면 일어나나, 고한 것은 도와줘도 일어날 수 없는 것이다. 그래서 일주가 고하면 가난하지 않으면 요절하고, 용신이 고하면 가난하지 않으면 고독하다.

진신眞神

令上尋眞聚得眞 假神休要亂眞神 眞神得用生平貴 用假終爲碌碌人

월령에서 진신을 찾아서 진신이 있으면 가신이 진신을 어지럽히지 말아야 한다. 진신으로 용신을 삼으면 평생 귀하나, 가신으로 용신을 삼으면 평생 별 볼 일 없는 사람이다.

진이란 월령을 얻은 것이고 가란 월령을 잃은 것이다. 일주 용신이 월령에 있고 그것이 당령하고, 그것이 천간에 투출해 있으면 최고의 진기가 모여 있는 것이다. 이 진신이 가신에게 파손되지 않으면 평생 부귀하다.

가신假神

眞假參差難辨論 不明不暗受迍邅 提綱不與眞神照 暗處尋眞也有眞

진신과 가신이 어지러이 섞여 있으면 변별하기가 어렵고, 명암이 확실하지 않아서 머뭇거리게 된다. 월령에서 진신이 밝게 드러나지 않으면 암처에서 진신을 찾으면 진신이 된다.

용신이 월령에서 당령하고 투출한 것이면 더없이 좋으나, 월령이 아니라도 용신으로 삼을 수 있다.

은원恩怨

兩意情通中有媒 雖然遙立意尋追 有情却被人離間 怨起恩中死不灰

정을 통하려는 두 뜻의 중간에 중매자가 있으면, 비록 멀리 떨어져 있어도 찾아가서 뜻을 이룰 수 있다. 그러나 정은 있는데 중간에서 이간질을 하면, 은혜가 원한이 되어 죽어도 원한이 없어지지 않는다.

희신이 일간과 멀리 떨어져 있을 때, 합하여 가까이 오면 중매자가 있는 것과 같다. 반면에 일간과 희신 사이에 기신이 가로 막고 있으면 이간질을 당하는 것이다. 예를 들면 일간의 희용신이 庚金인데, 庚金이 연간에 있으면 너무 멀다. 이때 월간에 乙木이 있어서 합하여 가까이 온다면 이는 중간에 중매자가 있는 것과 같다. 반면에 丙火가 희용신인데 중간에 기구신인 辛金이 있어서 합을 하여 기신이 되면, 이는 이간질하여 은혜가 원한이 되는 것이다.

한신閑神

一二閑神用去麽 不用何妨莫動他 半局閑神任閑着 要緊之場自作家

한두 개의 한신이 있으면 쓸까 말까 하는데, 쓰지 않아도 좋으나 다른 신을 동하게 하지 말아야 한다. 반국이 한신이라도 한가롭게 두라. 긴요한 때에는 스스로 자기 역할을 한다.

한 사주에 제일 필요로 하는 것이 용신이고, 격을 돕고 용신을 보조하는 것이 희신이고, 격을 파하고 용신을 손상하는 것이 기신이고, 희신을 손상하는 것이 구신이고, 나머지 아무런 역할을 하지 않는 것이 한신이다. 운에서 격을 깨고 희용신을 손상시킬 때, 즉 긴요한 때에 한신이 운의 기구신을 제거하고 희용신을 도울 수 있다. 예를 들면 木이 용신인데 약하면 水가 희신이고, 金이 기신이고, 土가 구신이고, 火가 한신이다. 운에서 구신인 金이 올 때 한신인 火가 金을 극하여 돕는 것과 같다.

기반羈絆

出門要向天涯游 何事裙釵恣意留 不管白雲與明月 任君策馬朝

天闕

문을 나서 천하에 뜻을 펼쳐야 하는데 어찌 아녀자의 치마폭에 마음을 두는가. 백운이니 명월이니 하는 것에 관여하지 말고, 말을 채찍질하여 천하에 뜻을 펴는 것은 군君에 달려 있다.

일주가 합을 하면 용신을 돌아보지 않고, 용신이 합을 하면 일주를 돌보지 않는다. 이를 기반이라 한다. 다행히 합해서 화하여 희신이 된다면 명리가 여의하나 합화되는 경우는 거의 없다. 일주가 사사로움에 얽매이지 않고 용신을 타고 달리거나 용신이 일주를 따라 달리면 큰 뜻을 이룬다. 일주가 희용신이 아닌 것과 합을 하거나 희용신이 다른 것과 합을 하면 충을 해야 한다. 충하면 동하고, 동하면 달려가서 자신의 본분을 다한다.

6

사주총론 四柱總論

한난 寒暖

天道有寒暖 發育萬物 人道得之 不可過也
천도에는 차갑고 따뜻함이 있어서 만물을 발육한다. 인도도 이를 얻어야 하나 지나쳐서는 안 된다.
천도의 음양은 한난으로 나타난다. 조후용신법이다.

조습 燥濕

地道有燥濕 生成品彙 人道得之 不可偏也
지도에는 건조하고 습함이 있어 만물을 생성한다. 인도도 이를 얻어야 하나 치우쳐서는 안 된다.
지도의 음양은 조습으로 나타난다. 木火와 未戌土는 조하고. 金水와 丑辰土는 습하다.

재덕才德

德勝才者 局全君子之風 才勝德者 用顯多能之象

덕이 재를 이기는 것은 군자의 풍모이고, 재가 덕을 이기는 것은 재능이 많은 상으로 나타난다.

덕이란 화평하고 순순하고 격국이 바른 것으로 군자의 풍이고, 재란 기가 치우치고 섞여서 혼란스러우며 세력을 따르는 것으로 재능이 많은 상이다.

분울奮鬱

局中顯奮發之機者 神舒意暢 象內多沈埋之氣者 心鬱志灰

사주에 분발의 기미가 나타나 있으면 정신이 편안하고 뜻이 화창하다. 사주에 침체의 기미가 있으면 마음이 우울하고 뜻을 펴지 못한다.

희용신이 바르게 작용하면 분발지기이고, 기구신이 작용하여 희용신이 작용을 못하면 침매지기인 듯하다.

은현隱顯

吉神太露 起爭奪之風 凶物深藏 成養虎之患

길신이 천간에 노출되면 쟁탈의 바람이 불고, 흉물이 지장간에 심장되면 호랑이를 기르는 재앙이 있다.

길신이 뿌리가 없이 천간에 노출되면 겁탈을 당하기 쉽기 때문에, 길신은 지지에 감춰져 있어야 한다. 반면에 흉신은 지지에 심장되어 있으면 제어하기가 어렵기 때문에, 언젠가는 재앙이 일어난다. 그러나 길신이 노출되었어도 당령하고 통근되었으면 해가 없고, 흉신이 심장되어 있어도 시령을 잃고 무력하면 무방하다.

진태震兌

震兌主仁義之眞機 勢不兩立 而有相成者存

진과 태는 인과 의를 주관하는 참된 기틀이나 세는 양립할 수 없다. 그러나 서로 도와서 이루는 것이 있다.

주역에서 진은 동방의 木이고 태는 서방의 金이다. 상극의 관계로 양립할 수 없으나, 사주의 구조에 따라서는 양립할 수 있다.

감리坎離

坎離宰天地之中氣 成不獨成 而有相持者在

감과 리는 천지의 중기를 주재하나 만상을 이룸에는 홀로 이루지 못하고 서로 지지하여 존재한다.

주역에서 감은 북방의 水고 리는 남방의 火다. 만물은 음양을 대표하는 이 水火의 작용으로 이루어진다. 비록 상극의 관계이나 사주의 구조에 따라 양립할 수 있다.

앞의 진태인 木과 金은 좌우의 관계이나 水火인 물과 불은 상하의 관계 즉 천간과 지지의 관계로 이해하면 된다. 이 진태 감리 두 절은 비록 상극의 관계지만 두 관계를 소통하는 매개자를 써서 사용할 수 있다는 것이다. 물론 이 매개자는 희용신이 된다.

중과衆寡

强衆而敵寡者 勢在去其寡 强寡而敵衆者 勢在成乎衆

강한 것이 많고 적이 적으면 세는 적은 것을 제거해야 하고, 강한 것이 적고 적이 많으면 세는 많은 것을 이루어 주어야 한다.

중衆은 많다는 의미고 과寡는 적다는 의미인데, 여기서는 강약을 의미한다. 또한 강强과 적敵은 일주와 관살을 의미한다. 일주가 지나치게 강하면 오히려 약한 관살을 제거해서 종왕 또는 종강으로 가야 하며, 일주가 지나치게 약하면 오히려 강한 관살을 도와 종살 또는 종재로 가야 한다는 것이다.

강유剛柔

剛柔不一也 不可制者 引其性情而已矣

강함과 약함은 하나같지 않다. 억제가 불가한 것은 그 성정에 따라 끌어내야 한다,

여기서의 강剛은 강强과 같으며 유柔는 약弱과 같다. 매우 강한 것이 극제하는 관이 없으면, 그 세력에 따라 설하여야 한다. 반면에 매우 약한 것이 도움을 주는 겁인이 없으면, 차라리 식상으로 설하여 종아로 가야한다.

위의 두 절의 내용은 지나친 신강사주나 신약사주에서 용신을 다루는 문제다. 지나치게 강한 것은 약한 것으로 충극을 해서는 안 되며, 그 강한 것을 더 강하게 하든지 약한 것을 제거하든지 강한 것을 달래서 풀어야 한다. 즉 중과는 관살이 있을 때, 강과는 관살이 없고 식상이 있을 때의 용신 문제를 다룬 것이다.

순역順逆

順逆不齊也 不可逆者 順其氣勢而已矣

순과 역은 같지 않다. 역이 불가한 것은 그 기세에 순응해야 한다. 명리의 대강은 "남는 것은 덜어내고 부족한 것은 보태야 한다."라는 것이다. 그러나 오행에는 전도顚倒의 이치가 있다. 강제로 제어하면 반드시 격노함이 있다.

세운歲運
休咎係乎運 尤係乎歲 戰沖視其孰降 和好視其孰切

길흉은 운에 달렸는데, 더욱 관계되는 것은 세운이다. 충으로 전쟁이 일어나면 누가 항복하는지를 보고, 화평을 하면 누가 친절한지를 보라.

부귀는 격국으로 정해지나 되고 안 되고는 운에 달려 있다. 일주는 나이고, 희용신은 내가 필요로 하는 사람이고, 운은 내가 있는 땅이다. 한 운은 10년인데 상하를 끊어서 보면 안 된다. 개두蓋頭는 희용신이 지지에 있는데 천간의 오행이 극하는 것으로 길흉이 반감된다. 절각截脚은 희용신이 천간에 있는데 지지의 오행이 천간을 극하는 것으로 10년이 다 안 좋다. 세운은 1년을 관장하는데 만나는 사람과 같으며 천간을 중시한다. 가장 흉한 것은 신약할 경우에 천간을 충극하고 지지도 충하는 것이다.

何爲戰
무엇이 전쟁인가.
대운과 세운의 천간이 극을 하는 것이다.

何爲沖
무엇이 충인가.
대운과 세운의 지지가 충을 하는 것이다.

何爲和
무엇이 화인가.
대운과 세운의 천간이 합하는 것이다.

何爲好
무엇이 호인가.
희용신에 해당하는 오행의 대운이 왔을 때 세운도 같은 오행으로 도움을 주는 것이다.

정원貞元

造化起於元 亦止於貞 再造貞元之會 胚胎嗣續之機
조화는 원에서 일어나 정에서 멈추나 다시 정에서 원으로 이어지니 임신하여 자손으로 이어지는 기틀이 된다.
조상에게서 자손으로 이어지는 운을 말한다.

7

육친六親

부처夫妻

夫妻因緣宿世來 喜神有意傍天財

부부의 인연은 전생에서 온 것이다. 희신 역할을 한다면 처복은 타고난 것이다.

재성이 희용신으로 청하면 처덕이 있고, 기구신으로 탁하면 처덕이 없다.

자녀子女

子女根枝一世傳 喜神看與殺相連

자녀는 뿌리와 가지로 한 대를 전하는 것이다. 희신과 관살이 서로 연결되어 있는가를 살펴야 한다.

관살이 희용신이면 자식 덕이 있다.

부모父母

父母或隆與惑替 歲月所關果非細

부모가 융성하기도 하고 침체되기도 하는 것은 연주와 월주에 관계되나 정확하지는 않다.

부는 편재고 모는 인수다. 부모의 운은 연주와 월주만으로 판단하는 것은 아니다.

형제兄弟

兄弟誰廢與誰興 提用財神看重輕

형제가 잘되고 못되는 것은 월령과 용신과 비견 겁재의 경중을 보고 판단한다.

비견 겁재 양인이 모두 형제다.

8

부귀빈천 富貴貧賤

부富

何知其人富 財氣通門戶

그 사람이 부자인가를 어떻게 아는가? 재성의 기운이 희용신이다.

재를 용신으로 하는데 관을 생하면 처길재약하고, 재가 관을 생하지 못하면 처약재흥하고, 식상으로 재를 생하고 재가 관을 생하면 처길재흥하다.

귀貴

何知其人貴 官星有理會

그 사람이 귀함을 어떻게 아는가? 관성이 이치에 맞게 있다.

관성이 용신으로 맑으면 귀하다.

빈貧

何知其人貧 財神反不眞

그 사람이 가난함을 어떻게 아는가? 재신이 도리어 참되지 않다.

재가 기구신일 때다.

천賤

何知其人賤 官星還不見

그 사람이 천한 것을 어떻게 아는가? 관성이 도리어 보이지 않는다.

관성이 기구신일 때다.

길흉吉凶

何知其人吉 喜神爲輔弼

그 사람이 길함을 어떻게 아는가? 희신이 보필한다.

희신은 용신을 보좌하는 것이다. 희신이 있으면 기신이 와도 희신의 도움으로 흉하게 되지 않는다.

何知其人凶 忌神輾轉攻

그 사람이 흉한 것을 어떻게 아는가? 기신이 돌아가면서 공격한다.

희신은 없고 기신이 많거나 강한 경우다.

수요壽夭

何知其人壽 性定元神厚

그 사람이 장수하는 것을 어떻게 아는가? 성품이 안정되고 원신이 두텁다.
사주에 결함이 없고, 희용신이 손상되지 않았다.

何知其人夭 氣濁神枯了
그 사람이 일찍 죽는 것을 어떻게 아는가? 기가 탁하고 정신이 메말랐다.
기구신이 많고 운에서 기구신이 무리를 이룰 때 죽는다.

9

성정 질병 性情疾病

성정性情

五氣不戾 性情中和 濁亂偏枯 性乖情逆

오행이 어그러지지 않으면 성정이 중화를 이루고, 탁하고 혼란하고 치우치고 메말랐으면 성정이 괴팍하고 순조롭지 못하다. 오행은 인의예지신이 된다.

火烈而性燥者 遇金水之激

火가 맹렬하여 성정이 조급한 자는 金水의 충격을 받으면 오히려 격렬해진다.

火가 조열하면 丑辰습토로 윤택하게 해야 한다.

水奔而性柔者 全金木之神
水가 광분하는데도 성정이 유순한 자는 오로지 金과 木이 있어서다.
水의 본성은 부드러우나 많아서 광분하면 강하고 급하기가 으뜸이다. 이때 火나 土로 제어하면 더욱 강해진다. 金으로 그 세력에 순응하든지 木으로 설기해야 한다.

木奔南而軟怯
木이 남으로 운행하면 연약해지기 때문에 겁을 낸다.
木이 설기가 심하면 金水로 유통하든지 辰土로 화기를 수렴해야 한다.

金見水以流通
金이 水를 보면 유통된다.
金이 왕한데 水를 보면 유통이 되어 강건하면서도 지혜롭다.

最拗者西水還南
가장 마음이 꼬이는 것은 가을 水가 남으로 가는 것이다.
가을의 水는 세력이 가장 왕성하여 土나 火로 제지할 수 없다. 오직 木으로 설해야 지혜가 인仁을 행한다.

至剛者東火轉北
지극히 강폭剛暴한 것은 동방의 火가 북으로 가는 것이다.
木에 의지한 강한 火는 염상의 본성을 막을 수 없기 때문에, 오직 습토로 수렴해야 한다. 만약 북방으로 흘러 水로 제지하려 하면 맹렬한 성정을 충격하여 반드시 강포하고 무례하다.

順生之機 遇擊神而抗
순생의 기틀에는 충격을 받으면 저항한다.
예를 들면 木이 왕하여 火로 유통하는 것이 순이고, 다시 土로 행하는 것이 생이다. 이때 金水의 충격을 받으면 안 된다. 반면에 木이 쇠약하여 水의 생을 받는 것은 역순이고, 다시 金이 水를 돕는 것이 역생이다. 이때 火土의 충격을 받으면 안 된다.

逆生之序 見閑神而狂
역으로 생하는 구조에서 한신을 보면 발광한다.
역생이란 강한 것은 더욱 강하고 약한 것은 더욱 약하게 흐르는 구조다. 즉 종격인데 이때에는 한신을 보면, 그 흐름이 깨지기 때문에 매우 안 좋다.

陽明遇金 鬱而多煩
양명이 金을 만나면 우울하고 번민이 많다.
양명이란 양이면서 밝은 태양인 丙火를 말하며 지지가 寅午戌火국으로 되어 있는 구조다. 이것이 습토인 丑에 암장된 金을 보면 답답하다. 丑 중 辛金을 극하지도 못하고, 금생수도 못하기 때문이다.

陰濁藏火 包而多滯

음탁한데 火가 암장되어 있으면, 음기에 싸여서 막힘이 많다.
酉丑亥의 金水가 많아서 음하고 탁한데, 火가 암장되어 있으나 쓸 수가 없으면 근심이 많다.

陽刃局 戰則逞威 弱則怕事. 傷官格 淸則謙和 濁則剛猛. 用神多者 性情不常. 時支枯者 虎頭蛇尾

양인이 국局을 이루면 싸움에서는 위세를 뽐내고, 약하면 일을 두려워한다. 상관격은 청하면 겸손하고 화평하나, 탁하면 고집이 세고 맹렬하다. 용신이 많으면 성정이 한결같지 않고, 시지가 메마른 자는 호랑이 머리에 뱀의 꼬리다.

시지가 메말랐다는 것은 용신의 근원이 없다는 것이다. 예를 들어 여름 나무가 水를 용신으로 할 때는 반드시 金이 있어야 하고, 겨울 金이 火를 용신으로 할 때는 반드시 木이 있어야 한다. 이러한 근원이 없으면 용두사미와 같다.

질병疾病

五行和者 一世無災

오행이 조화로우면 일생 동안 재앙이 없다.

왕신이 태과하면 설해야 하고, 태과하지 않으면 극해야 한다. 약신이 뿌리가 있으면 도와주어야 하고, 뿌리가 없으면 도리어 극해야 한다.

血氣亂者 生平多疾
혈기가 어지러우면 평생 질병이 많다.
혈기가 어지럽다는 것은 오행이 배반하고 불순不順하다는 것이다.

忌神入五臟而病凶
기신이 오장에 들면 병이 흉하다.
기신이 오장에 들었다는 것은 음탁한 기가 지지에 매장되어 있다는 것이다. 깊이 숨어 버리면 제거하기가 어려워서 병이 흉하다.

客神遊六經而災小
객신이 육경에서 떠돌아다녀도 재앙은 적다.
객신이 육경을 떠돈다는 것은 허약한 기구신이 뿌리도 없이 천간에 떠 있다는 것이다. 천간에 노출된 것은 극제하기도 쉽고 화化하기도 쉽기 때문에 재앙이 적다.

木不受水者 血病
木이 水를 받아들이지 못하면 혈병이 된다.
木일간은 水가 용신인데 水가 없을 경우다.

土不受火者 氣傷
土가 火를 받아들이지 못하면 기가 상한다.
土일간이 지나치게 조열하면 火가 필요 없고 반드시 기가 손상된다. 반면에 너무 습해도 火를 받아들이지 못하기 때문에 반드시 비脾가 허하다.

金水傷官 寒則冷嗽 熱則痰火 火土印綬 熱則風痰 燥則皮痒 論
痰多木火 生毒鬱火金 金水枯傷而腎經虛 水木相勝而脾胃泄

金水상관에 金이 차가우면 해수병咳嗽病이 있고, 더우면 담화병痰火病이 있다. 火土인수에 더우면 풍담병風痰病이 있고, 건조하면 피부 가려움증이 있다. 담痰을 논함에는 木火에 있고, 독이 생기는 것은 火金이 막혀서 온다. 金水가 마르고 상하면 신장이 허하고, 水木이 왕성하면 비위의 기가 설기된다.

사주만으로 질병과 육친과 기타의 운과의 관계를 명확하게 분리하여 판단할 수는 없다고 한다.

10

출신 지위出身地位

출신出身

巍巍科第邁等倫 一個元機暗裏存
높고 높은 과거에 급제하여 벼슬길에 나가는 것은 하나의 원기가 속에 감춰져 있기 때문이다.
원기元機란 격국이 청하고 기이하게 뛰어나고, 용신은 진신일 뿐만이 아니라 지지에 암장되어 사령한 신이 용신과 희신을 감싸고, 기신과 한신과 싸우지 말아야 하고, 합하여 유정하게 되는 신이다.

清得盡時黃榜客 雖存濁氣亦中式
청한 기운을 완전히 얻었다면 이름을 날릴 수 있다. 비록 탁기가 있어도 과거에 합격한다.

청기는 희용신이 기구신을 보지 않는 것이고, 탁기는 기구신이 희용신을 충극하는 것이다.

秀才不是塵凡子 淸氣還嫌官不起
수재도 평범한 사람은 아니다. 청기는 있으나 관이 일어나지 못함이 아쉬울 뿐이다.
공부만 하고 벼슬을 못하는 만년 수재는 청기는 있으나, 관을 쓰지 못하는 구조이거나 운이 받쳐 주지 않은 경우다.

異路功名莫說輕 日干得氣遇財星
이로공명이라고 무시하지 말라. 일간이 득기하고 재성을 만나면 출세한다.
이로공명이란 정식으로 과거를 보고 얻은 관직이 아니라, 돈을 내고 벼슬을 사는 것 등을 말한다. 일간이 유기하고 재성과 관성이 서로 통하면 공명을 이룰 수 있다.

지위 地位

臺閣勳名百世傳 天然淸氣發機權
조정에 빛나는 이름을 백 년 동안 전하는 자는 천연의 청기가 권세의 기미를 일으킨다.
천연의 청기란 용신은 모두 진신이고, 희신은 모두 진기고, 기구신이 드러나지 않는 것이다.

兵權獬豸幷冠客 刃殺神淸氣勢特
병권과 형권을 잡는 자는 양인과 편관의 기운이 맑고 기세가 특출하다.
해치獬豸는 바르지 못한 사람을 보면 뿔로 받는다는 전설적인 짐승이다. 여기서는 형권刑權을 의미한다.

分藩司牧財官和 格局淸純神氣多
고을을 다스리는 지방관은 재관이 화평하고 격국이 청순하고 신기가 맑아야 한다.
백성과 만물을 이롭게 할 수 있게 따뜻하고 순수하고 맑아야 한다.

便是諸司幷首領 也從淸濁分形影
모든 관리는 곧 수령이 될 수도 있다. 사주의 청탁에 따라서 형체와 그림자를 구분한다.
천간의 기는 본래 청해서 탁한 것을 꺼리지 않으나 지지의 기는 본래 탁하여 반드시 청해야 하며, 천간이 탁하고 지지가 청하면 귀하고, 지지가 탁하고 천간이 청하면 천하다고 하나 의미가 명확하지 않다.

11

여명 소아 女命小兒

여명女命

論夫論子要安詳 氣靜平和婦道章 三奇二德虛好語 咸池驛馬半推詳

남편과 자식을 논할 때는 사주가 편안한가를 살피고, 기가 고요하고 화평한 것이 여인의 바른 길이다. 삼기三奇니 이덕二德은 허황된 말이고, 함지나 역마는 반만 참작한다.

여자의 사주는 편안하고 맑아야 한다. 천간에 甲戊庚 등이 있는 삼기 또는 천덕天德이니 월덕月德이니 하는 좋은 살은 허황된 이론이다. 또한 도화살이라는 함지나 역마와 같은 나쁜 살도 반만 생각하라고 하였다. 사주의 전체적인 구조가 중요하지, 이렇게 한두 개의 살로 운명이 결정되지 않는다는 것이다. 당시의 사회에서는 관살의 동태를 보고 여인의 귀천을 판단했는데 현대에는 그대로 적용할 수 없다. 여자에게 관이 전혀 없을 때는 용신이 남편인 경우도 있다.

소아小兒
論財論煞論精神 四柱和平易養成 氣勢攸長無斲喪 關星雖有不傷身

소아의 명도 재와 살과 정신을 논하기는 하나 사주가 화평하면 기르기 쉽다. 기세가 유장하고 꺾인 곳이 없으면 비록 살이 있어도 몸을 다치지 않는다.

사주가 화평하고 치우치거나 메마르지 않고 충과 극이 없어야 하고 월지에 통해야 한다. 소아는 너무 맑거나 기이하거나 사랑스러운 아이는 기르기 어렵고, 혼탁하고 미운 아이는 기르기 쉽고 잘 자라는 것을 볼 수 있다.

부록

운명을 바꾸는 방법

1
운명을 바꾸는 최선책

선의지

　지금까지 살펴본 것은 인간을 얽어매는 운명이라는 사슬의 구조에 관한 것이다. 이렇게 인간 삶의 모든 것은 이미 결정된 것처럼 보인다. 과학적으로도 이 세계는 어떤 원인으로부터 어떤 결과가 필연적으로 일어난다는 인과의 법칙이 있다. 이를 인과율因果律이라 한다. 이 인과율이 적용되는 우주에는 우연이라는 것은 없다.

　물질세계와 마찬가지로 인간의 모든 행위도 그에 상응하는 결과를 낳는다. 특히 선행이나 악행을 원인으로 즐거움이나 괴로움이라는 결과가 반드시 일어난다. 이를 흔히 인과응보因果應報라 하는데, 이러한 법칙을 도덕률道德律이라 한다. 도덕률은 인간에 적용되는 인과의 법칙이다.

이처럼 물질세계나 정신세계는 원인에 의해서 결과가 필연적으로 일어나는 법칙이 있다. 그래서 우주나 인간의 모든 것은 이미 결정되어 있다고 보아야 한다. 인간의 삶도 자율적으로 할 수 있는 것은 아무것도 없다. 오직 이미 정해진 운명에 맡기고 살 수 밖에 없다는 것이다.

과연 그러한가? 과거의 모든 성현, 또는 모든 사람들도 그러했는가? 사실은 전혀 그렇지 않았다. 모든 사람들은 노력하여 열심히 살았고, 모든 성현들은 도덕적으로 살라고 강력히 주장하였으며, 또한 그렇게 살았다. 이는 운명이라는 것이 있기는 하나, 노력으로 바꿀 수 있기 때문이다. 이를 단적으로 말한 것이 중국의 최고最古 고전인 『서경書經』이다. 여기서는 "운명은 존재하나 변할 수 있다."라고 단언한다.

이 운명은 변할 수 있다는 철학적 근거를 발견할 수 있는 경전이 노자의 『도덕경』이다. 여기에 "천도는 사사로움은 없으나, 항상 착한 사람과 함께 한다(天道無親 常與善人)."라는 유명한 격언이 있다. 이 말은 우주는 특별히 무엇을 좋아하거나 싫어하지 않는 냉혹한 인과의 법칙인 듯하나, 언제나 착한 사람을 돕는다는 것이다. 다시 말하면 이미 모든 것이 결정된 것처럼 보이는 인간의 운명도 착하게 살면 하늘이 도와서 바뀔 수 있다는 것이다. 이 격언은 기원전의 주나라 때부터 전해지는 것이라는 점을 감안하면, 중국 사상의 초기부터 이러한 도의 개념이 형성된 듯하다.

여기 착한 사람(善人)이란 착하게 살려는 마음을 가진 사람을 의미한다. 이를 철학적 용어로 선의지善意志라 한다. 자연은 필연적인 인과의 법칙에 지배된다. 그러나 여기에 속박되지 않고 자율적으로 행동을 결정하는 자유의지自由意志가 있다. 이 말은 나를 포함한 모든 물질세계는 결정되어 있기 때문에, 육체로 구성된 인간의 생명도 결정되어 있다. 그러나 오직 인간의 도덕적 양심良心에 따르는 의지만은 자유롭다는 것이다. 이 자유의지라는 것은 선과 악 중에 선을 선택하는 능력이다. 이 양심에 따른 행위만이 인간을 운명이라는 굴레로부터 벗어나게 할 수 있다.

이러한 인과율과 도덕률을 아우르는 중국 철학 개념이 도道다. 이 도를 도가에서는 우주 만물의 근본 원리라 하고, 유가에서는 사람이 지켜야 할 윤리 규범이라 한다. 전자는 우주 만물의 인과를 강조하고, 후자는 인간의 도덕을 강조한다. 도에 대한 이러한 두 개념은 송대에 이르러서 성리학의 형이상학과 윤리학으로 확립된다.

이상과 같이 우주라는 물질세계는 인과라는 필연의 법칙이 작용하는 세계다. 그래서 우주의 일부인 인간도 필연의 법칙이라는 인과에 지배된다. 이를 운명이라 할 수 있다. 그러나 인간에게는 선을 행하려는 선의지만은 자유롭다. 따라서 인간은 오직 이 선의지에 의해서만 필연인 것처럼 보이는 운명을 바꿀 수 있다.

참다운 인간

앞에서 착한 사람은 하늘이 돕는다고 했다. 이는 착하게 살면 나쁜 운명도 좋게 바뀔 수 있다는 것이다. 『공자가어孔子家語』

에는 "착한 일을 하는 자에게는 하늘이 복을 내리고, 나쁜 짓을 하는 자에게는 하늘이 재앙을 내린다."라고 하였다. 이 말은 중국 문헌에서 수없이 반복되는 격언이다. 사실 이러한 격언은 중국뿐만이 아니라, 세계 모든 종교나 윤리의 대강령이다.

중국 철학 특히 유가에서는 선善이라는 말보다는 인仁이라는 말을 많이 쓴다. 글자의 구조로 보면 善은 양羊처럼 착하다는 의미가 있다. 반면에 仁은 두(二) 사람(人)이라는 의미가 있다. 그래서 인은 사람과 사람의 관계에서 착하거나 어질다는 의미가 있다. 더욱이 어질다는 인仁과 사람이라는 인人은 한국어뿐만이 아니라 중국어에서도 발음이 같다. 그래서인지 유가에서는 인을 사람됨의 근본으로 한다. 『중용』에서는 "도를 닦는 데는 인으로 한다(修道以仁)."라고 하면서 "인이란 사람이다(仁者人也)."라고 정의한다. 이 말은 인은 인간을 인간답게 할 수 있는 인간의 본질이라는 것이다. 또한 공자는 인이란 '사람을 사랑하는 것(愛人)'이라고 단정하였다. 『논어』에는 공자가 인을 실행하는 방법에 관해 제자인 증자와 나눈 유명한 대화가 있다.

공자가 제자 증자曾子에게 말했다. "애야, 내 도는 하나로 일관되어 있다(吾道一以貫之)." 이에 "예, 알고 있습니다."라고 증자가 대답하였다.
공자가 나가자 다른 제자들이 증자에게 물었다. "그것이 무슨 말씀입니까." 이에 증자는 말했다. "선생님의 도는 오직 충서忠恕일 뿐입니다."

여기서 충忠이란 '자기가 서고 싶으면 남도 세워 주고, 자기가 통하고 싶으면 남도 통하도록 하는 것'이다. 서恕란 '자기가 싫어하는 것을 남에게 강요하지 말라(己所不欲 勿施於人)'는 것이다. 유명한 말이다. 공자는 이렇게 자기 마음을 미루어 남을 헤아리는 방법 즉 자기 처지로부터 남의 처지를 유추하는 추기급인推己及人이라는 방법으로 인을 실행하라고 하였다. 이것이 공자 사상을 일관하는 도다.

『논어』의 이러한 도덕률은 『신약성서』의 황금률黃金律과도 같다. 이 황금률이란 『마태복음』의 「산상수훈山上垂訓」에 나오는 "너희가 남에게 대접을 받고자 하는 대로 너희도 남을 대접하라."라는 말이다. 이러한 관념은 불교의 초기 경전에도 나타난다. 『숫타니파타』에는 "그들도 나와 같으며 나도 그들과 같다고 생각하여, 내 몸을 비추어서 생명을 괴롭혀서는 안 된다."라고 하였다. 이처럼 선의 실행 방법 즉 인의 실천 방법은 모든 종교에서 비슷한 도덕률로 표현한다.

그런데 과연 모든 인간에게 이러한 착한 마음 즉 인이 있는가는 의문의 여지가 있다. 공자의 사상을 이은 맹자는 이에 대해 다음과 같이 말한다.

> 사람은 누구나 남에게 모질게 못하는 마음이 있다. …… 가령, 막 우물에 빠지려는 어린아이를 보면 누구라도 깜짝 놀라 측은지심이 생길 것이다. …… 이 측은지심이 인의 단端이라고 한다.

여기서 단은 단서端緖, 경향傾向, 조짐兆朕이라는 뜻이다. 맹자의 이 말은 '인은 나에게 본래부터 있었다'는 것이다. 더욱이 이것이 인인지 아닌지를 아는 시비지심是非之心인 지智의 단도 있다고 한다. 즉 인을 알 수 있는 지혜인 시비지심是非之心도 누구나 갖추었다는 것이다. 명나라 때 왕양명王陽明은 맹자의 측은지심이나 시비지심은 누구나 태어나면서부터 갖고 있는 양지良知라고 한다. 따라서 사람은 태어나면서부터 착하며, 이것을 분별할 수 있는 지혜를 갖추고 있다는 것이다. 그래서 인을 실행하지 않으면 사람이 아니다.

당나라 때 한퇴지韓退之는 널리 사랑하는 박애博愛를 인이라 하였고, 이 인의仁義를 따라 사는 것이 도라고 하였다. 송나라 때 정명도程明道는 우주는 한 생명의 큰 흐름인데, 이것이 크나큰 인이라고 하였다. 그래서 인의 덕이 있는 사람은 천지만물을 하나로 여길 수 있다고 한다. 왕양명 또한 만물과 일체가 되는 것이 인이라 하였다. 이렇게 중국 철학에서는 인이란, 천인합일天人合一이라는 최고의 경지에 이르는 길이라는 의미로 확대된다. 따라서 인은 단순히 어질거나 착하게 살아야 한다는 교훈만은 아니다. 더욱이 운명을 좋은 방향으로 바꾸기 위한 술책만도 아니다. 인이야 말로 사람이 행해야 할 길이고, 참다운 인간이 행하는 길이며, 인간이 추구하는 최고의 경지에 이를 수 있는 길이다.

선행

인은 인간의 지극한 본성이고, 이것을 우주적으로 확충하고자 하는 것이 유교의 가르침이다. 그러나 인은 이렇게 형이상학적인 차원에만 머물러 있는 것은 아니다. 공자의 이러한 인의 사상은 중국 의학에도 영향을 주었다. 논어에 "착한 사람은 장수한다."라는 인자수仁者壽 이론은 모든 양생養生의 준칙이 되었다. 중국 역사에서 가장 유명한 의사이고, 백 살 넘게 살았던 당나라 때 손사막孫思邈은 『천근요방千金要方』에서 양생의 비법을 다음과 같이 말한다.

> 성품이 본래 착하면, 애써 양생을 배우지 않아도 이롭지 않은 것이 없다. 착하면 안팎으로 모두 질병이 발생하지 않으며, 혼란과 재해도 일어나지 않는다.

이 말은 건강하고 오래 살기 위해서는 약이나 침 등의 치료보다 마음이 먼저 착해야 한다는 것이다. 그런데 착하게 살면 운명이 얼마나 바뀌는가에 대해서는 쉽게 답하기 어렵다. 운명이라는 것은 측량할 수 있는 것이 아니기 때문이다.

그런데 다행히 착하게 살아서 운명을 어느 정도 바꾸었는가를 밝힌 실제 인물이 있다. 이 주인공은 중국 명나라 때 인물, 원요범袁了凡이다. 그의 저서 『요범사훈了凡四訓』은 그가 아들에게 전하는 훈계서의 일종이다. 이 책은 아주 유명하여 후대에 많은 사람들이 인용하고 주석을 달아서 출판하였다.

원요범은 젊었을 때 소옹邵雍의 『황극경세서皇極經世書』에 있는 상수학象數學이라는 예언을 따른 듯하다. 그는 그 예언이 너무나 정확하게 맞아서 반생 동안을 아무 노력도 하지 않고 살았다. 왜냐하면 모든 것이 예언대로 정확하게 일어났기 때문이다. 그렇게 살고 있다가 당시 유명한 운곡대사雲谷大師를 만났다. 대사가 "운명은 절대적으로 결정된 것이 아니기 때문에, 선행하고 노력하면 바꿀 수 있는 것이다."라고 그에게 충고하였다. 그래서 원요범은 그때부터 열심히 선행을 하고 노력하며 살았다. 선행을 하면서부터 상수학의 예언이 틀리기 시작했고, 인생의 후반에 이르러서는 상수학의 예언과는 반대의 결과를 얻었다. 예를 들면 상수학에서는 자식이 없다고 하였으나 훌륭한 자식을 낳았고, 벼슬은 낮을 것이라고 하였으나 매우 높았고, 수명은 짧을 것이라고 했으나 장수하였다. 모든 것들이 그 예언보다는 훌륭한 결과를 얻었다.

그는 선행 등의 노력으로 운명은 얼마든지 바꿀 수 있다는 것을 알았다. 그것을 자식에게 기록으로 전한 것이 바로 『요범사훈』이다. 원요범은 임진왜란 때 군사 자문으로 우리나라에도 왔다고 한다. 그의 저서 『요범사훈』은 국내에도 『운명을 바꾸는 법』 같은 제목으로 번역되어 출판되었다.

타고난 운명을 알 수 있는 최고의 방법은 사주명리다. 많은 명리 서적에서도 운명은 노력 특히 선행에 의해서 바뀐다고 한다. 사주명리의 최고 서적이라 할 수 있는 『적천수천미』에서도 선행이 운명에 미치는 영향을 다음과 같이 말하고 있다.

모든 것을 사주로 다 정할 수 없다. 사주 위에 있는 것이 세덕과 심전이다. 세덕으로 내려온 사주는 사주로서 알 수 없다. 마음을 어떻게 쓰는가에 따라 화禍(불행)와 복福(행복)이 줄기도 하고 늘기도 한다.

여기서 세덕世德이란 여러 세대를 거치며 쌓아온 선행을 의미한다. 심전心田이란 심지心地와 같은 말로 마음이라는 밭을 의미한다. 이 말은 과거에 행한 선행과 악행의 업은 씨앗처럼 마음이라는 밭에 뿌려져 있다가 기회가 오면 이것들이 업보로 싹이 난다는 것이다. 이러한 명리학자의 말을 빌리더라도 운명은 선행 등을 통하여 바꿀 수 있다는 것이다.

이상과 같은 유가의 인과 유사한 개념이 불교의 자비고, 기독교의 사랑이다. 이 두 종교는 본서에서 다루는 사주명리와는 거리가 있으나 자비든 사랑이든 인간에 내재된 지극히 훌륭한 본성이라는 점에서는 동일하다. 종교가 달라도 이것을 통해서 자신의 운명을 바꿀 수 있다.

2

운명을 바꾸는 차선책

금지계

앞에서 선행으로 운명을 바꿀 수 있다고 하였다. 그런데 선과 반대가 되는 악을 행한다면 어떠한 선행도 진정한 선이 될 수 없다. 그뿐만이 아니라 선행을 했어도 그 공덕은 악행에 의해서 상쇄될 것이다. 이것이 도덕률이다. 『도덕경』에서는 "하늘의 그물은 넓고 넓어서 성글지만 놓치는 것이 없다(天網恢恢 疎而不失)."라고 한다. 이는 선행이든 악행이든, 하늘은 모두 알아서 인간에게 길흉화복을 내린다는 것이다. 그래서 악행을 하지 말아야 한다. 그러면 인간이 저지르는 악행은 무엇인가. 동서고금의 종교나 윤리에서 말하는 공통적인 악행은 다음과 같은 네 가지 금지계禁止戒다.

① 살생

이 우주 내의 모든 존재는 존재해야 할 이유가 있다. 그래서 모두가 필요하고, 소중한 존재다. 나만 소중하고 가치가 있는 존재는 아니다. 더욱이 나만 고통을 느끼는 존재가 아니다. 모든 생명체는 이 우주 내에서 필요한 존재이고, 고통을 느끼는 존재다.

내가 잘 살기 위해 다른 존재를 죽여서는 안 된다. 죽이지 말아야 하는 것은 물론 괴롭혀서도 안 된다. 따라서 사람은 물론이거니와 동물서부터 작은 미물에 이르기까지 함부로 죽이거나 고통을 주어서는 안 된다. 또한 살생하는 일을 업으로 하거나, 고기를 많이 먹어서 살생을 조장하거나, 인간이 키우지 않은 동물을 잡아먹어서도 안 된다. 이 불살생계不殺生戒가 지켜질 때 비로소 운명이 바뀌기 시작할 것이다.

② 도둑질

남의 물건을 훔치는 것은 물론 안 된다. 직접 도둑질한 것이 아니어도, 지나치게 이익을 많이 남기거나, 바르게 거래하지 않고서 이익을 취하거나, 노력한 것 이상의 대가를 취하는 것도 도둑질과 다르지 않다. 즉 내가 정당한 방법으로 얻지 않은 재물이나 명예 등은 모두 도둑질이라고 보아야 한다. 『논어』에는 "부귀는 누구나 바라는 것이나 정상적인 방법으로 얻지 않았다면 거기에 머물러서는 안 된다."라고 하였다.

③ 거짓말

거짓말은 다른 사람으로부터 재물 등의 이익을 취하기 위해, 자신의 잘못을 감추거나 자신을 거짓으로 잘 보이기 위해 하는 것이다. 이것은 도둑질과 크게 다르지 않다. 더욱이 거짓으로 숨긴 것이 드러나지 않을 것이라는 어리석음을 버려야 한다.『중용』에는 "숨긴 것보다 더 잘 드러나는 것은 없다."라고 한다. 가슴에 새겨 두어야 할 경구인 듯하다.

④ 간음

간음姦淫은 정상적인 부부가 아닌데 성적인 쾌락을 누리는 것이다. 여기에는 남의 눈을 속이는 거짓과 남의 배우자를 훔치는 도둑질과 쾌락에 대한 탐욕이 함께 들어 있다. 더욱이 자신의 정을 소모시켜 생명을 손상시키고, 남의 가정을 파괴하기까지 한다. 간음은 아주 짧고 허망한 쾌락때문에, 너무나 많은 죄업을 짓는 대단히 큰 악행이다.

소욕

운명을 바꾸는 가장 뛰어난 방법은 선행이다. 그런데 선행을 하지 않고 악행을 하는 것은 대부분 욕심 때문이다. 욕심이 없다면 악행을 하지 않을 것이다. 욕심은 악행의 원인이 된다. 물론 악행은 재앙의 원인이 된다. 결국 욕심은 모든 고통의 원인이 된다.『주역』의 계사전繫辭傳에는 "덕은 적은데 지위가 높거나, 지혜는 없는데 큰일을 도모하거나, 힘은 적은데 무거운 짐을 지는 자에게는 반드시 재앙이 있다."라고 하는데, 이는 욕심을 두고 하는 말이다. 그러나 인간이 살아가기 위해서는 욕심이 전혀 없을 수는 없다. 그래서 욕심을 줄여야 한다. 이를 소욕小慾이라 한다. 인간의 대표적인 욕심은 다음과 같은 다섯 가지다.

① 식욕

먹는다는 것은 살기 위한 본능이다. 그러나 맛에 대한 쾌락이 동반되기 때문에, 생명 유지를 위해 필요한 그 이상으로 먹는다. 중국 고전『박물지』에는 "먹는 것이 많을수록 어리석어지고 수명은 더욱 줄어든다."라고 한다. 적게 먹어야 지혜롭고 장수한다. 다음은 먹는 것이 담백해야 한다. 고기와 같은 고량후미膏粱厚味는 많은 질병의 원인이 된다. 이에 관해서는 현대 의학에서도 동일하게 강조한다. 또한 모든 운명학에서도 한결같이 많이 먹고 맛있는 음식을 탐하면 복을 감하고 단명한다고 한다. 운명을 바꾸고 싶다면 식생활부터 바꿔야 한다.

② 수면욕

몸과 마음이 활동을 했으면 휴식을 취해야 한다. 휴식 중에서 가장 완전한 휴식은 잠이다. 그래서 잠은 반드시 필요한 것이다. 그런데 잠도 많이 자면 폐가 약해지고, 기력이 소모되고, 지능이 떨어진다.『수경집水鏡集』이라는 관상서에도 "노인이 잠이 많으면 머지않아 사망하고, 젊은이가 잠이 많으면 성품이 우둔하다."라고 한다. 그래서 지나치게 많이 자서는 안 된다. 그런데 문제는 잠도 본능적인 욕망이기 때문에, 잠에 대한 탐욕이 있다는 점이다. 그래서 잠은 잘수록 더욱 자고 싶거나 계속 누워 있고 싶어진다. 그러면 점점 게을러지고 어리석어지고 수명이 감소한다. 너무 오래 누워 있거나 많이 자면 안 된다.

③ 색욕

식욕과 수면욕이 자기를 보호하기 위한 본능이라면, 색욕 즉 성욕은 종족을 보존하기 위한 본능이다. 그래서 이 셋은 반드시 필요한 것이다. 그러나 색욕에는 식욕이나 수면욕보다 더한 감각적 쾌락이 주어지기 때문에, 생명의 이치를 모르면 탐닉할 수밖에 없다. 생명의 이치란 인간 생명의 근원이 정精이라는 것이다. 이 정이 부족하면 어리석어지고, 질병이 생기고, 고갈되면 죽는다. 그런데 이러한 정을 가장 많이 소모하는 것이 성교다. 많은 의서에서 말하듯이 "정욕情慾을 함부로 하면 그 목숨은 아침 이슬과 같다."라고 한다. 간음이 아니라도 성교는 자제해야 한다.

④ 재물욕

살기 위해서는 많은 것들이 필요한데 대부분은 돈으로 충족시킬 수 있다. 그래서 돈이 필요하다. 그런데 많은 사람들은 살기 위해 필요한 돈을 버는 것이 아니라 돈을 벌기 위해 사는 듯하다. 대부분은 한생을 돈을 벌기 위해 투쟁하듯이 살면서 불행하게 이 귀중한 삶을 마친다. 돈이 필요하기는 하다. 그러나 자기 분수에 맞지 않게 돈이 많거나 돈을 벌려고 하면 진리와 멀어지고, 수명이 감소하고, 남자는 처덕이 없게 된다. 앞날의 행불행은 선행의 덕을 얼마나 쌓았는가에 따라 결정되는 것이지, 돈이 얼마나 있느냐에 따라 결정되는 것은 아니다. 덕보다 돈을 많이 쌓으면, 재앙도 함께 쌓인다는 것을 알아야 한다.

⑤ 명예욕

어리석은 자들은 식욕과 수면욕이 많고, 보통 사람들은 색욕과 재물욕이 많다. 그러나 조금 지혜로운 자들은 명예욕이 많다. 왜냐하면 명예만 있으면 나머지 모든 욕망들은 자연스럽게 충족되기 때문이다. 본래 명예란 세상의 모든 사람들이 훌륭하다고 일컫는 사람들에게 주어지는 것이다. 성현이나 의인 등이 여기에 해당된다.

그런데 어리석은 자들은 하찮은 자랑거리를 명예로 생각한다. 대체로 옷이나 차나 집과 같은 물건, 노래나 춤이나 운동과 같은 기예, 돈이나 직위와 같은 것들이다. 이러한 것들도 자신의 그릇에 맞으면 괜찮으나, 그렇지 않으면 재앙이 된다. 대부분, 남자가 하찮은 명예가 높으면 자식에게 해롭고, 여자가 필요 이상으로 명예가 많으면 남편에게 해롭다. 지나치게 외모를 꾸며도 안 되고, 신분에 걸맞지 않게 자랑할 만한 것들이 있어도 안 된다.

효도

운명을 바꾸는 방법으로 효를 해야 한다는 것은 쉽게 납득하기 어렵다. 단지 고루한 유교의 윤리라고 생각할 수도 있다. 그러나 동서고금의 종교나 윤리에 효가 **빠진** 적은 없다. 그 까닭은 종교나 철학이 어떠하든, 내 생명을 직접 준 사람이 부모이기 때문이다. 그리고 나에게 도움을 가장 많이 준 사람도 부모다. 그래서 효는 기본적으로 부모한테 진 빚을 갚는 행위다. 이러한 점에서 효도는 인간이 당연히 해야 할 의무다. 따라서 효도를 하지 않는다면, 그 사람은 가장 큰 빚조차 갚지 않는 파렴치한이다. 그래서 효는 백 가지 행위의 근본(百行之本)이라고 한다.

그런데 효도를 하면 과연 운명이 바뀌는가? 이에 대한 의문이 들 것이다. 효도를 하면 그 부모가 자식에게 어떠한 복을 직접 주는 것은 아니다. 그 효심을 하늘이 알아서 복을 주는 것이다. 『중용』에서는 공자가 순 임금의 효를 칭찬하면서 "그러므로 대덕大德은 반드시 그 지위를 얻고, 반드시 복록福祿을 받고, 반드시 명성을 얻고, 반드시 장수한다."라고 했다. 이는 순 임금의 효도라는 덕행이 순 임금에게 임금이라는 직위 복록 명예 장수를 주었다는 것이다. 물론 순 임금의 부모가 준 것이 아니라, 하늘이 준 것이다.

① 생전 효도

대부분 부모에게 효도를 해야겠다고 느꼈을 때는 부모가 안 계시거나, 자신이 너무 늙었을 경우가 많다. 그래서 "철 들자 노망 든다."라는 말이 있다. 왜 그런가 하면 자신이 자식을 기르고 나서야 부모의 마음을 조금씩 알기 시작하기 때문이다. 많은 사람들이 노후에 가장 후회하는 것이 젊어서 불효한 것이다. 불효하면서 내 운명이 좋아지기를 기대하거나, 내 자식이 효도하기를 기대해서는 안 된다. 이러한 생각은 인과를 부정하는 어리석은 짓이다. 살아 계실 때, 늦기 전에, 지금이라도 빨리 효도해야 한다.

② 화장과 산골散骨

부모님이 돌아가셔서 매장을 할 경우에는 대부분 부모 산소는 최고의 명당이어야 한다고 생각한다. 이것이 효심이라면 괜찮다. 그러나 자신이 발복하기 위한 것이면 이는 흉한 일이다. 이러한 마음으로는 명당을 잡을 수 없다. 묘지는 망자가 살아서 쌓은 덕에 상응하는 곳이어야 한다. 억지로 명당을 잡아서 부모를 모시면 오히려 망자가 괴로워할 수도 있다. 이는 내 몸에 맞지 않는 옷을 입은 것과 같기 때문이다.

요즘은 매장보다 화장을 하는 경향이 더 많다. 종교나 철학에 따라 죽음에 대한 견해는 다르다. 불교에서는 윤회한다고 하고, 유교와 도교에서는 자연으로 돌아간다고 하고, 기독교에서는 하나님의 심판을 받는다고 한다. 어느 종교도 죽어서까지 육체가 필요하다고는 하지 않는다. 따라서 죽으면 그 시신에 대한 집착을 버려야 하기 때문에, 화장하는 것이 가장 좋은 듯하다.

시신을 화장하면 모든 혼령은 시신을 떠나 자신이 갈 곳으로 간다. 따라서 화장하고 남은 유골은 흐르는 물이나 산천에 흩어 뿌려서 혼령이 시신에 대한 집착이 없게 해야 한다. 그런데 이미 혼령이 떠난 유골을 납골당이나 수목장으로 모아 놓는 경우가 있다. 이는 시신을 불태워 혼령을 떠나보내고서는 다시 시신의 일부를 모아 두고 망자를 부르는 형식이 된다. 이러한 장례는 망자를 괴롭히는 것이라고 할 수 있다. 화장했으면 산골을 해야 한다.

③ 제사

부모가 돌아가셨으면 제사를 정성껏 지내야 한다. 종교에 따라서는 하나님의 나라로 갔기 때문에, 또는 다른 존재로 윤회했기 때문에, 제사를 지낼 필요가 없다고 생각할 수도 있다. 물론 맞는 말인 듯하다. 그러나 부모의 유전자가 나는 물론이고, 내 자식으로 이어져 영원하다는 것을 모르고 하는 소리다. 더욱이 기철학의 입장에서 보면, 부모 혼령은 영원히 나와 분리되지 않는다. 이를 동기감응同氣感應이라 한다. 그러니 제사는 부모에게 지내는 것이자 동시에 나와 내 자식에게도 지내는 것이 된다.

그렇기 때문에 부모 혼령이 와서 제사 음식을 흠향歆饗하는가 아닌가를 따져서는 안 된다. 더욱이 부모 혼령에게서 무엇인가 도움을 받고자 제사를 지내도 안 된다. 오직 자식 된 도리로 살아 계신 부모를 모시듯이 제사를 지내야 한다. 이러한 제사의 결과도 돌아가신 혼령이 응답하는 것이 아니라, 제사를 지내는 자의 마음을 하늘이 판단하는 것이다.

제사 방식은 자신의 종교나 관습에 따르면 된다.

종교와 수행

사주명리는 한 사람이 태어나는 순간의 기가 어떠한가를 보는 것이다. 이 말에는 우주는 기로 꽉 차 있고, 이 기에는 일정한 법칙성이 있고, 이 법칙성에 따라 인간의 운명이 결정된다는 의미가 담겨 있다. 이러한 법칙성을 중국 문화권에서는 도라 하고, 인도 문화권에서는 달마達磨(dharma)라 하고, 기독교 문화권에서는 로고스logos라고 한다. 문화권에 따라 이렇게 용어는 다르나 우주에 일정한 법칙성이 있다고 이해하는 점에서는 같다. 인간이 이러한 법칙성을 알고, 그것을 따르고, 때로는 그 힘에 의지하려는 것이 종교다.

① 사주명리와 종교

종교는 시대나 문화권 등에 따라 다르기 때문에, 종교에 대해서는 단정적으로 말할 수 없다. 여기서는 종교에 깊이 빠지거나 성직자가 되는 사주에 대하여 피상적인 견해만 밝힌다. 종교에 깊이 몰입하는 성향을 가진 사주는 다음과 같은 특성이 있다.

첫째, 사주가 매우 신약하여 도저히 세속에서 일반적인 삶을 살 수 없는 경우다.

둘째, 사주의 격이 한 쪽으로 치우쳐서 불안정하고 위태로운 경우다.

셋째, 사주가 매우 청하나 재관 등이 없는 경우다.

대부분 종교를 선택하는 것은 자율적이라기보다는 타율적이다. 예를 들어 고려 시대에는 대부분 종교가 불교였고 조선 시대에는 유교였다. 이는 시대에 따라 결정되는 경우다. 현대에도 아랍 문화권에서는 대부분 종교가 이슬람교이고, 인도에서는 대부분 종교가 힌두교다. 이는 문화권에 따라 결정되는 경우다. 또는 부모의 종교가 기독교면 그 자식의 종교도 자연스럽게 기독교다. 이는 부모에 의해서 결정되는 경우다.

현대의 한국에서는 그래도 종교를 자율적으로 선택할 수 있다. 세계의 다양한 종교 중에서 우리 한국에 들어온 종교는 유교 도교 불교 기독교다. 이러한 종교가 사주와 어떠한 관계가 있다면 역시 용신으로 구분하여야 한다. 용신은 가장 하고 싶은 것이기에, 종교도 이에 해당된다고 할 수 있다. 종교를 용신으로 구분한다면 다음과 같다.

木용신은 기독교다. 기독교의 '기'나 그리스도의 '그'가 발음오행으로 木이다. 기독교는 모든 종교 중에서 가장 앞으로 나서려는 木과 같은 성질이 있다. 그래서 성장하고(伸張), 힘을 쓰는(用力) 성향이 있는 종교다.

火용신은 도교다. 도교의 '도'나 도교의 교조라 할 수 있는 노자의 '노'가 발음오행으로 火다. 도가 철학에서 도의 개념은 태양과 같은 관점에서 바라본 우주의 법칙성이다. 또한 종교로서 도교는 등불과 같은 속성이 있기 때문에, 따뜻한(溫熱) 성향이 있다. 기철학을 바탕으로 하는 한의학, 풍수지리학, 사주명리학, 기공 수련 등이 도교에 포함된다.

土용신은 유교다. 유교의 '유'는 발음오행으로 土다. 유교는 중국의 중원에서 발생한 중국 문화의 특징을 그대로 간직하고 있다. 그래서 유교는 土가 모든 것을 받아들이듯이(載物), 키우고(化生), 중화시키는(中和) 성향이 있다. 중앙 土에 해당하는 유교는 제사와 같은 전통적인 방식을 그대로 수용하고, 인仁과 같은 도덕을 종교적으로 승화하려는 경향의 종교다.

金용신은 종교가 없다. 金은 종혁從革의 기다. 이것은 서늘하고(性凉), 죽이고(肅殺), 변혁變革하는 살벌한 기다. 그래서 보이지 않는 신을 믿거나 의지하지 않는 경향이 많다. 그러나 金일주 특히 辛金일주는 깨끗한 것을 좋아해서, 세속을 버리고 계를 지키며 수행하는 수행자가 의외로 많다.

水용신은 불교다. 불교의 '불'이나 붓다의 '붓'이 발음오행으로 水다. 불교는 단순히 기복 종교가 아니라 깨달음의 종교다. 깨닫기 위한 지혜는 인체의 신수腎水 작용에 해당한다. 그래서 불교는 냉철(寒冷)한 이성이 필요하며, 밖으로 드러내지 않고 감추는(閉藏) 물과 같은 성향이 있다. 불교 중에서도 기복 종교적인 성향이 강하면 水용신이 아닌 경우가 많다.

② 참회와 기도

종교의 시작은 악행을 하지 않고 욕심을 버리는 것이다. 그 다음 단계는 참회懺悔하는 것이다. 참회는 과거의 죄악을 뉘우치고 용서를 구하는 것이다. 만약 잘못을 뉘우치지 않으면 죄업의 과보가 드러날 것이고, 다시 그러한 악행이 반복될 것이다. 그래서 참회해야 한다. 참회는 종교적인 방법이 아니라도 괜찮다. 진실로 자신의 죄를 참회하면 천지의 도는 그 죄를 감면할 것이다.

인간은 미약한 존재다. 한 인간의 의지나 노력만으로는 자신의 주어진 운명에서 크게 벗어나지 못하는 경우가 많다. 이때에는 신과 같은 존재에 의지하여 그 은혜를 받는 것이 좋다.

이러한 은혜를 은총恩寵이라고도 하고, 불교에서는 가피加被라고도 한다. 이러한 것을 믿는다면 자신의 종교에 따라서 기도를 해야 한다. 여기서 반드시 염두에 둘 것은 모든 기도에는 내가 바라는 바처럼 다른 사람에게도 이 기도의 공덕이 전해지기를 기원해야 한다. 만약 나 자신만을 위한 기도면 그것은 탐욕이 되기 때문에, 바른 기도도 아닐 뿐만이 아니라 잘 성취되지도 않는다.

③ 수행

앞에서 운명을 바꾸기 위해서는 선행해야 하고, 악행하지 말고, 욕심내지 말고, 효도하고, 참회하고, 기도하라는 등의 방법을 제시했다. 그럼에도 불구하고 대부분은 이러한 것들을 실행하지 않을 뿐만이 아니라, 실행할 수 없다. 그 이유는 오랜 악습이 잠재되어 있기 때문이다. 그래서 반복적인 노력으로 이러한 의식에서 벗어나야 한다. 이를 일러 수행修行이라 한다. 모든 종교에는 수행이라는 것이 있다. 여기서는 수행의 보편적인 의미만을 살펴본다.『채근담菜根譚』에서는 이렇게 말한다.

> 마귀를 항복시키려는 자는 먼저 자신의 마음을 항복시켜야 한다.
> 자신의 마음이 항복하면, 여러 마귀가 물러나 내 뜻을 따른다.
> 횡액橫厄을 다스리려는 자는 먼저 자신의 기氣를 다스려야 한다.
> 자신의 기가 평온하면 외부의 횡액이 침범하지 못한다.

이 말은 내 마음이나 내 생명을 이끄는 기가 다스려지면, 나를 괴롭히는 마귀나 불행을 초래하는 횡액이 침범하지 못한다는 것이다. 더욱이 자신의 수행은 자신의 심신이나 운명만 좋아지게 하는 것이 아니다. 당나라 때 황제의 정치 철학서라고 할 수 있는 『정관정요貞觀政要』의 첫머리에는 "천하를 안정시키고자 한다면 먼저 자신부터 바르게 세워야 한다.…… 자신을 잘 수양했는데 나라가 어지러워졌다는 말을 들어보지 못했다." 라고 한다. 이 말은 내가 바르면 천하도 바르게 잘 다스려진다는 것이다. 이렇듯이 자신을 다스리는 것 또는 자신을 바르게 하는 수행으로, 자신의 운명뿐만이 아니라 자신이 속한 가정이나 직장도 잘 다스릴 수 있다.

그러면 수행은 어떻게 해야 하는가? 매우 어려운 문제다. 종류도 많고, 방법도 다양하고, 시간도 많이 걸린다. 이에 대해서는 각자의 운명에 맡기는 수밖에 없다. 운이 좋으면 좋은 수행법과 좋은 스승을 만날 것이기 때문이다. 물론 운이 나쁘면 평생 동안 그 운으로부터 벗어나지 못할 것이다. 먼저 선행부터 해야 수행이라는 인연을 만날 듯하다.

3

천명의 자각과 실현

　앞에서 운명을 바꾸는 여러 방법에 관해서 말했다. 이렇게 노력하여 가난에서 풍요로, 질병에서 건강으로, 단명에서 장수로, 천박함에서 고귀함으로, 불행에서 행복으로 바꾸고자 하는 것이다. 이러한 것들은 모든 인간이 공통적으로 바라는 바다.
　그러나 아무리 노력해도 바뀌지 않는 부분이 있고, 또한 바꿔서는 안 되는 것도 있다. 바꿀 수도 없고 바꿔서는 안 되는 것이 자신에게 주어진 천명이다. 동양 철학에서는 모든 인간에게 각자가 해야 할 우주적인 의무가 있다. 모든 이에게 주어진 이 우주적 의무가 천명이다. 그래서 이 천명을 실현하는 것은 우주의 명령에 따르는 것이다. 우주적 관점에서는 존재 목적에 부합하는 것이다. 운명이 개인적 관점이라면 천명은 우주적 관점의 삶이다. 인간이 보다 가치 있는 삶을 살고자 한다면 이 천명에 따라 살아야 한다.

천명의 자각

가치 있는 삶을 살기 위해서는 천명을 알아야 한다. 그런데 천명이란 말은 너무나 거창해서 위대한 사람에게만 주어지는 하늘의 뜻처럼 느껴진다. 그러나 천명은 모든 사람에게 주어지는 우주적인 의무이고 역할이다. 반드시 특별한 사람에게만 주어지는 것이 아니다. 이 우주에는 대소 선악 미추 귀천 등의 상대적인 것들이 함께 있어야 하듯이 이 우주에서는 필요 없거나 가치 없는 존재가 없다.

『명심보감明心寶鑑』에 "하늘은 녹祿 없는 사람을 내리지 않았고, 땅은 이름 없는 풀을 키우지 않는다."라는 말이 있다. 여기서 '녹 없는 사람'이란 우주 내에서 해야 할 역할이 없는 사람을 의미하며 '이름 없는 풀'이란 가치가 없는 존재를 의미한다. 이 뜻은 모든 사람이나 존재는 존재해야 할 가치가 있고, 해야 할 역할이 있다는 것이다.

그래서 이 삶 속에서 가장 가치 있는 일은 천명을 알고, 그 길을 가는 것이다. 공자는 『논어』에서 "천명을 알지 못하면 군자가 아니다."라고 하였다. 그러나 공자도 쉰이 되어서야 천명을 알았다고 하는 것을 보면, 천명을 알기가 쉽지는 않은 듯하다. 대부분은 주어진 환경에 맞춰 열심히 사는 것을 천명이라고 한다. 그러나 보다 명확하게 각자의 천명을 아는 방법이 있다. 현재까지 가장 뛰어난 방법이라고 알려진 것이 사주명리다. 일반인이 생각하듯 사주명리는 사람의 빈부귀천이나 수요장단만을 엿보는 것이 아니다. 소위 한 사람의 운명을 귀신처럼 맞추는 것은 사주명리의 바른 길이 아니다. 명리의 핵심은 각자에 주어진 천명을 바르게 찾아내는 것이다. 그래서 일생에 한 번쯤은 자신의 천명을 확인하는 것이 바른 도리인 듯하다.

천명의 실현

천명을 알았으면 실현해야 한다. 『자평진전평주』 서문에서는 이렇게 말한다.

> 명에 정해진 분수에 맞게 일하고 성실하면 공명을 이루고, 명에 벗어난 허황된 욕심은 형극만 따르고 노력해도 공이 없다. 군자는 얌전히 천명을 기다린다. 천명을 모르면 군자가 아니다.

천명을 알았다면 주저하지 말고 그 길을 가야 한다. 그 길은 평탄한 길이 아닐 수도 있고, 감당하기 어려운 짐이 주어질 수도 있다. 그러나 그 길만이 자기에게 주어진 최선의 길이다. 거기에는 고통과 실패도 있을 수 있으나 다른 길을 가면 더 많은 사고와 재앙을 만난다. 오직 그 길만이 자신에게 주어진 바른 길이다.

위대한 공자도 자기 사상을 펴기 위해 천하를 돌아다녔으나 끝내 그 뜻을 펴지 못했다. 늙어서 고향에 돌아왔을 때, 공자를 '되지도 않는 일을 하고 다니는 늙은이'라고 흉을 보는 사람들까지 있었다. 그러나 공자는 그 일이 되지 않을 것을 알았으나 그것이 천명이기 때문에 최선을 다했다고 한다. 성인이란 이렇게 천명을 알고 최선을 다해 그 길을 간 자다.

천인합일

앞에서 운명을 바꾸는 다양한 방법에 대해 말했다. 그런데 이러한 모든 방법들의 내면에는 나만을 위한 이기적인 욕심이 깔려 있다. 이기적인 방법들로는 운명을 바르게 개선할 수 없으며, 잘못하면 오히려 죄업을 쌓게 된다. 따라서 자신의 운명을 바꾼다는 관념이 아닌 우주적인 천명을 실현한다는 관념으로 살아야 한다. 그래서 천명을 알았다면 자신을 우주의 일원이라고 생각하고, 자신에게 주어진 의무는 우주의 명령이고, 이것을 실행하며 사는 것은 우주의 질서에 동참하는 것이라고 생각해야 한다.

예를 들면 한 청소부가 힘들게 마당을 쓸고 월급을 받으면, 그저 운명대로 사는 것이다. 그러나 천명을 안 청소부라면, 그는 자신에게 꼭 맞는 청소부라는 직책을 하늘이 내린 벼슬이라 여겨서 감사하게 생각할 것이고, 마당을 쓰나 그것은 마당이 아니고 지구 또는 우주의 한 모퉁이를 깨끗이 한다고 생각할 것이고, 청소는 노동이 아니라 우주 작용의 일원으로 참여하는 것이라고 생각할 것이다. 그러니 그 일에 대해 참으로 감사하게 생각하며 마당을 쓸 것이다. 이렇게 천명을 따른다는 것은 자신에게 이로울 뿐만이 아니라 모두에게 이로운 것이다. 더 나아가 작은 나로부터 벗어나 대우주의 질서에 합일하는 것이다. 이것이 천인합일天人合一이다. 이러할 때 진정으로 한 개인을 옭아매는 운명이라는 사슬에서 벗어날 수 있다.

사주명리 정석

초판 1쇄 발행 2025년 4월 9일

지은이	이태영

디자인	류지혜

발행처	하루헌
발행인	배정화
주소	서울시 서초구 방배로 43길 5 1-1208 (우편번호: 06556)
전화	02-591-0057
이메일	haruhunbooks@gmail.com

공급처	(주)북새통
주소	서울시 마포구 월드컵로 36길 18 삼라마이다스 902호 (우편번호: 03938)
전화	02-338-0117
팩스	02-338-7160
이메일	thothbook@naver.com

ISBN	979-11-962611-9-1 03150

저작권자 ⓒ이태영 2025
이 책은 저작권법에 의해 보호를 받는 저작물입니다.
내용의 일부를 인용하거나 발췌를 할 때는 저자와 출판사 양측의 서면 동의를 받아야 합니다.

잘못된 책은 구입하신 곳에서 교환해 드립니다.
가격은 뒤표지에 있습니다.

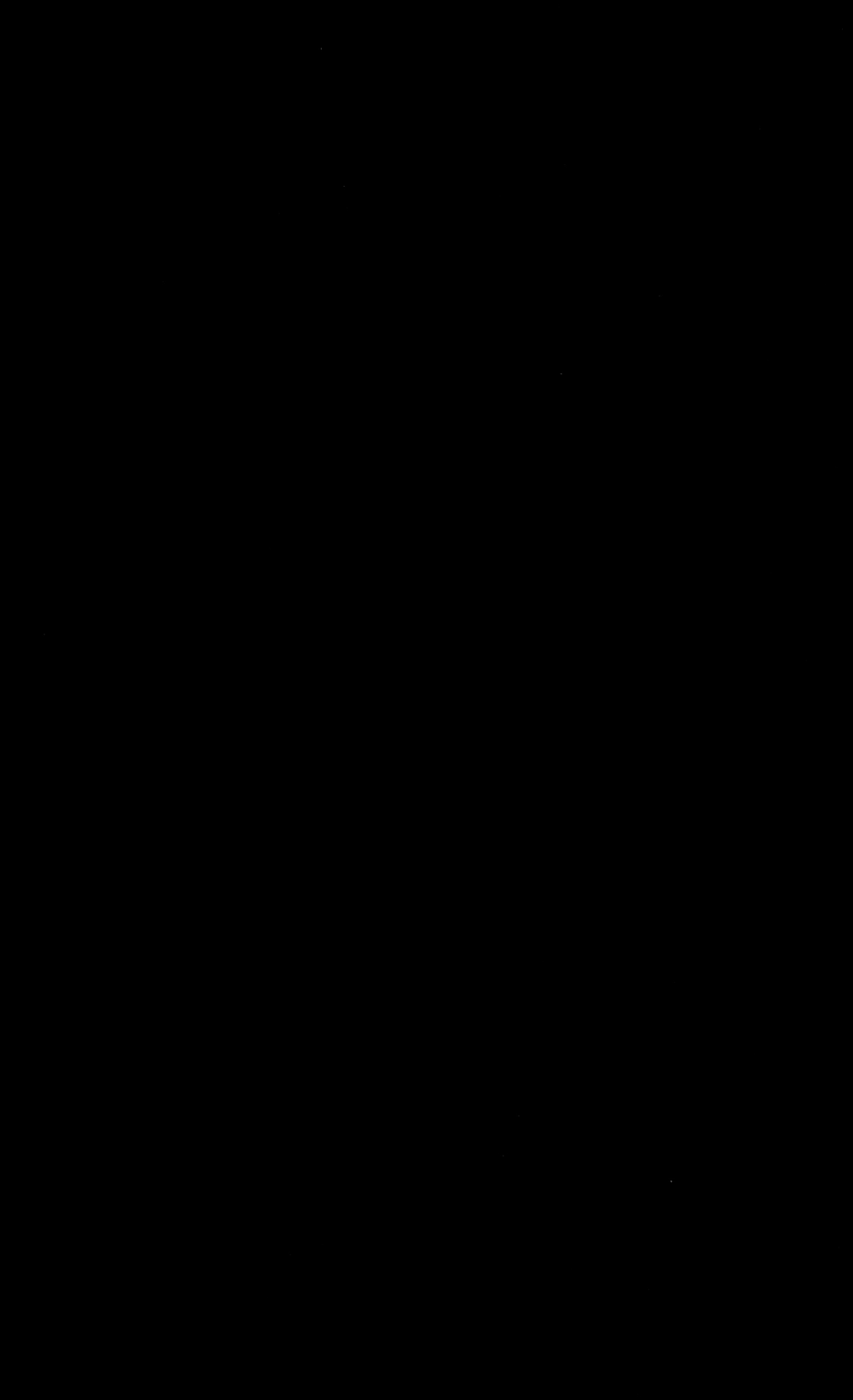